KB094845

마르크스에 관한
모든 것

마르크스에 관한 모든 것

토머스 스타인펠트 지음 | **김해생** 옮김

살림

| 차 례 |

머리말

___

마르크스의 이미지

당당한 이마, 결의에 찬 눈썹, 사자의 갈기와도 같은 머리칼, 덥수룩한 수염, 그리고 무엇에 홀린 듯 먼 곳을 응시하는 눈동자. 우리가 사진을 통해 알고 있는 칼 마르크스의 모습은 대부분 이와 같은 모습이다. 켐니츠 시내의 어느 광장에는 이와 같은 모습의 거대한 두상이 설치되어 있다. 그 동상의 높이는 받침대를 제외하고도 7미터가 넘는다. 원래 켐니츠였던 칼 마르크스 슈타트는 동독이 멸망하자 예전의 이름을 되찾았다. 그러나 이 도시의 시민들은 칼 마르크스 동상을 철거하지 않고 보존하기로 결정했다. 하기야 문제는 이름이지 조각상이 아니다.

몽상가의 모습은 그 추종자들의 눈에 유령이나 종교의 창시 자처럼 보이기도 한다. 그러나 사상가에게는 영웅의 이미지가 어울리지 않는다. 사상가는 자신의 생각을 정복하는 사람이 아니기 때문이다. 사상가의 생각은 대부분 심혈을 기울여 저술한 소소한 글을 통해 세상에 소개된다. 때때로 마치 우연인 듯 어떤 생각에 도달하기도 하나, 그런 경우에도 영웅 신화와 같은 이야기는 찾아볼 수 없다.

사상가는 자신이 하고자 하는 말이 정말로 옳은 말인지 확신이 서지 않을 때가 많다. 어렵사리 어떤 결론을 얻게 되더라도 그 결론은 곧바로 검증을 거쳐야 한다. 검증이 끝나면 다른 검증이, 그 다음에는 또 다른 검증이 줄지어 기다린다. 사상가는 평온하고 긴 시간이 필요하다. 그 시간에 의구심과 회의감으로 괴로워하며 끊임없이 새로운 노력을 기울여야 한다. 그렇다면 어떤 사상가가 눈 밑에 짙은 그림자를 드리운 채 책상 앞에 앉아, 헝클어진 머리를 들고 수평선 저편의 세상을 쏘아볼 수 있을까? 마치 눈빛으로 그 세상을 제압하려는 듯이.

오늘날 남아 있는 칼 마르크스의 이미지는 사상가의 모습이 아니다. 오히려 인간을 착취하는 자본주의 체제에 채찍을 가하고, 평등과 정의의 편에 서서 혁명을 선동하는 투사이자 도덕주의자의 모습이다. 이러한 이미지는 마르크스의 본 모습과 그다지 정확히 일치하지 않는다. 그럼에도 이러한 이미지가 끈질

기게 유지되는 이유는 마르크스의 이론보다는 그의 과격한 성격에서 찾을 수 있다. 사람들은, 딱히 추종자가 아니더라도, 마르크스와 그의 극단주의 이론에서 지배적인 현실 체제에 극단적으로 대립할 수 있는 발판을 발견하는 것 같다. 다른 한편, 대부분의 사람들은 마르크스가 자신의 저서를 통틀어 '자본'에 반대하는 확고한 입장을 밝혔다는 사실만으로도 만족한다. 큰돈은 언제나 힘없는 사람들에게 안 좋게 돌아간다는 세간의 통념은 자신을 현 체제의 피해자라고 생각하는 사람들이 예나 지금이나 가장 쉽게 들이대는 근거가 아닌가.

또 한편으로 마르크스라는 이름은 선동적 운동, 혁명과 봉기, 붉은 깃발, 바리케이드와 최루 가스에 대한 기억을 불러일으킨다. 이러한 사건들은 이미 수십 년이 지난 이야기지만, 그날의 모습은 켐니츠의 두상처럼 오늘날에도 변함없이 기억 속에 남아 있다.

많은 사람들이, 심지어 젊은 사람들이 『자본론』을 읽었으리라는 가정에는 아무런 근거가 없다. 적어도 앞에 나오는 네 개의 장(章)은 읽었으리라는 가정도 마찬가지다. 그럼에도 이 책에 대한 환상은 사라지지 않는다.

마르크스의 추종자들은 마르크스의 사상 속에 수십 년에 걸쳐 아니, 1세기를 훌쩍 넘는 시간에 걸쳐 자본의 지배에 대한 반발이 농축된다고 주장한다. 이 주장은 자본주의는 유일하고 피할 수 없는 사회 형태라는 주장과도 맞먹을 정도로 많은 지지를 받고 있다. 이러한 생각은 과거의 유산이나 19세기로부터 물려받은 지식보다 현재의 사회 상황과 훨씬 더 밀접하게 연관되어 있다.

마르크스와 영웅 서사시

세상을 구하지는 못할지언정 칼 마르크스와 그의 업적만은 구하고자 하는 시도는 꽤 많았다. 그 가운데는 마르크스와 그의 저서들을 창작의 세계로 옮겨놓으려는 시도도 있었다. 미국의 정치학자 마샬 버만은 마르크스의 유산을 두고 '최초의 위대한 현대적 예술 작품'이라고 말했다.[1] 마르크스의 저서를 예술로 포장한들 이를 좋아할 사람이 있을까?

또, 마르크스와 프리드리히 엥겔스는 옳은 일을 하고자 했으나 레닌주의자, 스탈린주의자, 마오주의자들이 이 두 사람을 잘못 이해하거나 심지어 배신했다는 주장도 마찬가지다. 방대한 만큼 완성도가 떨어지는데다, 지시하는 방향도 전체적으로 일관성이 없는 글에서 도대체 무엇이 '옳은 것'이라는 말인가?

현대의 마르크스 옹호자들 가운데는 마르크스를 '중산층'의 변호인이자 이들이 추구하는 '위대한 혁명적 가치, 즉 자유, 자

11

결, 자아실현'을 지지하는 사람이라고 주장하는 사람들도 있다.[2] 이해관계를 둘러싼, 극도로 잔혹했지만 실패로 끝나고 만 투쟁조차도 원래는 좋은 의도에서 시작한, 공동의 선을 위한 일이었다고 새롭게 해석하려는 이런 시도를 두고, 지금이 19세기였다면 '성직자 같은 짓거리'라고 평했을 것이다.

예술로 포장하든 도덕으로 둔갑하든, 어떤 경우에도 마르크스의 저서에서 구제할 것은 없다. 그의 저서는 종교 경전도 아니다. 종교 경전은 상징으로 말하므로 자의적인 해석이 가능하다. 신학자들이 이교도들과 싸우기보다 자기네들끼리 더 많이 싸우는 이유도 여기에 있다. 마르크스의 저서에도 우리가 검토하거나 거부하거나 수용할 수 있는, 우리가 이해할 수 있는 내용들이 조금은 있다. 그런데 논리가 만족스럽게 전개되지 않는 주장은 도무지 좌절을 모른다. 그 결과 좌절한 것은 다름 아닌 그의 관념론이다. 한 가지 생각에 세상을 끼워 맞추려던 그의 의지는 마침내 꺾이고 만다. 마르크스의 저서에서 이처럼 완성된 사고는 간간히 나타날 뿐, 그의 저서 전체가 이를 대변하지는 않는다. 그랬다면 이미 생각을 완료하고 기록한 내용을 그토록 끝도 없이 수정하지는 않았을 것이다. 수정은 좌절과 아무런 상관이 없다.

불완전한 결과의 원인은 본인이 스스로 선택한 과제가 도저히 해결할 수 없을 만큼 어려웠거나, 길을 잘못 든 후 나중에야 자신이 오류를 범했다는 사실을 깨달은 데 있다. 이와 같은 이유에서, 이어지는 지면에서는 이른바 마르크스가 세상을 향해 던진 요구사항과 비전에 대한 몇 가지 분명한 사실들을 펼쳐 놓고자 한다. 이를테면 '평등'에 대한 요구나, 혁명 저편에는 비록 영원한 휴가는 아닐지언정 빈둥거리는 대지주의 삶이 해방된 사람들을 기다리고 있다는 환상에 대해 살펴보겠다. 이미 말했듯이 마르크스의 글에는 이에 해당하는 말이 나오지만, 그 말들은 같은 글 내에서조차 드물지 않게 모순을 보인다.

사람들은 이러한 모순이 아니라, 쉬지 않고 노력하는 지식인의 모습에 주목한다. 마르크스는 자신의 주장을 피력하기 위해 수없이 새로 생각하고, 그 범위를 한없이 넓히고, 그러면서 번번이 착오를 범했다. 그의 주제는 또 한 번 처음부터 다시 생각하는 대가를 치루더라도 진지하게 다루어야 할 문제들이었다. 『자본론』 1권이 발표되고 150년이 지난 지금 이 책에 대한 수많은 해석이 나와 있지만, 그 어떤 해석도 보편적인 인정을 받지는 못했다. 마르크스의 저서는 후손들이 보고 감탄할 기념비나, 사건마다 확고한 자리가 정해져 있는 체계라기보다는 여전히 계속되는, 때로는 이질적이기도 한 여러 운동의 장(場)인 것 같다.

이 책에서는 마르크스가 벌인 운동 가운데 몇 가지를 현대의 시각으로 간략하게 살펴본다. 그 과정에서 마르크스와 현대 사이의 간격을 고려하는 가운데 오늘날의 관심사를 과거의 관점에서 고찰하고자 한다. 이러한 고찰이 결코 마르크스의 저술에 대한 연구를 대신하지는 않는다. 이 책의 목적을 위해서는 광범위한 참고문헌을 살펴보는 대신 마르크스의 저술에 집중하여 스스로 생각하려는 시도만으로도 충분하다고 본다.

따라서 이 책은 '생각을 모은 책', 영어로 'a book of ideas'라고 부를 만한 책이다. '생각'은 종종 문학 또는 문화사를 통해 얻게 된다. 이 사실은 필자뿐만 아니라 칼 마르크스에게도 중요한 문제였다. 마르크스는 당대의 진보적 시민으로서 응당 갖추고 있던 역사적, 문학적 지식을 자신의 모든 저서에 동원했다. 더욱이 문학 작품의 경우, 실존하는 상품경제가 도대체 무슨 귀신놀음인지 작가가 막연하게나마 이해하고 있다는 사실을 드물지 않게 확인할 수 있다.

마르크스의 대표적인 저서 『자본론』은 철학적 추론의 형식으로 쓰였다. 저자는 자본주의 생산방식의 모나드(무엇으로도 나눌 수 없는 궁극적인 실체 - 옮긴이) 즉 상품에서 출발하여, 서서히 자본이라는 사회적인 형태로 넘어간 후, '경쟁의 가치법칙'이 형성되는 단계로 이끈다. '경쟁이 낳은 실제 움직임'은 이 이론과 무관하게 시작되고, 이로써 우연과 임의의 세계, 개인의 이해관계와 충돌의 세계가 펼쳐진다.[3]

마르크스에 관한 연구의 상당수가 『자본론』과 마찬가지로 추론의 형태를 띠고 있다. 이러한 연구는 결국, 지지하고 해석하는 방식이든 비판적인 내용이든, 근본적이고도 결정적인 논리적 결함을 드러낸다. 이를테면 노동가치론이나 소유의 개념에서 이와 같은 결함이 발견된다.

반면 필자가 쓰고 있는 이 책은 추론이 아니라, 마르크스 이론의 적용 대상을 다루는 연작 에세이로 구성되어 있다. 이 형식을 선택한 데에는 몇 가지 이유가 있다. 읽기 쉽다는 점은 그 가운데 하나일 뿐이다. 에세이 형식은 불확실한 사실과 불완전한 내용을 허용한다는 점도 한 가지 이유로 꼽을 수 있다. 『자본론』의 몇몇 부분은 관념적으로 어려울 뿐만 아니라 중의적이고, 광범위하게 사용된 은유로 인해 이해가 불가능할 지경이다. 이런 부분에서는 어떻게 해석해야 할지 결정을 해야 하는데, 확신이 서지 않는 경우가 종종 있다.

에세이 형식을 취하면 마르크스의 이론에 나타난 결함이나 착오까지도 참작할 수 있다. 그런다고 에세이의 가치가 손상되지도 않는다. 더구나 마르크스는 상품의 중독성과 관련된 문제 등 그의 사후 100년이 지나서야 뚜렷하게 나타난 현상조차 자신의 사상으로 규명했다. 만약 전기 형식을 빌린다면 자칫 마르크스를 역사적인 인물로, 그의 이론을 역사적인 사건으로 묘사하기 쉽고, 그러다 보면 진실을 향한 물음은 흐지부지 영웅 신화에 묻혀버릴지도 모른다. 그러나 에세이를 선택하면 이러한 실수를 범할 위험이 없다.

추론과 전기 사이에 또 하나의 형식이 있다. 이 제 3의 형식에 걸맞은 에세이를 써낸다면 적어도 어떤 유령의 모습을 그리는 데는 성공한 셈이 될 것이다. 그 유령은 생전에, 당대를 훌쩍 뛰어넘고, 오늘날에도 찾아볼 수 없는 학문적 업적을 이룩했다. 그것은 사회를 움직이는 경제적 틀의 실체에 대한 비평이다. 사상가는 영웅적인 인물이 아니고, 에세이는 영웅 서사시가 아니다. 따라서 사상가에게는 에세이가 잘 어울린다.

마르크스가 역시 옳지 않았나?

칼 마르크스가 쓴 글을 읽다 보면, 잠시 읽기를 멈추고 과연 그런지 곰곰이 생각하게 만드는 부분이 있다. 마르크스가 쓴 글 대부분이 이런 부분을 포함하고 있는데, 수많은 편지글과 기사 성격의 짧은 글도 예외는 아니다. 특히 경제에 대한 분석을 읽다 보면 과연 그 분석이 정확한지 확인해보게 되는데, 분석의 결과는 작성한지 150년이 지난 지금까지도 나름의 설득력을 유지하고 있다.

이를테면 노동력은 비용의 형태로 기업 결산에서 다른 비용과 나란히 기입된다(비용은 가능하면 적게 유지해야 한다). 자본주의에서 노동의 목적은 인간에게 유익하고 좋은 물건을 공급하는 일이 아니라 자본을 늘리는 데 있다. 기술의 진화는 인간이 행복하게 살 수 있도록 복지와 편의를 제공하기 위한 일이 아니라 인간의 노동력을 합리적으로 사용하기 위한 일이며, 따라서 이 또한 비용을 줄이고 그로 인해 수익을 늘리는 데 그 목적이 있다, 상품의 과잉생산은 곧 빈곤을 낳는다, 등등이다. 이 모든 현상은 경제적, 사회적 현실의 단편들이다. 그 현실은 지나간 과거가 아니고, 그리 쉽게 과거가 될 것 같지도 않다.

마르크스와 관련하여 흔히 제기되는 질문 가운데 '마르크스가 역시 옳지 않았는가?'라는 질문이 있다. 이 질문이 쓸 만한 결론을 이끌어내기는커녕, 대부분의 경우 제대로 조명도 받지 못하는 데에는 그럴 만한 이유가 있다. 말하자면 이런 질문을 하는 사람에게는 질문 자체에 대한 고찰보다 이런 혹은 저런 생각을 바탕으로 어떤 일을 할 수 있을지 없을지, 마르크스가 옳은지 그른지, 옳다면 혹은 그르다면 왜 그런지 알아내는 일이 훨씬 더 중요했을 것이다. 마르크스 신봉자라면, 적어도 자신의 양심에 따라 그 사실을 밝힐 수 있다고 공식적으로 발표하고 인정받는 일보다는 더 중요했을 것이다.

마르크스가 역시 옳지 않았느냐는 질문에는 그 배후에 두 가지 의도가 깔려 있는 것 같다. 첫째, 이 질문은 지향하는 지점과 길 안내가 필요하다는 주장을 정당화한다. 스스로 생각하고자 노력하는 사람은 권위에 의한 도움에 별반 기대지 않는다. 마르크스가 옳았느냐, 옳지 않았느냐 하고 묻는 사람은 대부분 그 질문 뒤에 다른 질문을 감추고 있다. 다시 말해 이 질문은 '우리'(우리가 누구든 간에)가 올바르게 살고 있느냐, 그렇지 않느냐라는 질문을 감추기 위한 위장 질문일 뿐이다. 이런 식의 질문은 학술 서적이 아니라 종교 경전에 등장한다.

둘째, '마르크스가 역시 옳지 않았는가?'라는 질문은 많은 경우 답변을 바라지 않는다. 이 질문은 단지 급진성을 드러내 보이기 위해 던지는 질문이다. 그러나 이 질문 때문에 세상이 다르게 돌아가지는 않는다. 이 질문은 질문자의 선동가적 정신을 가리키는 신호로 작용하며, 이로써 그 정당성을 입증한다.

이 질문은 오늘날 '칼 마르크스'라는 이름과 종종 결합되는 또 다른 수사적 표현과 친근한데, 그것은 바로 마르크스는 '현재진행형'이라는 확인이다. 마르크스의 글이 묘사하는 대상은 바로 오늘날 우리가 살고 있는 사회의 모습이기 때문이다. 그는 금융위기를 예견했고, 자본주의는 모든 천연 자원을 고갈시키므로, 아니면 이와 유사한 이유로 종국에는 자멸하리라고 주장했다.

최근 독일의 유력 주간지에 이러한 견해를 표방하는 내용의 글이 실렸다. 그 글을 잠시 소개한다. "마르크스주의자는 잊어라! 마르크스를 읽어라! 왜냐하면 마르크스는 현대적이기 때문이다. 경제학 혹은 정치학 전공 대학생들이 마르크스를 주제로 토론을 벌이고, 골수 진보주의자들은 그의 예언 능력에 감탄한다. 이러한 현상의 원인은 『자본론』이 발표되고 150년이 지난 오늘날 우리가 직면하고 있는 문제들이 이 책의 주제와 정확히 일치한다는 점에서 찾을 수 있다. 마르크스는 자본주의가 낳을 불평등을 진지하게 다루었다. 이는 착취당하는 사회 밑바닥 계층과 부(富)의 과잉을 누리는 첨단 계층 간의 문제다."[4]

칼 마르크스가 옳으냐 그르냐는 질문에 합리적으로 답변할 수 있는 방법은 오직 한 가지뿐이다. 해당 저서를 전체적인 '정당성'의 관점에서 분석하는 대신 개별적인 주장과 각각의 논리를 검토한다면, 마르크스가 자본주의가 '낳을 불평등'을 진지하게 다루었다는 따위의 수작들은 바로 처리될 것이다.

현대의 많은 현상들이 죽은 철학자의 책에서 수렴되듯 재인식 된다고 해서 그것이 반드시 그의 사상을 지지하는 근거가 되는가? 그렇게 보는 견해에는 지금 재현된다면 가히 행복한 시대라고 평가받을 과거를 평가절하하면서까지 현재를 과대평가하려는 의도가 숨어 있지 않을까? 지난 150년 동안 기술과 학문 분야에서 괄목할 만한 발전을 이룩한 반면, 사상적으로는 이에 견줄 만한 발전이 없거나 몇몇 분야에만 국한되어 나타났다. 그러다 보니, 정신사를 자연스럽게 한층 더 높은 깨달음, 한층 더 예리한 투시력을 추구하는 발전 과정으로 보았을지도 모르겠다. 프랑스의 철학자 자크 데리다는 1993년에 발표한 『마르크스의 유령들』에서 이와 같은 목적론을 반박함으로써, 역사가 없는 자본주의를 최종적인 새로운 세계 질서로 이해하는 입장에 반기를 들었다.[5] 데리다는 마르크스의 유령들을 살아 있는 과거의 대리인으로 해석했다.

어쩌면 이미 이전 시대에 오늘날의 사상을 능가하는 사상이 확립되었는지도 모른다. 고삐 풀린 자본주의에 대한 최근의 불신이 세상 돌아가는 흐름을 실제로 막을 수 있을 것 같지는 않다는 느낌이 든다면, 더더욱 맞는 이야기일 수 있다. 자본주의에 대한 불신은 최근에 존 롤스, 위르겐 하버마스, 악셀 호네트 등이 정의에 대한 성찰의 형태로 드러낸 바 있다. 그러나 과거의 사상을 찾아내 새로이 발전시키는 일은 죽은 철학자에게서 최근의 관심사를 찾는 일과는 다른 일일 것이다. 그보다는 훨씬 더 가치 있는 일일 것이다. 마르크스를 최근의 관심사와 결부시키는 일은 그를 우월한 시대로 착각되는 현대에 '생각에 필요한 자양분'을 대는 공급자 정도로 평가절하할 뿐이다.

칼 마르크스의 경제 분석에는 또 한 가지 이념이 나타나 있다. 그 이념은 돈과 부가가치, 자본과 착취에 대한 모든 사고에 내재하는 동시에, 그 사고를 능가한다. 다시 말해, 이와 같은 경제의 중심에는 철두철미하게 순수철학적인 요소가 지배한다는 이념이다. 이는 교환가치, 가격, 소유재산, 상품, 상표 등 이 모든 경제 요소들은 굳어진, 도처에 널린 추상적인 개념들이다. 그러나 이들 개념은 모든 사람들의 머릿속에 확고히 뿌리박고 있으므로 추상적이라는 느낌이 들지 않는다.

이 개념들은 감각적인 존재 내부로 파고 든 유령들이다. "내가 신문을 펼치기만 하면 행간에 유령들이 보인다. 우리나라는 유령 천지다. 어디를 가나 해변의 모래알처럼 많은 유령들을 볼 수 있다." 이 말은 헨리크 입센이 1883년 만든 희곡『유령』에 나오는 말이다.[6] 입센의 유령들과 마르크스의 유령들은 기껏해야 아주 먼 친척 간일 것이다. 그런데도 이 두 사람의 유령들은 공히 감각적인 동시에 초감각적인 존재이며, 그 존재로서 현실의 세상을 보여준다. 날이 밝아도 이들 유령은 사라지지 않는다. 그러나 계몽의 빛을 비추면 이들을 쫓아버릴 수 있을 것이다.

제 1 장

명성

Der Ruhm

이론가와 혁명가

칼 마르크스와 그의 학문적 업적은 실존하는 사회주의가 붕괴하고 수십 년이 지난 후에도 여전히 높은 명성을 누리고 있다. 그러나 그의 저서들에 대한 이해는 이와 같은 명성에 비해 대단히 부족한 수준이다. 마르크스의 업적에 대한 환상은 그 대부분이 귀동냥을 바탕으로 형성되었으나, 오늘날까지도 사라지지 않을 만큼 강한 힘과 지속성을 지니고 있다. 이제 극소수의 학자들을 제외하면 실생활에서는 물론, 이론적으로도 칼 마르크스를 추종하는 사람은 거의 없다. 따라서 일반 대중에게 칼 마르크스는 유리병에 든 유령과도 같은 존재다. 뚜껑이 닫힌 채 언제나 선반 맨 윗칸에 자리 잡고 있는 그 유리병을 사람들은 감탄하며 또는 의아해 하며 바라본다. 간혹 저 안에 든 유령이 어떤 유령이냐고 묻는 사람도 있다. 그러나 병뚜껑을 열어 유령이 나오도록 해야 하지 않겠느냐는 질문은 가정으로라도 던지는 사람이 없다. [지금까지 마르크스를 새롭게 이해하려는 시도는 적지 않았다. 그 시초는 루이 알튀세르가 이끈 공동 작업의 결실로 1965년에 발표된 에세이 모음집 『자본론 읽기』(2014, 뮌스터)이며, 가장 최근의 예로는 윌리엄 클레어 로버츠의 논문 단행본 『마르크스의 지옥. 정치적 자본론』(2017, 프린스턴)을 들 수 있다. 지금 필자가 쓰고 있는 이 글 또한 이러한 전통을 잇기 위한 노력의 일환이다]

　　마르크스를 이해하려는 노력이 소극적인 원인 가운데 하나는 그의 저서 및 인물 속에 두 가지 모습이 혼란스럽게 섞여 있다는 것이다. 즉, 이론가의 모습과 혁명가의 모습이 혼재하기 때문인데, 특히 혁명가의 모습은 적어도 1871년 봄 파리 코뮌이 와해될 때까지, 그리고 그로부터 1년 후 '국제노동자협회'가 사실상의 종말을 맞이할 때까지 유지된다. 얼마 남지 않은 골수 마르크스주의자들 가운데는 마르크스는 결코 이론가와 혁명가가 뒤섞인 존재가 아니라고 말하는 사람도 있을 것이다. 그들이 내세우는 근거는, 이론적인 지식은 언제나 실천으로 옮겨질 가능성을 내포하고 있고, 올바른 사고와 올바른 행동은 서로 분리될 수 없으며, 만약 분리될 수 있다면 새로운 지식이란 있을 수 없다는 주장이다. 그러나 전략적인 이유로 여기서는 타협을 추구하고 저기서는 자신의 생각을 감추는 경우는 제외하더라도, 알면서도 실천하지 않거나 심지어 더 나은 지식에 반하는 행동을 하는 경우를 우리는 얼마든지 생각할 수 있다.

이론가와 혁명가, 즉 원칙을 추구하는 사람과 동맹이나 당파싸움 같은 정치적인 행위를 일삼는 사람은 서로 화합할 수 없다. 이론가에게 혁명은 역사적 발전 과정에서 어쩔 수 없이 발생하는 결과인 반면, 혁명가에게는 폭력을 동원해서라도 성취해야 하는 일이며, 가능하다면 당장 실행해야 하는 일이다. 이론가는 분석하지만 혁명가는 선동한다.

그런데 마르크스의 경우에는 이론가와 혁명가의 대립으로 그치지 않고, 여기에 제 3의 인물이 개입한다. 그 인물은 이론가와 혁명가의 특징을 동시에 지니고 있으며, 때때로 이 두 인물을 서로 중재하고, 이들의 목소리를 세상에 전달하기도 한다. 즉, 저널리스트의 모습이다. 저널리스트란 최근의 사건을 계기로 글을 쓰는, 따라서 어지럽게 널린 수많은 뉴스와 여론 속에서 자신의 의견을 주장해야 하는 사람이다. 또한 저널리스트는 그날 일어난 사건으로 그날만 유효한 글을 쓴다. 따라서 저널리스트는 쉽게 오류를 범하는 사람이기도 하다.

마르크스가 사후에 명성을 얻게 된 데에는 이론가이자 혁명가라는 이중의 성격이 크게 작용했다. 그 효과는 사유재산을 실제로 반대하는 국가가 북한을 제외하고는 지구상에서 거의 다

사라진 이후에 더 크게 나타났다. 역사적으로 혁명가를 무시하는 방식은 이론가의 경우와는 달랐다. 민주주의 사회에서는 이론가를 반박하기 위해 애써 노력하지 않는다. 언젠가는 주변으로 밀려나 대중의 관심을 잃고, 끝내 대중의 기억에서 사라지기 때문이다. 반면 잘못된 길을 선택한 혁명가는 멸시 받고 배척당한다. 마르크스가 『공산당 선언』에서 피할 수 없는 일이라고 단언한 노동자 계급의 혁명은 한 번도 실현되지 않았다. 이러한 사실은 혁명가에 대한 실제적 반발은 물론 이론가에 대한 반박마저 불러일으키는 원인으로 작용한다. [이와 같이 혼란스러운 상황은 스페인 작가 후안 고이티솔로가 1993년에 발표한 장편 소설 『마르크스 전설』의 배경이 된다. 고이티솔로는 작품에서 소련 제국주의의 몰락에 대한 세상 사람들의 반응과 마르크스의 사상을 지키려는 노력을 묘사했다]

　'이론가는 유동적인 존재'라는 사실만으로 혁명가와 이론가의 관계가 단순해지지는 않는다. "마르크스는 최후의 위대한 조직자인 동시에, 완성된 조직만큼이나 그 단편들도 중요시했던 최초의 인물이다."[1] 이와 같은 주장은 유명한 『자본론』 제1권에서도 사실로 확인된다. 이 책의 거의 3분의 2를 차지하는 실증적 사례만 보더라도 마르크스가 핵심적인 내용과 부수적인 내용을 구별하기 위해 얼마나 많은 노력을 기울였는지 알 수 있다. 그러나 이들 사례는 이 책의 내용을 특정한 역사적 순간과 특정 국가에만 국한시키는 결과를 낳고 말았다. 마치 이 책이 출판될 수 있었던 가장 큰 원인은 저술이 완성되었기 때문이 아니라, 출판 시기를 잘 고른 덕분인 것 같다는 느낌을 떨치기 어렵다.

이와 같이 불분명한 사실관계 앞에서 흔히 지적되는 사실은, 칼 마르크스가 고전주의자로 둔갑한 데에는 사실상 동지인 프리드리히 엥겔스의 공이 컸다는 점이다. 마르크스는 엥겔스가 1877년에 발표한 『오이겐 뒤링 씨가 과학에서 일으킨 변혁』, 간단히 『반뒤링론』에서 처음 고전주의자로 소개되었는데, 이와 같은 엥겔스의 견해는 그 후 이른바 1세대 마르크스주의자들에 의해 계승되었다.[2]

칼 마르크스가 생각하고 글로 쓴 모든 것은 임시적인 성격을 띤다. 그는 중요한 내용은 모두 수정했고, 지나간 것은 돌아보지 않았다. 『공산당 선언』도 마찬가지다. 마르크스가 젊은 날 혁명가로서 쓴 이 소책자를 훗날 이론가가 되어서는 진지하게 다룬 적이 거의 없었다. 『공산당 선언』은, 구체적으로 제 1장 「부르주아와 프롤레타리아」는 그 간결성과 선동적인 형식을 바탕으로 마르크스에게 오늘날까지도 따라다니는 이론가의 이미지를 부여한 글이다. 그러나 이 책이야말로 모순으로 가득하고, 중심사상 몇 가지는 훗날의 저서에서 분명히 다르게 나타난다. [『공산당 선언』이 널리 읽히는 노동운동서가 된 시기는 1872년 라이프치히 국가반역죄 재판 이후이다. 이 재판에서 검찰이 『공산당 선언』을 사회민주주의노동자당 지도급 요인들의 유죄를 입증하는 증거로 제출하자, 이를 계기로 이 책에 대한 사회의 관심이 높아져 마침내 재판(再版)을 내기에 이르

렀다. 대량 출판은 20세기가 되어서야 시작되었다]

경제와 그 밖의 세상일

마르크스의 대표적인 이론서들은 1960년대 후반부터 1970년대 초반까지 널리 유행했다. 적어도 당시 막 개혁을 마친 대학교의 인문학 분야에서는 그러했으며, 강독의 형태로 다루지 않았더라도 많은 사람들이 이 책들을 읽었다고 주장했다. 그러나 오늘날 대학에 이러한 유행의 흔적은 거의 남아 있지 않다.

예외라면 정치적 색채가 강하고 극도로 전문화된 문헌학 분야와[3] 대학에 소속되지 않은 학자들이 독자적으로 진행하는 연구를 들 수 있다. 마르크스의 추론들을 개선된 새 추론들과 대조 분석하려는 시도는 점차 관심 있는 프리랜서 학자들에게 집중되는 경향이 있다.[4] 그 밖에 마르크스 이론의 영향을 확인할 수 있었던 분야들은 이미 다 끝난 이야기의 주변을 맴도는 신세가 되었다. 유행은 지나갔다. [이를테면 마르크스 경제 이론의 중심이 되는 범주, 즉 계급, 착취, 부가가치, 임금노동, 생산재, 부(富)의 축적과 같은 개념들에 대한 논의는 이미 종결되었다. 이들 개념은 마치 마르크스가 만든 용어처럼 보이지만, 사실은 고전경제학에서 나온 개념들을 마르크스가 사용했을 뿐이다. 이를테면 데이비드 리카도, 앙리 드 생시몽 등이 처음 사용한 말인데, 마르크스의 광범위하고도 종합적인 연구가 발표된 후 고전경제학에 대한 직접적인 연구는 불필요해 보였을 뿐만 아니라, 상상조차 할 수 없는 일처럼 생각되었다] 더욱이 자본의 특징과 작용을 동시에 외부에서 관찰하기는 점점 더 어려워졌다. 다시 말해 자본에 다가가기가 어려워졌다. 마치 낯설고 알려지지 않은 존재 같고, 어디에나 늘 있던 게 아닌 것처럼 새삼스럽고, 여러 모로 보더라도 인간은 자본의 작용에 가담하고 있지도 않은 것 같고, 따라서 이에 합당한 관심도 없는 듯하다. 이런 점에서 '마르크스'라는 이름은 해결하지 못한 문제를 나타내는 표지가 되었다.

『자본론』의 부제(副題)는 '정치경제학 비판'이다. 따라서 이 책은 경제로 인해 야기되는 사회 상황에 대한 근본적인 고찰로 해석할 수 있다. '정치경제학'이라는 말에는 경제는 의도적인 일이며 국가의 권력으로 관철된 일이라는 뜻이 내포되어 있다. 이러한 해석은 기존의 상황을 기술하고 분석하는 데 주력하는 경제학과 대치된다. 후자는 원인이나 상관관계를 따지지 않는다. 따라서 '우리 시대의 교리'와도 같이 작용한다.[5] 정치경제학은 경제적 진행과정에 대한 보고와도 대치된다. 이런 보고는 경제적 진행과정을 우선적으로 그리고 주로, 기회가 찾아 온 경우, 기회를 알아본 경우 또는 기회를 놓친 경우로 평가하고, 그 뒤에서 일하는 사람들의 성공을 위한 노력을, 마치 그러는 것이 보고의 목적이라는 듯이, 너무도 당연하게 비열한 행위로 치부해 버린다. 마르크스는 "경제학자들은 우리에게 상황에 따른 생산 방법을 설명해준다. 그러나 그 상황 자체가 어떻게 발생하는지는 설명하지 않는다."고 지적했다.[6] 예나 지금이나 맞는 말이다. 미국의 노벨상 수상자 폴 새뮤얼슨은 『경제학』에서 "돈은 상품 및 서비스의 교환을 용이하게 만드는 일종의 윤활제다."라고 간단명료하게 설명했다.[7] 수십 년 전부터 경제학은 수학적인 접근 방식을 취하고 있다. 동시에 경제학은 역사적 학문이 아니고, 역사적 대상을 연구하지도 않는다는 주장이 목소리를 드높인다. 경제학은 시대를 초월한 학문이자 정확한 형식적 기준을 따르는 학문으로, 따라서 자연과학에 속하는 학문으로 인식되어야 할 것이다.

'경제'라는 집단적 주체는 그 누구도 본 사람이 없지만, 그 영향력은 모든 사람이 매일 경험하고 있다. 지난 수년에 걸쳐 '경제'가 어떤가라는 질문은 위협적인 성격을 띠게 되었다. 과거에도 경제는 불경기 때마다 절박한 문제로 떠오르다 다시 시들해지곤 했다. 그러나 위기가 여전히 극복되지 않은 상황에서 또 다른 위기가 위협하는 최근에는 이 질문이 생존의 문제가 된 것 같다. 약 4반세기 전부터 '경제'는 세상일을 결정하는 모양새를 띠고 있다. 우울한 분위기와 미래에 대한 불확실성이 아무리 고조되더라도 '경제'와 함께하는 삶이 아닌 다른 삶은 상상하기 어렵다. 자본주의 체제의 상태가 점점 더 악화되는 듯이 보일수록, 그 상태를 모면할 수 없을지도 모른다는 개개인 모두의 우려는 더욱더 심각해진다.

독일에서는 오랫동안 '자본주의'라는 단어 자체가 극복해야 할 대상을 나타내는 말이었다. 물론 공격의 목소리는 여러 방향에서 들려왔다. 빌헬름 립크네히트(독일의 사회주의자. 독일 사회민주당 창당인 가운데 한 사람-옮긴이)도, 막스 베버도, 요제프 괴벨스도 자본주의에 대해 말했다. 그러나 2차 세계대전 후 이 단어를 다루는 방식은 달라졌다. 서독에서는 '자유 시장경제'라는 표현이 관용어로 굳어졌다. 이 말은 자본주의 경제 체제에 대한 저항의 역사를 감추는 완곡 표현이다.

자본주의라는 유일하게 적합한 명칭을 회피하는 이러한 행위는 '시장경제'가 과거에도, 이미 수천 년 전에도 있었던 일이라는 새삼스러운 사실보다 더 두드러져 보였다. 분명 서독의 정치가들과 경제학자들은 자본주의 체제의 특수성을 나타낼 수도 없었고, 나타내려고 하지도 않았을 것이다. 어쨌든 고대 로마인들은 혁신이 부득이한 상황에 직면하여 할 수 있는 일이라고는 아무것도 없었을 것이다. 혁신의 불가피성은 자본주의의 특징이지 순수 시장경제의 특징은 아니니까.

1990년대에 독일은 미화된 표현을 버리고 다시 본래의 명칭을 사용했다. 표현의 전환은 체제 비교의 종말을 선언하는 일이었다. 한때 자본주의는 공산주의의 반의어였고, 자본주의에 적(敵)이 있는 한, 한계도 있었다. 그 후 자본주의는 불가피한 체제로 인식되었을 뿐만 아니라, 누구나 예외 없이 원하는 체제로도 통했다. 그와 같은 상황에서 승자뿐만 아니라 패자도 나왔으며, 어쩔 수 없이 패자가 승자보다 훨씬 더 많이 나왔다. 이러한 상황에 대해 거리낌 없이 입 밖에 내어 말하게 된 시기는, 자본주의에는 어떠한 대안도 없는 것 같다는 인식, 단순히 불확실한 실험의 형태로도 없다는 인식이 일반화된 이후이다.

황금시대의 귀환

마르크스 전기는 이미 많이 나와 있지만, 더 상세하게 다룬 새로운 전기가 끊임없이 나오고 있다. 최근에 발표된 전기들 가운데 대표적인 것들은 영국계 저자들이 쓴 책인데, 그 분량이 어마어마하다. 19세기 말부터 20세기에 이르기까지 여러 공산주의 국가에서는 실물보다 더 큰 마르크스 조각상을 제작했지만, 이러한 칼 마르크스의 모습은 실제 인물이나 그의 삶 또는 그의 활동과 거의 무관하다고 전기 작가들은 말한다.[8] 이 말은 맞는 말이다. 그러나 마르크스는 과거 시대의 인물이라는 이들의 단정은 그 설명적 가치가 제한적이다. 그의 이론을 19세기로 쫓아버리고 그 시대에 가두어버린 일은 분명 잘못된 처사였다. 마르크스 이론은 순전히 '역사적인' 사고의 집합이라는 견해에 대한 근거도 현대의 논거를 통해 제시될 수 있을 뿐이다. 마르크스를 과거에 가두어두려고 열심히 노력하면 할수록 마르크스는 더욱더 생생하게 되살아나는 듯하다.

일부에서는 마르크스는 블라디미르 일리이치나 마오쩌둥이

나 에리히 호네커가 추진했던 방식의 공산주의에 아무런 책임이 없다고 주장한다. 이 주장에 대한 반론 가운데 가장 널리 알려진 것은, 이 주장이 옳다 하더라도, 과연 마르크스가 원한 것은 무엇이었냐는 반문이다.

마르크스는 자신이 꿈꾸는 미래의 더 나은 세상을 가리키는 몇 가지 암시를 남겼다. 그 암시들은 비록 헤겔 철학의 영향을 받은 것이지만 설득력이 없다. 아니, 헤겔 철학의 영향 때문에 설득력이 없다고 볼 수도 있다. 마르크스의 이야기는 역사가 중지된 상태에서 결말에 이르기 때문이다[9](헤겔의 변증법에 의하면 역사는 계속 발전해야 하지만, 마르크스는 공산주의 사회 이후의 역사적 발전 과정을 언급하지 않았다 - 옮긴이).

이 모든 암시들은 마치 황금시대의 귀환을 알리는 듯하다. 다시 말해 세속적인 낙원의 모습을 상상하게 만든다. 낙원에 대한 상상은 19세기의 교양 목록에 속했으며, 마르크스와 같은 옛 문헌학자의 경우 반드시 갖추어야 할 교양이었다. 마르크스는 헤시오도스(고대 그리스의 서사시인)와 오비디우스(로마 제국 시대의 시인 - 옮긴이)를 읽으며 자란 사람답게 진보적인 시민계급의 일원이었다는 사실은 황금시대에 대한 암시에서도 알 수 있다. 마르크스는 혁명이 끝나면 "오늘은 이것을, 내일은 저것을 할 수 있고, 아침에 사냥을 하고, 낮에는 낚시를 하며, 저녁에는 가축을 돌보고, 식사 후에는 비평을 하는 등, 무엇이든 그때그때 하고 싶은 일을 할 수 있다."고 말했다. 이러한 삶은 농부들이 매일 꿈꾸는 아름다운 삶이다. 마치 이브 로베르 감독의 코미디 영화 〈행복한 알렉산더〉에서 필리프 누아레가 연기한 농부 알렉산더의 삶과도 같은 삶이다.[10] 이러한 이상향에서 공산주의는 농민의 사회일 뿐만 아니라 옛날이야기 속에 나오는 사회이며, 그 이야기의 주인공은 일종의 대지주다. 그런데 가축을 저녁에만 돌보면 가축들이 어떤 반응을 보이는지에 대해서는 아무런 설명도 하지 않았다.

그러나 이와 같은 상상의 그림에서 완전한 사고의 틀을 끌어내려는 시도는 옳지 않다. 그림은 좋은 논거가 되지 못할 뿐더러, 무엇보다도 비판을 하면서 더 나은 대안을 내놓아야 한다고 지적하는 태도는 정당하지 않기 때문이다.[11] 혹시 토마스 모어의 『유토피아』(1516)나 토마소 캄파넬라의 『태양의 나라』(1602)를 떠올리며 더 나은 그림을 요구하는 사람은 현재의 어떤 부분에 이의를 제기할 수 있는지는 알아보려 하지 않는다. 다시 말해, 현재를 당장 바꾸어야 할 만큼 중요한 이유가 있는지 확인해 보려 하지 않는다.

이와 같은 요구는 결핍은 결핍이 지배하지 않는 상황에서만 결핍이라는 주장과도 같다. 더 나쁘게 말하면, 폭력을 평화롭고 폭력이 없는 전원에서만 폭력으로 인정하는 태도와도 같다. 마르크스의 저술은 그 무엇보다도, 그리고 저서의 거의 전반에 걸쳐, 비판으로 되어 있다. 칸트의 『순수 이성 비판』이 순수 이성이라는 개념에 대한 설명이듯이, 『정치경제학 비판』에는 비판의 대상인 정치경제학을 넘어선 차원에 대한 언급이 없다.

그럼에도 마르크스와 그의 저서가 오늘날까지도 그 영향력을 유지하는 최종적인, 어쩌면 가장 중요한 원인이 세속적인 이 그림들 속에 나타나 있는지도 모른다. 그 그림들이 구체적으로 무엇을 말하는지 사람들은 아는 바가 거의 없는 반면, 적어도 마르크스 사후 그의 저서가 최후의 위대한 구제책이 되었다는 점에서는, 다시 말해 역사의 종착역에서 만나게 될 세상을 묘사하는 최후의 그럴듯한 비전이 되었다는 점에서는 이 그림들이 정확하기 때문이다.

마르크스는 "철학은 프롤레타리아를 없애지 않고는 실현될 수 없고, 프롤레타리아는 철학의 실현 없이는 사라지지 않는다."고 썼다.[12] 그 목적을 위해 마르크스는 헤겔 철학을 기발하게 변형하고 구약성서의 기본 사상을 대담하게 재활용함으로써 실용적인 힘과 정신적인 힘을 하나로 결합했다. 구약성서는 선택 받은 민족의 교리다. 그 자리를 노동자 계급이 차지해야 한다는 뜻이다.[13] [서구 산업 국가에는 이제 프롤레타리아로 분류되는 사회 계급이 더는 존재하지 않는다. 그러나 이로써 혁명의 역사적 절박성이 사라지지는 않는다. 오히려 이로 인해 이미 『공산당 선언』에 깔려 있었고 훗날의 저서들 전반에 걸쳐 다룬 문제가 분명하게 드러난다. 즉, 선택 받은 계급으로 결정되기 위해서는 다른 미천한 계급과 구분되어야 하는데, 주로 소작농들과 룸펜프롤레타리아가 여기에 속한다. 특히 룸펜프롤레타리아는 『공산당 선언』에서 "구체제의 가장 낮은 사회 계급 중 부패한 수동적 계층"이라고 정의되

어 있다. 마르크스는 이 두 계층에게는 혁명적 잠재력이 없다고 보았다]

정치와 경제

우리가 아는 바에 의하면 국가는 믿음직한 존재이다. 권력의 독점을 용납하지 않고, 험악한 지역에서도 평화를 수호하며, 세금 체납자에게는 집달관을 보내고, 의무 교육을 실시하고, 도로를 건설하여 국토를 연결한다. 국가는 노인과 가난한 사람들이 굶주리지 않도록 배려하고, 아픈 사람과 제약 회사를 공통의 관심사를 매개로 연결해준다.

1970년대부터 무정부주의자들과 급진적 사회주의자들은 점차 사회의 관심을 잃기 시작했다. 그 후부터 얼마 전까지 국가는 의심의 여지가 없을 정도로 신뢰할 만한 존재였다. 국가에 대한 모든 비판은 건설적이었다. 그러나 2007년 가을에 금융위기가 닥치자, 이 원칙은 그 효력의 일부를 잃었다.

2011년 가을에 독일의 유력 주간지에는 다음과 같은 내용의 기사가 실렸다. "민주주의 국가가 음식점 내 금연이나 자전거 이용자의 안전모 착용 의무 등 국민들이 서로 심하게 꾸짖고 함부로 비난하는 문제에만 개입하고, 모두를 마음대로 조종하는 막강한 권력을 통제하지 못한다면, 헌법은 종이 호랑이다."[14] 여기서 막강한 권력은 당연히 경제를 일컫는 말이다. 구체적으로는 자본과 금융시장과 투기를 가리킨다.

몇 년 전부터 마르크스의 명성이 다시 드높아진 현상은, 국가가 통치권을 자본에게 넘겨주었기 때문에 더는 국가를 믿을 수 없다는 국민들의 생각과 무관하지 않다. 이러한 생각은 두 가지 측면에서 인정할 수 있다. 첫째, 사람들은 마르크스가 자본을 비판했다는 사실을 알고 있다. 여기에는 마르크스가 자본을 정치적 행위를 좌지우지하는 사회 권력으로 인식했다는 생각이 포함되어 있다. 이 생각은 틀린 생각이 아니다. 둘째, 마르크스는 자본에 반대하는 사람으로 통한다. 그는 자본의 극복을 진지하게 주장했고, 정치적 의지에 따라 경제를 관리하고자 했다. 그렇다면 실제로 정치적 권위를 회복하기 위한 제안은 다음과 같을 것이다. "사회가 제공하는 서비스 및 삶의 기반에 대한 통제는 분명 필요하다. 그러므로 미래에는 어떤 식의 통제, 어떤 종류의 공공재가 실행 또는 운영하기에 효과적인지, 그 문제가 뜨거운 논의의 주제가 될 것이다." 이는 어느 사회주의 정치인이 한 말이다.[15]

국가가 대자본 및 금융경제의 하수인 같다는 비난은 국가는 최우선적으로 국민을 책임져야 한다는 생각에서 나온다. 전 세계에 퍼진 이러한 믿음은 국민총생산이 온통 은행을 안정시키는 데 사용된 이후 몇 번의 실망을 맞이했다. 그러나 이러한 믿음은 그에 상응하는 관념론을 전제한다. 이렇게 보는 이유는 국가의 등급과 실행력이 국내에서 축적되는 재력에 직접 좌우되기 때문만은 아니다. 그보다는 국가의 부채가 국가의 능력 및 그에 따른 권력을 강화하기 위해 국제무대에 진출했기 때문이다. 국가는 최대의 신용 대출 수혜자로서, 부채를 이용하여 금융경제를 촉진하고, 창조하기까지 한다. 지난 40년에 걸쳐 금융경제가 가장 막강한 경제부문이 되었다면, 이는 국가의 의지에 의해, 그리고 국가의 이익을 위해 일어난 일이다. [사회학자 볼프강 슈트렉은 국가의 채무는 무엇보다도 경제 성장률이 낮은 시대에 사회의 평화를 지키기 위한 수단이라고 보았다. 그렇다면 국가는 그 통제권의 일부를 국가의 안정을 지키기 위해 매각했다는 말이 된다. 슈트렉은 이에 반해 단일민족국가의 강화를 권유한다. 이에 관해서는 슈트렉의 『매입한 시간. 중단된 자본주의 위기』(베를린 2015. p.62.)를 참조하라.]

부채가 국가를 마비시키고, 약하고 무능하게 만든다는 말은 맞지 않다. 오히려 그 반대다. 국가가 무릎을 굽히지 않고도 받아낼 수 있는 채무액은 국가의 능력과 그에 따른 힘을 재는 척도이기도 하다. 이에 대한 가장 좋은 예는 미국이다. 미국의 화폐는 세계적인 지불 수단이므로 미국의 신용은 무한대인 것 같다. 미국돈은 더는 경쟁자가 없는 권력의 지지를 받는다. 자본의 신용대출과 관련해서는, 특히 국가 부채와 관련해서는 그 돈을 이용할 수 있느냐가 중요할 뿐, 상환할 수 있느냐는 중요하지 않다. 부채를 상환하는 경우는 오로지 새 부채를 얻고자 할 때뿐이다. 국가가 금융경제를 위해 국민의 이익을 배신했으리라는 의

혹에는 시대착오적인 생각이 깔려 있다. 만약 그랬다면, 독일의 경우 이런 주장은 기껏해야 60년대 말까지만 가능했을 것이다. 그러나 국민은 이러한 의혹을 발설하려 하지 않는다. 부채와 관련된 문제에서 국민은 각자의 개인 대출을 떠올린다. 국민은 대출을 탈피해야 할 문제로 생각하고, 정치가 경제보다 우위에 서기를 요구한다. 따라서 국민은 기존 체제를 유지하는 편이 가장 좋으리라고 생각한다. 이는 사실 정치적인 태도가 아니다. 오히려 정치에 대한 철두철미 비정치적인 입장이다. 국민은 기존 체제가 가장 좋으리라는 자신의 생각에 확신이 없다. 그래서 어떤 때는 오른쪽을 바라보고, 어떤 때는 왼쪽을 바라본다. 오른쪽을 보면 우익보수주의자가 보이고, 왼쪽을 향하면 사회주의자와 마주친다.

사회주의자를 만난 국민은 칼 마르크스를 떠올린다. "자본의 축적은 모든 부(富)의 원천인 토지와 노동자를 파괴한다."고 마르크스가 말했다.[16] 이런 말 때문에 국민은 국가의 죄를 심판하는 법정에서, 국가가 자본의 이익에 반대하여 아무런 조치도 취하지 않는다고 증언한다. 이 증인은 국가와 자본의 동맹에 반대하는 정치적 관심이 수그러들 경우 폭력을 동원해서라도 다시 끌어올리겠다는 협박의 화신이기도 하다. 물론 이런 협박이 진심인 경우는 매우 드물다.

빵 값 인하

사회의 제반 문제를 고려할 때 자본의 집중은 통제되어야 바람직하다는 주장은 드물지 않게 나온다. 국내외의 빈곤과 노인들의 처지, 생산에 유리한 건축과 조경, 의료 서비스와 제약회사의 음모, 여성의 지위 및 소수민족에 대한 처우 등 고려해야 할 사회 문제를 모두 나열하려면 한참 멀었다. 그 가운데 특히 두 가지 문제가 두드러지는데, 모든 국민에게 해당되는 근본적인 문제, 즉 환경 보호와 정의에 관한 문제다. 환경 보호는 장기적으로 볼 때 자본의 측면에서도 유익한 문제지만, 정의는 이보다 훨씬 더 어려운 문제다. 자본은 키워야 한다. 여기에 도덕적인 기준은 없다.

체제이론가 니클라스 루만이 쓴 마르크스 이론에 대한 짧은 비평이 있다. 이 글은 자본과 노동의 갈등 관계를 기술한 글인데, 루만에 따르면 자본과 노동의 대립은 사실상의 관계를 단순화하여 나타낸다. 이와 같은 단순화된 개념은 특정 조건 하에서는, 그리고 역사적인 특정 상황에서는 매우 효과적이었으며, 특히 사회적 '원동력'이라는 새로운 개념이 탄생한 점에서는 더욱 그러했다. 그러나 이러한 단순화가 경제와 정치에서 발생하는 모든 사건을 아우르지는 못했다. "자본과 노동을 분리하면 이와 연관된 계급이론은 말할 것도 없고, 오늘날의 경험에 합당한 고찰이 더는 불가능하다."[17] 그러나 "마르크스 이론이 자연스럽게 효력을 잃은 후 그 만큼이나 문제를 정확하게 다룬 이론은 나오지 않았다. 우리는 그 해결책 외에 다른 해결책이 없다."고 루만은 평했다.[18]

루만에 따르면, 자본과 노동의 대립이 추진력이 되어 사회가 앞으로 나아가기 시작할 때 정의는 뒤처진다. 그리고 사회 운동에 의해 사회 이론이 활력을 얻는다. 정의는 "현대의 화폐경제가 지닌 고유의 원동력을 접한 적이 없는 도덕적 호소다." 정의는 침체되어 있으므로 변화에 대처할 능력이 없다.[19] 정의는 경제체제와 별개의 독자적인 체제를 형성하는 것 같다. 이 체제에는 직원도 없고, 권력도 없다. 나름의 언어도 없고, 고유의 효력 범위도 없다. 루만은 마르크스의 정의에 대한 근본적인 고찰이 이와 유사하다고 분석했다.

마르크스는 첫 번째 부연 설명에서, 정의를 요구하는 일은 자본과 노동의 관계를 비판하는 일이 아니라 자신이 원하는 사회의 기반, 즉 자유와 평등을 이상적인 수준으로 끌어올리는 일이라고 밝혔다. 그리고 두 번째 부연 설명에서는 '도덕'을 부르주아의 거짓된 행동과 결부시켰다. 마르크스는 자본주의 생산 방식의 이상적인 형태를 하필 그 생산 방식을 실행하는 정, 재계의 대표적인 인물들에게 요구하려는 생각은 좋은 생각이 아니라고 덧붙였다. 루만은 이 말을 마르크스가 조롱조로 한 말로 보았다.

루만은 체제의 관점에서만 고찰하고 이해관계를 고려하지

않았다. 그러다 보니 놓친 문제가 있는데, 어쩌면 일부러 무시했는지도 모르겠다. 그 문제는 바로 노동과 자본의 관계에 대한 마르크스의 분석이 이에 대한 비판과 얼마나 일치하느냐는 점이다. 다시 말해, 이 모든 '성찰 작전'[20]이 도덕적인 동기에 어느 정도로 부응하느냐는 점이다. 이러한 동기는 역사는 필연적인 발전 과정을 거쳐 노동자 계급의 승리로 마무리된다는 마르크스의 확신에서 멀리 떨어져 고찰할수록 뚜렷해진다. 즉, 마르크스의 초기 이론이 아닌 후기 이론에 깊이 관여할수록 뚜렷하게 나타난다. 여기에는 항상 도덕적인 부분이 있으나, 마르크스가 주장한 기본 논리에서는 분명하게 드러나지 않는다. 침해된 정의에 대한 의식이 아무리 착각일지언정, 아무리 온 국민이 보편적으로 공유하는 의식일지언정, 그런 의식에서 비롯하지 않는 혁명이 있는가? 역사적으로 이런 의식 없이 놀랄 만한 추진력의 순간에 도달한 적이 있었는가?

마르크스는 1848년에 한 '자유 무역 문제에 대한 연설'에서 관세 장벽은 자본의 이익에 반하는 것이며, 그렇다고 노동자들이 자유 무역으로 빵 값이 내리면 결국 자신들에게도 이득이 된다는 말을 믿지도 않는다고 설명했다. "사람들은 이 모든 사기 행위가 노동자들이 싼 값에 빵을 사 먹을 수 있도록 조치하기 위해 한 일이 아니라는 사실을 알고 있다."[21] 그럼에도 마르크스는 자유 무역을 옹호했다. 자유 무역은 장기적으로 계급 간 대립을 더욱 첨예화하여, 반드시 도래할 혁명을 한 걸음 앞당기기 때문이다. 그런데 이 논증에서 역사적 필연성만 떼어 고찰하면 어떤 결과가 나오는가? 이 주장은 도덕적 딜레마에 빠져 있다.

마르크스는 『자본론』 제3권에서 "상품의 내용이 생산 방식과 일치하면, 이에 합당하면, 그 상품은 정당하다."고 말했다. "그러나 생산 방식에 어긋나는 한 그 상품은 정당하지 않다. 자본주의 생산 방식을 바탕으로 자행되는 노예 노동은 정당하지 않다. 상품의 품질을 속이는 행위도 마찬가지다."[22] 체제는 이렇게 말한다. 그러나 체제가 꿈을 꾸면 이야기가 달라진다. 마르크스는 1875년에 쓴 『고타 강령 비판』에서, 시민권의 제한이 철폐되면 "누구나 능력에 따라 일하고, 누구나 필요에 따라 받는다!"고 설명했다.[23] (고타 강령은 독일 사회민주노동당과 전독일노동자동맹이 고타(Gotha)에서 통합을 선언하고 채택한 강령이다 - 옮긴이) 서로 다른 이 두 이야기는 모두 정의에 관한 이야기이다. 체제의 관점에서 보면 정의란 모든 사람이 똑같이 분배 받는 일이다. 체제를 떠나서 고찰하면 누구나 자신이 원하는 만큼 받아야 한다는 말이 된다. 이와 같이 칼 마르크스의 사상에는 정의에 대한 두 가지 생각이 공존한다.

마르크스가 오늘날 누리는 명성은 그가 평등의 옹호자라는 믿음에서 비롯한다. 여기에는 적어도 절반의 오해가 있다. 동시에 조금 다른 문제, 이해하기 더 어려운 문제도 있다. 즉, 정의를 개인의 자유와 사회적 결속의 특징으로 인식한다는 점이다. 루만은 이 점을 간과했다. 여기에 루만의 약점이 있으며, 이는 마

르크스에 대해서도 약점으로 작용한다. [정치의 이론적 회복을 위한

시도는 한나 아렌트의 평생의 역작이었다. 아렌트의 노력은 마르크스에 대

한 끊임없는 연구와 동시에 진행되었으며, 그 중심에 '노동' '작업' '행위'를

구분한『비타 악티바』의 범주론이 있다. 이에 관해서는 한나 아렌트의『비타

악티바 또는 활동적인 삶에 대하여』(1958/1960. 뮌헨 2007)를 참조하라(이

책은 1958년에 영어로 발표된 후 1960년에 저자가 직접 독일어로 번역하여

출간되었다. 한국에서는 1996년『인간의 조건』이라는 제목으로 번역 출판

되었다 - 옮긴이)]

제 2 장

선언

Das Manifest

위로를 주는 사제들

1848년 새해가 밝고 몇 주가 지났다. 브뤼셀에서 망명 중이던 칼 마르크스는 머지않아 혁명이 일어날 줄은 꿈에도 알지 못한 채,『공산당 선언』원고를 쓰느라 여념이 없었다. 같은 시기에 파리에서는 소설가 오노레 드 발자크가『우리 시대 역사의 뒷면』이라는 비범한 제목의 장편 소설을 마무리했다. 발자크의 작품 가운데 강령적인 제목을 단 책이 몇 권 있는데, 이를테면『잃어버린 환상』이나『부부 생활의 소소한 위기』등을 들 수 있다. 그러나『우리 시대 역사의 뒷면』만큼이나 지적인 영역, 심지어 철학적인 영역과 밀접하게 관련된 제목은 없었다. 발자크는 이 책이 자신의 마지막 장편 소설이 될 줄은 조금도 예상하지 못했다.

『우리 시대 역사의 뒷면』은 두 권으로 된 소설로, 전 저널리스트 고드프루아의 수학기와 청년기의 이야기이다. 제1권에서 고드프루아는 '위로를 주는 사제(司祭)들'이라는 비밀 자선 단체를 접하게 되고, 몇 가지 시험을 거쳐 그 회원이 된다. 제2권은 고드프루아의 스승인 알랭과 나누는 대화로 시작한다. 알랭은 제자에게 오랜 이별을 통고한다. "나더러 어느 큰 공장의 공장장이 되어 달라는군. 그 공장은 직원 모두가 공산주의 사상에 물들어서 사회 혁명을 꾀하고 있대. 사회의 지도자들을 파멸시키려 한다고. 그 일이 곧 산업과 교역과 공장의 죽음을 의미하는 줄도 모르고……"[1] 알랭은 당연히 그 제안을 받아들인다.

'위로를 주는 사제들'은 모의(謀議)에 반하는 모의를 하는 단체다. 이들의 결사(結社)는 인간의 자연스러운 선의와 금욕적 사회주의 이념을 기반으로 삼은 것 같다. 그 이념은 장 자크 루소가 확립하고 당시 프랑스의 이상주의자들이 계승한 이념과도 유사하다. 문학 작품에 등장하는 지하 사제단들은 의심스럽지만,[2] 공산주의자들의 모의는 그렇지 않다. 오스트리아의 수상 메테르니히 후작도, 프로이센 왕 프리드리히 빌헬름 IV세도 공산주의자들의 국가에 대한 위협을 언급했다. 급진적 공화주의자들과 '천민들'의 동맹은 그 말 자체가 1940년대의 화두가 되었다. 이 말은, 널리 확산되지만 확인하기 어려운 위협을 맹세하는 말이었다. 급진적 공화주의자들은 프랑스 혁명의 이상을 고수하는 사람들이었고, '천민들'은 당시 대도시 인구의 대부분을 차지하던 노동자, 일용직 근로자, 거지, 도둑, 매춘부, 간단히 말해, 새로 생긴 모든 공장의 직원 전체로부터 가장 밑바닥의 룸펜프롤레타리아에까지 이르는 '위험한 계급'이었다.[3]

공산주의라는 유령

칼 마르크스는 프랑스의 소설가 발자크를 높게 평가하며, "무엇보다 현실 상황을 정확히 이해한 점이 탁월하다"고 『자본론』 제3권에서 밝혔다.[4] 이러한 평가의 근거가 무엇인지는 분명하다. 지배적 지위의 몰락을 저지하기 위해 무슨 일이든 마다하지 않는 귀족계급, 이들과 마찬가지로 지칠 줄 모르고 지위 향상을 꾀하는 시민계급, 그리고 파멸 외에는 기대할 바가 없는 농민계급에 대한 묘사다. 발자크의 연작 『휴먼 코미디』에 속하는 많은 장편 소설에서 노동자는 단지 사회의 '지하층'에 사는 사람으로, 얼굴도 없고 지적 잠재력도 없는 익명의 군중으로 나타날 뿐이다.[5] 이들 계급은 역사의 필연적 발전과정을 통해 서로 관계를 맺게 된다.

당시 과격한 전직 저널리스트일 뿐이던 마르크스는 다음과 같은 문장으로 『공산당 선언』을 쓰기 시작했다. "어떤 유령이 유럽을 떠돌고 있다. 바로 공산주의라는 유령이다." [처음에 『공산당 선언』이라는 제목으로 발표된 이 글은 1952년 '공산주의자 동맹'이 해체되고 동일한 이름의 정당이 새로 창당되기 전에 『공산주의 선언』으로 바뀌었다] 그 유령은 동시에 많은 것을 의미한다. 감각적인 동시에 초감각적 존재이고, 위협이며, 복수의 화신, 환상, 혐오를 상징하기도 한다. 자크 데리다는 이 유령의 성격을 "참을성이 없고, 겁에 질려 있으며, 매혹적이다."라고 분석했다.[6] 첫 문장에서 몇 줄 아래로 내려가면 유령의 이력이 시작된다. 마르크스는, 통치자들과 경찰은 민중에게 어떤 위협에 대해 이야기 하고자 할 때 '공산주의자들'을 거론한다고 지적했다. 발자크의 소설에서 알랭도 이와 같은 위협에 맞서 싸우기 위해 길을 떠난다.

그 시절에 '공산주의'와 관련하여 많은 사람들이 유령 이야기를 입에 올렸다. 오늘날 몇몇 역사가들이 주장하듯이 유령 이야기는 단지 권력층에 속하는 사람들이 지나가는 말로 한 말이었을까? 소동에 직면하여 질서를 유지하기 위한 구실을 얻기 위해?[7] 이와는 달리 『공산당 선언』의 저자들은 지도층 정치가들이 어떤 이유에서든 공산주의의 위협을 거듭 언급하는 상황만으로도 유령의 배후에 현실이 있다는 사실을 충분히 증명한다고 단언한다. "공산주의는 이미 유럽의 모든 강대국이 하나의 권력으로 인정했다." '유령'과 '인정' 사이는 지면의 반쪽도 되지 않는다. 그 어떤 유령도 이보다 빨리 살아 있는 실체로 변신하지 못했을 것이다.

반면 '공산주의자들'은 자신들이 유령처럼 생각되었을 것이다. 『공산당 선언』이 발표되기 몇 년 전, 그러니까 프랑스에서 관념론적 사회주의 이념과 더불어 공화주의 운동이 확립된 후에 '공산주의'라는 말이 크게 유행하기는 했다. 이 운동에 킬의 헌법학자 로렌츠 폰 슈타인은 파리 유학 중 『현대 프랑스의 사회주의와 공산주의』라는 글로 반응했다. 이 책은 1842년에 출간되었는데, 바로 마르크스가 당시 현존하는 형태의 공산주의 사상은 "이론적 실체조차 없다."고 단언했던 그 시기다.[8]

『공산당 선언』은 어휘 선택과 판단에서 일관성을 보이지 못하며 매우 불확실한 자체평가를 드러낸다. 그리고 도대체 누구 이야기인가? 그들은 대부분 떠돌아다니는 수공업자들로 구성된 허술한 집단과 망명을 거듭하며 오락가락하던 몇 명의 학자들이었다. 전 유럽을 통틀어 천 명쯤 되었을 것이다. 그보다 조금 더 많았거나. 이 사람들을 두고 '정당'이라고 말하려면 대단한 상상력과 결단력이 필요하다. 이러한 사실만 보더라도 『공산당 선언』은 정치적 강령이라기보다는 소설에 더 가깝다. 어쩌면 반대로 해석할 수도 있을 것이다. 『공산당 선언』이 훗날 그토록 큰 성공을 거둔 이유는 처음부터 소설을 끼워 넣었기 때문인지도 모른다.

칼 마르크스와 프리드리히 엥겔스는 1847년에 '정의로운 사람들의 동맹'이라는 단체에 가입한다. 『공산당 선언』이 완성되었을 즈음 이 단체는 '공산주의자 동맹'으로 개명했고, 1848년 프랑스와 독일에서 혁명이 시작되자마자 다시 해체했다. 마르크스는 3월초에 파리로 돌아갔다. 파리를 제외하고는 이들 정의로운 사람들이 많지 않았으며, 아직 공장이 들어서지 않은 독일과 같은 나라에는 한 사람도 없었다. 몇 안 되는 그들이 만날 때는 숨어서 만났으며, 언제나 자신들 가운데 첩자가 있지나 않은지 걱정했다. 실제로 첩자가 모임에 섞여 있는 경우가 많았다. 그리고 모두가 함께 모이면 파벌 싸움이 일어날 때까지는 오래 걸리지 않았으며, 모임의 공통된 목적은 그 색이 바랬다.

대중 예술

발자크의 소설 『우리 시대 역사의 뒷면』은 역사적, 지리적 스케치로 시작한다. 주인공 고드프루아가 센 강가에 서 있다. 키가 작고, 특별히 잘생기지도 않았다. 고드프루아는 센강의 물결을 거슬러 노트르담 사원이 있는 곳까지 바라보고, 다시 물줄기를 따라 루브르까지 바라본다. 고드프루아의 눈에 비친 광경은 과거에 없었던 도시의 모습이다. 궁궐과 빈민촌, 교회와 시장이 병존하는 거대한 공동체… 그곳에서는 서로 대립하는 계급들과 계층들이 서로 마주칠 뿐만 아니라, 그들이 경제적으로 상호 의존적인 관계를 맺고 있다는 사실이 여실히 드러난다. 작가는 전지적 시점에서 다음과 같이 설명한다. "이곳에 있으면 거대한 배의 선미에 타고 있는 듯하다. 눈앞에 파리의 역사가 펼쳐진다. 로마 제국부터 프랑켄 제국까지, 노르만족으로부터 부르군트 족까지. 중세 발루아 왕가, 앙리 Ⅳ세, 루이 ⅩⅣ세, 나폴레옹, 그리고 루이 필리프, 모든 통치자들이 그들을 기억하게 만드는 흔적이나 기념비를 남겼다."[9] 현재를 바라보던 작가와 독자는 갑자기 시선을 과거로 돌린다. 이러한 시선은 세계화와 도시화 없이는 불가능하다고 작가는 말한다.

발자크가 이 소설을 거창한 파노라마로 시작하는 이유는 도시의 의미가 앞으로 전개될 이야기에 범상치 않은 의미를 부여하기 때문만은 아니다. 작가는 독자들이 고드프루아를 따라갈 때, 자신들이 그 장소와 그 조망을 알고 있다고 생각하기 바랐고, 직접 본 적이 없다면 그림으로라도 본 적이 있다고 생각하기 바랐다. 그러기 위해 파노라마를 동원했다. 그러나 첫 장면에 파노라마를 묘사한 가장 큰 이유는 역사적, 지리적으로 닫힌 공간이 필요했기 때문이다. 발자크는 지금 여기서 일어나는 일은 모두 각각의 사건이 이용되는, 그 사건보다 훨씬 더 큰 사건의 일부라고 말한다. 독자는 그 광경에 시선을 집중하고, 이 장면이 끝날 때쯤에는 주인공의 얼굴을 바라보게 된다. 동시에 이 주인공 주위로 어떤 환경이 형성되는데, 독자는 주인공이 그 환경에서 자신의 뜻을 이루어야 한다는 사실뿐만 아니라, 그 환경이 주인공을 압도하리만치 거대하다는 사실도 알 수 있다. 그 파노라마 속에서 공간은 시간이 되고, 시간은 공간이 된다. 멀리 내다

볼수록 역사는 더 깊어진다.

이와 같은 파노라마는 18세기 말부터 19세기에 이르는 기간에 문학과 미술이 낳은 업적이다. 파노라마는 사진과 더불어, 철도 및 증기선과 더불어, 그리고 전깃불과 더불어 탄생하며, 종종 역사적인 장면을 담고 있거나 아예 역사적 사건을 묘사하기 위해 이용된다. 기록 관리 전문가 슈테판 외터만이 설명했듯이, 파노라마는 "익명의 대도시 군중의 욕구에 정확히 부응하고 오로지 그것에만 몰두하는 최초의 예술 형식이다. 이 예술 형식은 대중이 표현하고자 하는 주제를 그들의 방식으로 표현한다."[10] 이러한 파노라마는 상상에 의한 통합을 나타낸다. 파노라마는 역사의 축적이며, 통합에 대한 환상이다. 그 환상은 당시 세 가지 형태로 인간의 삶에 발을 들여놓았다. 자유와 평등에 대한 환상, 세계 무역에 대한 환상, 그리고 국가에 대한 환상이다. 1851년 런던에서 최초의 세계 박람회가 열렸다. 이 또한 일종의 파노라마였다. 세계 박람회가 열리면 많은 나라가 참가하지만, 대부분의 나라는 자국의 일에만 몰두한다.

얼마 지나지 않아 네 번째 형태가 가세한다. 그 형태는 독일의 관념론에 의해 이미 완성되었으나, 시민사회의 전개와 더불어 비로소 그 효력을 얻었다. 바로 미지의 세계를 더는 용납하지 않는 학문이라는 형태다. 훗날 정치학자가 된 저널리스트 돌프 슈테른베르거는 1938년에 출판된 『파노라마 또는 19세기의 풍경들』이라는 책에서 "별에는 아무것도 살지 않았다."라고 말했다.[11] 이 책에서 파노라마는 모든 구성요소가 각자의 위치에서 각자의 기능을 발휘하는 어떤 세계를 체계적으로, 그리고 역사적으로 묘사한다. 따라서 그 규모는 이전에 제작된 그 어떤 파노라마보다 더 크다. 칼 구츠코브는 1850년에 발표한 자신의 장편소설 『정신의 기사(騎士)』 머리말에서, "새로 나온 이 소설은 병존의 소설이다. 이 소설 속에 온 세상이 다 나와 있다! 이 소설에서 시간은 펼친 보자기와도 같다!"고 밝혔다. [칼 구츠코브 작 『정신의 기사. 아홉 권의 장편 소설』(라이프치이 1850/51. p.4.). 이 소설에서 리트(Ried)에 사는 영주의 시종은 '공산주의의 유령들' 때문에 밤잠을 못 이루자 농민 단체를 결성한다. 이 단체의 회원들은 즉석에서 국가를 부르지 못하는 사람은 누구든 반쯤 죽도록 두들겨 팼다]

『공산당 선언』의 초판은 그 지면이 23쪽에 불과하다. 여기서 칼 마르크스와 프리드리히 엥겔스는 네 단락 후에 『우리 시대 역사의 뒷면』의 첫 부분과도 유사한 서술 형태를 도입한다. 처음에는 역사적 관점에서 시작한다. "처음에 도시가 형성된 후 그 외곽에 살던 중세의 농노들은 시민권을 얻어 지위가 상승했다. 이들 농노 출신 시민들이 훗날 최초의 부르주아가 된다."[12] 그 다음에는 역사를 일별한다. "아메리카 대륙의 발견과 아프리카 대륙 해안 일주는 바야흐로 생성될 부르주아 계급에게 새로운 영역을 제공해주었다. 동인도와 중국의 시장, 아메리카 대륙의 식민지 개척, 식민지 무역, 교역 물품 및 상품의 증가로 인해 무역과 항해와 산업은 지금껏 경험하지 못한 엄청난 도약을 했고, 나아가 붕괴해가는 봉건 사회에서 혁명적 요소들이 급진적으로 발전하는 계기가 되었다." 이 역동적인 변화는 각각의 단계를 길게 설명할 수 없을 정도로 급진적이며, 문장을 짧게 줄여야 할 만큼 빠르게 완성된다. 그 사건들은 병렬적으로 나열하기에는 너무도 강렬하므로 번갯불의 형태로 서술하는 수밖에 없다. 선언이라는 형식은 당시 시민 사회에서 효과적인 전달 방식이었다. 그런데 여기서 선언은 천천히 감상하라고 만든 파노라마 속에서 가속화를 일으키는 영약(靈藥) 구실을 한다. 이렇게 혁명가는 이론가와 눈이 맞아 함께 달아난다.

격변의 기록

『공산당 선언』은 강령서나 전략서가 아니라 신앙고백서다. 프리드리히 엥겔스의 초안을 바탕으로 칼 마르크스가 집필한 이 글은 런던의 어느 독일 인쇄소에서 인쇄되어, 1848년 2월 22일 2월혁명이 발발하기 직전에, 어쩌면 발발 직후에, 출판되었다. 곧 여러 언어들로 번역 출판될 예정이라고 밝힌 글로 보아, 저자들은 두터운 독자층을 예상한 듯하다. 실제 번역 출판은 그로부터 수십 년이 지난 후에야 비로소 이루어졌다. 이 소책자는 금세 사람들의 뇌리에서 사라졌다. 그 이유는 같은 해에 이 책을 반박하는 책이 나오지 않았기 때문만은 아니다. 그보다는 이 '선언'이 영국과 파리를 제외하고는 아직 채 형성되지도 않은 역사적 주체를 불러 모으려 하기 때문이다. 이러한 사회 상황은 2월혁명으로도 달라지지 않았다. 2월혁명은 프롤레타리아 봉기로 시작되었으나, 머지않아 시민계급을 위한 반란으로 변질되었다.

'선언들'은 정치적 격변의 기록들이며, 소수가 다수를 향해 하는 말이다. 선언은 청중, 즉 독자를 전제한다. 설교단에서 한 연설은 선언의 형태로 그 생명을 유지하며, 어떠한 반박도 허용하지 않는다. 선언에 사용된 언어 속에서 계몽적 설교의 요소들이 소설과 저널리즘의 비유적 표현들과 뒤섞인다. 그 속에서 지옥의 가능성은 눈앞으로 다가온 듯하다. 이런 글을 쓰는 사람은 19세기 중엽까지도 여전히 드문, 생긴 지 얼마 안 된 직업을 영위하는 사람들이다. 그들은 현재 일어나고 있는 사건들을 전문적으로 설명하고 해석하는 사람들이다. 대안이 되는 세상의 항해사라고 말해도 과언이 아닐 것이다.[13]

그들은 낡은 세상은 이미 사라졌으나 새 세상은 아직 오지 않아 불안한 상황에서 활동한다. 마르크스와 엥겔스에게 낡은 세상은 토지 소유와 토지 사용료의 세상이었고, 새 세상의 윤곽은 이미 뚜렷해졌다. 임금노동과 자본이 급격히 팽창하고, 시장은 세계화 수준으로 보편화된다. 발자크의 소설에서 주인공들은 다들 전환기의 불안한 세상을 정복하겠다고 나서지만, 자신들이 감행한 기습 과정에서 파멸하고 만다. 그들 가운데 몇 명은 저널리스트였다.[14]

어떤 세계사의 초안

『공산당 선언』은 세계화된 자본주의 경제를 서술한 최초의 글 가운데 하나다. 다시 말해, 생산력 및 이와 관련된 국제 교통의 보편적 발전에 대해 쓴 최초의 기록에 속한다. 이 책에서는 자본을 삶의 모든 요소를 굴복시키며 줄기차게 밀려오는 힘이라고 분석하며, 이 글을 집필했던 당시의 상황보다 훨씬 더 앞서간다.[15] 자크 데리다는 "이 글 이전에는 계획된 정치적 운동을 지정학적으로 설명한 글이 한 편도 없었다. 이 글은 이미 우리의 것이 된 영역과 오늘날 한계에 이른 영역을 이런 식으로 소개한다."고 말했다.[16] 동시에 이 책은 현실에 저항하는 사람에게 생각을 정리할 근거를 제공하려는 시도다. 그 근거는 공업 부문에서 프롤레타리아 계급이 탄생하기 시작한 역사적 순간의 경험을 통해 형성된다. 철저히 뿌리 뽑힌 농민계급 출신의 공장 노동자들은 현대의 개막이 눈앞으로 다가온 시기에 폭발적으로 팽창하는 대도시로 몰려들었다. 이 책은 새 세상이자 최후의 세상을 불러올 노동자를 자신과 적에게 보이려는 시도다. 그뿐이 아니다. 『공산당 선언』은 처음으로 노동자의 형상을 창조하고 '선언'에 그들을 포함시켜 서로 힘을 합치도록 유도하려는 시도다. 즉, 세계사에 새 주체를 등장시키려는 시도다. 헤겔의 세계정신도 그런 주체 가운데 하나였다.

따라서 『공산당 선언』은 두 가지의 시작에 기여한다. 스스로 역사적 주체임을 깨달아야 할 프롤레타리아 계급의 탄생과 혁명가가 자신의 과업에 착수하는 일이다. 그러므로 마르크스가 기술의 진보와 풍족해진 삶 등 시민계급이 이룩한 업적들을 인 정하는 투로 언급한 부분을 두고 마르크스가 시민계급을 어느 정도는 두둔했다고 해석한다면, 이는 잘못된 해석이다. 마르크 스는 이 부분보다 자신이 시민사회가 얼마나 크고 강해졌는지 알게 된 사실에 더 감탄한다. [그 밖에도 대량 소비를 불러일으켰다는 이유로 자본주의를 비난하기는 쉽지 않다. 어제의 빈민이 오늘의 부자보다 더 안락해지는 일은 분명 포기하고 싶지 않은 성과다]

『공산당 선언』에서는 앞으로 일어날 봉기가 폭력적인 봉기 가 되리라는 사실에 대해 털끝만큼도 의심하는 흔적을 찾아볼 수 없다. 이전에 일어난 봉기들은 모두 폭력적이었다. 1789년의 혁명도 폭력적이었고, 1830년의 혁명도 그랬다. 아마도 마르크 스는 1848년 봄에, 그러니까 『공산당 선언』이 출판된 후에, 그리 고 같은 해에 대규모의 폭동이 몇 차례 일어난 뒤에, 프랑스에서 머지않아 '프롤레타리아와 부르주아 사이에 본격적인 전쟁'이 시작될 것이고, 이 전쟁에 '혁명적인 유럽의 승패'가 달려 있다 고 믿은 것 같다. 『공산당 선언』은 이러한 사태에 대비해 쓴 글 이기 때문이다. 어쩌면 이러한 믿음은 단지 공모자들에게 말로 올리는 절이었는지도 모른다.[17]

『공산당 선언』에는 여러 가지 입장이 뒤섞여 있다. 어떤 부분은 자코뱅당이 추구하는 바와 같아 보이고, 또 어떤 부분은 이상적 사회주의자들의 이념과 일치하는 것 같다. '노동'과 '노동력'이 구분되지 않고, 노동의 가치는 그 재생산 비용과 일치한다고 나와 있다. 그러니까 책 전체에 걸쳐, 제2부는 특히, 여기저기서 끌어와 짜깁기한 것 같은 느낌이 든다. 그럼에도 이 책은 공통의 목적을 위한 맹세를 유도하는 데 기여한다. 반란을 모의하는 사람들은 이 책을 통해 그들의 투쟁이 갖는 본래의 의미가 무엇인지 깨닫게 될 것이다. 정치적 관점에서는 물론 역사적 관점에서도.

『공산당 선언』에서 마르크스는 그 무엇도 아닌 혁명가다. 그는 현실적인 목표가 있고, 그 목표를 향해 가는 길에서 자신과는 생각이 다른 사람과도 손을 잡을 마음의 준비가 되어 있다. 그 시대에 활동한 선동적인 성향의 수공업자나 지식인들이 모임과 교육의 형태로, 글의 유포와 대중 연설을 통해 수행하는 많은 과업들이 여기서는 '인간이 버려지고 멸시받는, 비천한 노예와 같은 존재로 살아가는 세상을 온통 뒤집어엎는' 그날을 위한 절충적인 방식의 준비로 나타난다.[18]

역사의 메시지

이리하여 『공산당 선언』의 대상 독자들은 필연적인 역사적 발전과정을 실행할 사람으로 환영받기에 이르렀다. 이 책은 대략 2,000부를 찍었는데, 그 가운데 많은 수가 지정된 수령자에게 전달되지 않았다. 다시 말해, 이 책의 대상 독자들이 책의 존재를 알든 모르든, 책에서 전하는 메시지를 이해했든 안 했든, 아무 상관없었다. 역사는 이들에게 언제나 정당성을 부여했고 앞으로도 언제나 그럴 것이므로, 혁명의 성공은 충분히 기대할 수 있다고 이 책은 주장한다. "부르주아 계급은 이들에게 죽음을 안겨 줄 무기를 만들었을 뿐만 아니라, 그 무기를 들고 다닐 병사, 즉 현대의 노동자, 프롤레타리아도 만들었기 때문이다."[19] 이는 도덕적인 방향으로 접근해서는 안 될 문제라고 저자들은 주장한다. 시민사회가 이 세상에 퍼뜨린 빈곤을 가리키거나 사람들을 굴복시킨 부당 행위를 들추지 말고, 논리적으로, 역사적 적법성을 들어 주장해야 한다고 말했다.

이러한 확신 앞에, 모든 노동자는 필연적으로 혁명가일 수밖에 없다는 말을 어떻게 믿지 않겠는가? 마르크스와 엥겔스가 『공산당 선언』에서 설명했듯이, 프롤레타리아 계급이라는 신분과 혁명의 신조는 역사적 필연성에 의해 하나가 된다는 사실을 어떻게 의심하겠는가? 마르크스와 엥겔스는 이 글에서 어떤 체제를 확립하기 위한 기초를 닦았다. 저자들에 의하면 그 체제에서는 역사가 자연 법칙의 원리에 따라 전진한다. 문제는 자연 법칙은 전진하지 않는다는 데 있다. 이렇듯 확실한 착각을 바탕으로 『공산당 선언』은 수십 년 후, 어떤 상황에서도 전진하는 혁명을 등록한 장부로써 재발견되고, 화려하게 재조명된다. 자신이 역사의 옳은 편에 서 있다고 믿고 있던 사람들은 『공산당 선언』에서 자신들에 대한 지지를 발견했다. 『공산당 선언』이 이러한 사람들의 욕구에 부응한 데에는 이 책이 체계적인 자기 확인의 형태로 등장했다는 점도 한몫했다.

결함과 취약점

마르크스와 엥겔스가 『공산당 선언』을 집필할 당시에는 스위스를 제외한 유럽의 모든 국가에서 귀족이 통치하고 있었다. 스위스도 일부는 여전히 귀족의 통치하에 있었다. 귀족 지배는 최소한 두 세대는 계속될 상황이었다. 북아메리카에는 공화국이 생겼으나, 그곳에는 노예제도가 있었다. 교황 그레고리오 XVI세는 사상의 자유는 심각한 착각이라고 단언하며 '개혁'에 반대했다. 세상은 이러했고, 마르크스와 엥겔스는 『공산당 선언』을 통해 이러한 세상에 다음과 같이 항의했다. 부르주아 계급은 "종교적, 정치적 환상으로 덮어 씌워 자행하던 착취를 이제 대놓고, 뻔뻔스럽게, 직접적으로, 무자비하게 하기 시작했다.…… 신분제도에 얽힌 기존의 모든 것은 사라지고, 신성한 것은 모두 세속화되니, 마침내 사람들은 자신의 신분과 상호간의 관계를 이성의 눈으로 바라보게 되었다."[20] 이는 당시의 사회적 현실을 훨씬 앞지르는 과감한 주장이다.

　이 주장은 이해하기 쉬운 말로 되어 있고 여러 차례 반복되었다. 많은 사람들이 마르크스와 엥겔스가 자본이 지배하는 사회에 대한 절대 불변의 진실을 이 말로써 간단명료하게 표현했다고 주장했고, 여전히 그렇게 주장하고 있다. 그러나 자세히 살펴보면 이 말에는 오류가 없지 않다. 모든 착취가 노골적으로 자행되었다는 말은 맞지 않는다. 이 말은 교육 받지 않은 노동자들의 단순 육체노동에만 해당되는 말이다. 이를테면 자본화된 농업이나 최저 수준의 공장 노동에서 찾아볼 수 있었고, 지금도 찾아볼 수 있다.

　그러나 전문 교육, 전문적인 능력, 지식 또는 창의성이 요구되는 부문에 대해서는 이 말이 효력을 잃는다. 이러한 조건에서 제공되는 노동도 어차피 착취된 노동이라고 볼 수 있겠지만, 적어도 이들 노동자의 다수는 그렇게 생각하지 않는다. 오히려 그들은 스스로 전문가라고 또는 똑똑한 사람이라고 생각하며, 자신의 능력에 대한 자부심을 키운다. 그들은 자신들이 돈도 잘 번다고 말한다. 이들의 말을 반박할 기준이 무엇인가? 그 밖에도 무자비한 착취 행위가 백일하에 드러나 있다면, 상품에서 자본을 유추하려는 이론적인 노력은 괜한 짓이 될 것이다. 사용가치와 교환가치, 불변자본과 가변자본, '금전 숭배'와 돈의 '형이상학적 성질' 등 자본에 관한 수많은 이론을 뭐 하러 연구한단 말인가?

65

모든 착취가 직접적으로 명백하게 드러나 있지도 않고, 사람들이 자신이 처한 상황을 이성의 눈으로 관찰하지도 않는다. 사람들은 쉽게 그 상황을 외면하거나 어떤 식으로든 도취하려 하는데, 결코 이성적으로 생각할 수 없기 때문에 그런 것만은 아니다. 오로지 다른 사람에게 돈을 벌어주기 위해 일을 한다는 사실을 맑은 정신으로도 깨닫지 못하는 데에는 수천 가지 이유가 있다. 그 가운데 가장 흔한 이유는 분명, 다른 사람이 정한 조건을 자신을 위한 기회로 여기는 데 있을 것이다. 다시 말해, 자신은 오로지 성공만 하면 되고, 성공과 실패는 결국 자기 책임이라고 믿기 때문이다.

『공산당 선언』에는 다음과 같은 또 한 가지 핵심 문장이 나온다. 부르주아 계급은 "통치할 능력이 없다. 노예제도 내에서조차 자신의 노예에게 생존을 보장해줄 능력이 없기 때문이다. 부르주아는 자신이 노예를 먹여 살리는 대신 노예가 부르주아를 먹여 살리는 그런 상황을 만들어야 하기 때문이다."[21] 이 주장을 제한 없이 인정하기 위해서는 대단히 많은 노력이 필요할 것이다. 모든 공업국에서는 물론, 공업화가 덜 된 많은 나라에서도 노동자들은 이미 오래전부터 스스로 생계를 책임지고 있다. 만약 그럴 수 없다면 사회복지를 통해 적어도 굶주리지는 않도록 보호 받는다.

이와 같은 주장들을 발견하면 할수록 1848년 2월에 나온 『공산당 선언』은 그 당시로써는 수행할 수 없는 과업을 쓴 글 같다는 결론에 가까워진다. 과업을 수행할 수 없는 이유도 그 책에 나와 있다. 그리고 덧붙인 말처럼 보이는 사소한 내용에서도 이러한 인상을 지울 수 없다. 마르크스와 엥겔스가 시민계급에게 던지는 비난을 보면 그들이 이에 대해 얼마나 심사숙고했는지 알 수 있다. 저자들은 시민이 하는 일이란 위선의 장막 뒤에서 불륜을 저지르고 아내를 교환하며 결국 가정을 파괴하는 것뿐이라고 지적했다. "우리네 부르주아들은 자신들에게 소속된 프롤레타리아의 아내와 딸을 제공받는 데 만족하지 못하고……자기네들끼리 아내를 서로 유혹하면서 마음껏 쾌락에 빠진다."[22] 공산주의 사회의 특징이 불륜을 공공연하게 저지르는 행태인가? 아니면 미래의 공산주의자들은 시민계급의 혼인 파탄을 방지할 사명을 띠는가? 혁명가들이 적을 상대로 가능하면 불리한 척하려는 의도는 이해할 수 있다. 그런데 이러한 의도는 과감한 픽션 없이는 실현이 불가능한 모양이다.

그리고 『공산당 선언』에 나온 예언 가운데 실제로 맞은 것에 대해 이야기하려면 맞지 않은 예언에 대해서도 이야기해야 한다. "국가적 고립과 민족 간 대립은 부르주아 계급의 발달, 무역의 자유, 세계 시장, 같은 형태의 공산품 및 이에 맞춘 생활수준 등과 더불어 점차 사라진다."고 『공산당 선언』은 예언한다.[23] 물론 자본의 지역 초월성과 지역에 구애받는 국가의 이해관계 사이에는 모순이 있다. 이러한 모순은 경제위기를 맞이하여 국가 간 경쟁이 첨예화될수록 더욱 늘어난다. 그러나 이 말이 곧 국가가 국가로서의 의미를 잃는다는 말은 결코 아니다. 세계화된 경쟁으로 인해 국가들이 점점 더 서로 유사해질지언정, 국가는 국가로서 존속한다. 세계를 무대로 펼치는 경쟁의 결과는 경쟁에서 앞선 나라는 유리해지는 반면, 어떤 국가는 국제적 위상뿐만 아니라 주권 차원에서도 급격한 손실을 감수해야 한다는 데 있다.

그럼에도 『공산당 선언』에는 역사적인 기능이 있다. 그 이유는 단지 이 책이 앞에 내건 현수막처럼 작용하기 때문만은 아니다. 이 책은 앞질러서 말한다. 이 책은 마르크스 자신의 지적 발달에 빼놓을 수 없는 요소였다. 동시에 이 책은 실제로 일어나지는 않았지만 생각은 할 수 있었던 혁명에 혼을 불어넣는다. 『공산당 선언』에서는 혁명을 반드시 일어날 일이라고 설명하는 동시에 일단 실행해야 하는 일인 양 선동한다. 심지어 이런 모순조차도 단순히 내용상의 결함만은 아니다. 『공산당 선언』의 설득력은 이러한 모순을 슬쩍 넘기는 기술에서도 찾을 수 있다. 즉, 이 책은 분석적 해설을 쓴 글이 아니라 비방을 쓴 글이다. "실제로 이 책이 지니는 설득력의 상당 부분은 그 원천이 독자들에게 불어넣는 확신에 있다."[24]

제 3 장

음모

Die Verschwörung

역사의 필연성

"대규모 산업의 발달과 더불어 부르주아 계급은 발아래 디딜 땅마저 잃고 말 것이다. … 부르주아는 무엇보다도 자신의 묏자리를 팔 사토장이를 생산한다. 부르주아의 몰락과 프롤레타리아의 승리는 피할 수 없는 일이다."[1]『공산당 선언』에 나온 말 가운데 이 말만큼 막대한 영향을 미친 말은 없다. 칼 마르크스와 프리드리히 엥겔스는 자본주의 및 자본주의를 지배하는 계급은 절대적 필연성에 의해 몰락을 선고받았다고 주장한다. 이 두 선동가에 의하면, 요한 고트리프 피히테가 말했듯이 '사악함이 극에 달한 상태'로부터 이성의 시대가 시작되고,[2] 자본주의에 최후의 일격을 가할 적은 자본주의가 스스로 배출한다.

그러나 이 주장에도 모순이 있다. 프롤레타리아 계급의 승리가 저절로 오게 되어 있다면 마르크스와 엥겔스가 민중을 교육하고, 자본과 자본주의를 학문적으로 분석할 필요가 있었을까? 원하는 것이 어차피 이루어지는데 비방서는 왜 쓰고, 망명 생활의 고생은 왜 감수하며, 왜 평생 동안 학문을 연구하고 단체를 조직하는가?

『공산당 선언』이 출간된 후 수백 차례의 위기와 몇 번의 전쟁이 있었지만, 한때 '부르주아'였던 사회계층은 여전히 사업 기반의 재생산에 몰두했다. 그러는 가운데 사람들은 부르주아를 인격화된 자본으로 생각하기보다는 대부분 우수한 관리직 사원의 공동체로 여겼다. 자본의 활용 영역을 넓히려는 이들의 노력은 성과를 거두었고, 마침내 이들은 지구상에서 가장 먼 오지와 먼 미래에까지 손을 뻗게 되었다. 미래는 이미 신용대출과 파생 상품의 형태로 오래 전에 저당 잡혀 있었다. 이러한 상황에서 프롤레타리아들은 계급투쟁이나 그 최종적인 승리에 별반 관심이 없었던 것 같다.

그리고 심각한 위기의 징후에서 최종적인 위기를 예상하기 위해서는 상당히 사변적이어야 한다. 자본주의는 필연적으로 종말을 맞이하게 된다는 역사철학적 주장의 배후에는 그리스도 구원론의 모델과, 역사는 내부에서 상쇄되는 모순 속에 흐르며, 따라서 종국에는 역사가 종료된다는 관념론적 모델이 자리 잡고 있었다.[3] [기독교의 저세상은 세속적 구원론에서 말하는 저세상과 다르다. 기독교 교리에서 개개인에 대한 영혼의 구원은 살아 있는 동안에 한 행동에 달려 있고, 그 행동에 대해 훗날 저세상에서 심판 받는다. 세속적 구원론에서는 생전의 행동이 구원에 어떠한 영향도 미치지 않는다. 1784년에 발표된 실러의 시 「체념」에는 다음과 같은 내용의 시구(詩句)가 나온다. 세계사는 세상에 대한 심판이다, 세상은 이 심판을 역사의 저편에서가 아니라 역사 속에서 받는다, 이것이 바로 세상 돌아가는 이치에 정당성을 부여할 수 있는 이유다.[4] 프롤레타리아의 피할 수 없는 승리라는 생각은 아마도 이 시구에서 비롯한 것 같다.

부르주아 계급의 몰락과 노동자 계급의 최종 승리에 내재해 있다는 필연성은 19세기에 성행했던 학문적 환상이다. 그 환상에는 삶의 모든 사물은 그 배후의 관계가 지배하는데, 그 관계는 법칙으로 이해될 수 있으며, 따라서 이는 당연히 현대 학문의 대상이라는 확신이 깔려 있다. 이와 같은 학문 개념, 정확히 말해 자연과학적 법칙에 대한 집착은 학자들에게는 이미 오래전부터 익숙한 개념이었지만, 일반에게는 19세기 중반까지도 여전히 신선한 개념이었음에 틀림없다. 갈릴레오 갈릴레이와 아이작 뉴턴이 있었지만, 17세기까지도 학문의 기반은 아리스토텔레스와 그의 4원인설, 즉 질료, 형상, 작용, 목적에 관한 이론이었다. 학문은 법칙에 따라 진행되고 모든 대상에 예외 없이 적용되는 추론으로 표현된다는 생각은 훗날에야 비로소, 그리고 매우 서서히 관철되었으며, 19세기가 되어서야 일반화되었다. [프리드리히 실러는 또 다른 역사관을 갖고 있었다. 이는 실러가 1789년 5월 예나 대학교 교수가 되어 실시한 첫 강의에서, 역사의 기본은 인간이 어린아이에서 성인으로 성장하는 모습이라는 견해를 밝힌 데서 알 수 있다. 이에 관해서는 실러의 「세계사란 무엇이며 어떤 목적으로 연구하는가?」(실러 총서 제10권. pp. 275 - 292 중 p. 280.)를 참조하라]

법칙이 예외 없이 적용된다면 그 법칙에 해당하는 학문은 예측할 수 있는 대상이다. 사학자는 예언을 할 수 없고, 하더라도 매우 제한적일 수밖에 없으므로, 사학자가 '과거를 보는 예언가'로서 하는 말의 정확성은 이러한 생각과 연결되어 있다.[5] 사학자는 사건 발생의 인과관계를 그 시간이 지나고 나서 파악하기 때문에, 그의 설득력은 '그런 일이 일어나게 되어 있었다.'고 말하기에 충분할 것이다. 어쩌면 사학자는 앞으로 진행될 역사도 전문적으로 예측할 수 있을 것이다. 그러나 법칙이 사학자를 위해 존재할 수는 없다.

이에 대해 반론을 제기할 수도 있을 것이다. 비록 프롤레타리아 혁명이 일어나지는 않았지만, 이와 마찬가지로 필연성에 근거를 둔 다른 예언들은 적중하지 않았는가? 일반적인 예를 들자면 세계화가 있겠고, 특수한 예로는 극동 지역의 발전을 들 수 있다. "저가의 상품은 만리장성 전체를 무너뜨리는 대포다. 부르주아는 대포를 앞세워 외세를 배척하는 완강한 미개민족을 굴복시킨다. 그들은 모든 국가에게, 망하고 싶지 않으면 부르주아의 생산 방식을 배우라고 강요하고, 이른바 문명을 도입하라고, 즉 부르주아가 되라고 강요한다."[6] — 그러나 이와 같은 반론에서는 이 주장과 저 주장이 서로 무슨 상관인지 설명되어 있지 않다.

마르크스는 수십 년에 걸쳐 저술 활동을 하는 동안 필연성의 이념으로부터 거리를 두게 된 것 같다. 『공산당 선언』 제3권에서, 그중에서도 특히 위기에 대해 쓴 장(章)에서 마르크스는 지난날의 과도하게 혁명적인 색채를 수정하며, 위기는 자본주의의 종말이 아니라 순환적인 구조의 구성요소일 뿐이라고 설명했다. 이는 최종적인 위기와는 전혀 무관한 이야기다. 오히려, 위기를 맞이하면 생산 환경과 시장이 확대되고 생산성이 향상되므로, 위기를 통해 자본이 형성된다는 말이다.[7]

마르크스 사후 그의 학문적 업적은 관념론으로 수용되었다. 그럼에도 마르크스의 제자들과 후학들이 스승의 업적에 자연과학의 위엄을 부여하기 위해 전열을 가다듬게 만든 요인은 여전히 프롤레타리아 혁명을 초래한다는 필연성의 이념이었다. 이와 같은 해석은 프리드리히 엥겔스가 친구의 무덤 앞에서 읊은 추도사를 통해 알려졌다. 엥겔스는 다윈이 자연의 '진화법칙'을 발견했듯이, 마르크스는 인류 역사의 '진화법칙'을 발견했다고 말했다.[8] [엄격히 말해 다윈의 이론은 그 법칙이 역사적으로 변하지 않는 한 자연과학에 속하지 않는다. 그런데 다윈의 이론과 마찬가지로 마르크스의 이론도 시간에 따른 변화에 관한 이야기다] 진화법칙이라는 말은 아리스토텔레스의 텔로스 이론, 즉 목적론에서 나온 말이다. 다시 말해 매우 오래된 개념인데, 엥겔스에게는 매우 신선해 보였다. 이와 같은 해석 방향은 이를테면 영국의 사회학자 에드워드 아벨링에 의해 계승되었다. 아벨링은 마르크스의 딸 엘리노어의 남편이었다. 아벨링은 1897년 사회주의는 진화의 논리적인 결과이며, 마르크스의 이론을 뒷받침하는 가장 든든한 근거는 다윈의 이론이라고 설명했다. 그 후 이러한 해석은 실재하는 사회주의의 특징을 결정하는 내용이 되었다.

이 땅의 선인(善人)들

19세기 전반의 문학 작품에는 음모(陰謀)가 많이 등장한다. 음모는 시민계급의 해방에 필요한 일이고, 시민의 이성적인 사고를 관철하고 합리주의를 주장하는 일이다. 또한 음모는 교육 수준이 낮은 대중이 꾀할 만하고, 때로는 대중의 몰락으로 귀결된다. 이 말은 이성의 위기를 느끼고 음모를 꾀할 때뿐만 아니라 그 반대의 경우에도, 즉 음모가 이성을 위협하는 경우에도 아니, 그런 경우에야말로 사실로써 인정된다. [이와 같은 긴장 관계에서 추리소설이 발생한다. 이에 관해서는 루크 볼탄스키의 『수수께끼와 모반: 추리문학, 과대망상증, 현대사회』(베를린 2015)를 참조하라] 프리메이슨이나 괴테의 『빌헬름 마이스터』와 같은 소설에 나오는 '탑 협회'는 음모를 꾀하는 단체이며, 기본적으로 이런 비밀결사는 계몽과 밀접한 관계를 맺고 있다. 이러한 결사에는 언제나 스스로 정당하다고 믿는 자각한 엘리트가 등장한다. 그는 사회 전체를 바꾸고자 하지만 접근 가능성이 제한되어 있으므로 비밀공작을 통해 만회하고자 한다.

프랑스 혁명이 끝나자 음모에 관한 수많은 이론이 쏟아져 나왔다. 그 가운데 주류는 프리메이슨과 자코뱅 클럽에 관한 이론이었다.[9] 현실을 알기 위해서는 현실을 세심하게 관찰하고 해석해야 하는데, 음모는 상상력을 작동하므로 당시의 소설에서, 특히 민중문학에서 매우 즐겨 다룬 주제였다. 발자크의 표현을 빌리면, 음모는 실제로 낡은 사회 규범이 더는 통하지 않으므로 새로운 규범이 확립되고 새로이 이해되어야 하는 사회의 이면을 형성한다. 새로운 규범의 확립은 내부에서 출발해 외부로 나아가며 전체적인 모양새를 갖추고자 노력하는 결사단체들이 주도한다.

알렉상드르 뒤마의 『파리의 모히칸족』(1854~1859)이든, 대표작 『13인의 이야기』(1833~1839)를 비롯한 발자크의 몇몇 소설이든, 또는 유진 수의 『파리의 비밀』(1843)에 나오는 1인 음모든, 이러한 소설에서 묘사된 사회는 모두 알려지지 않은 어둠의 세력 또는 잠재된 세력의 지배를 받는다. 이러한 세력은 완전히 새로운 사회를 원하거나, 구체제를 복구하려고 노력하거나, 이 두 가지를 동시에 추구한다.

　　지금까지 은신하고 있던 엘리트가 이제부터 상승을 꾀하는 모반자의 모습으로 등장하는 소설뿐만 아니라 『공산당 선언』도 집필 당시에는 아직 잘 알려지지 않은 어떤 상황의 발견과 관련이 있다. 이러한 책에서 중점적으로 다루는 사람들은 당시 널리 분포되어 있었음에도, 그들보다 높은, 교육받은 사회계층은 이들을 거의 인지하지 못한 상태였다.

　　이러한 측면에서 1798년에 토머스 맬서스가 발표한 논문 「인구법칙」은 검소하게 살고 늦게 결혼하기를 권유하는 내용과 더불어 역사적 발전 과정의 한 단면을 형성한다. 그로부터 50년 후에는 빈민의 현실에 대한 분노가 보편적으로 알려진 듯하다. 1850년에 영국의 번역가이자 작가 겸 역사가인 토머스 칼라일이 수많은 노동자의 극심한 빈곤을 일컬어 도덕적인 오점이라고 단언했을 때, 그렇게 생각하는 사람은 비단 칼라일 한 사람만은 아니었을 것이다. "가진 것 없고 쓸모없는 부랑자들아. 너희들 가운데 몇몇은 어리석고, 많은 사람들이 범죄자이며, 모두가 한심한 자들이다!"[10]

　　마르크스는 '사회주의자들이 쓴 신빙성 없는 글들'에는 당시 공장 노동자들의 요구가 파묻혀 있다고 지적하고, 1848년 혁명이 실패한 후 그들의 목소리는 "멀리서 들려오는 조금은 두렵고 조금은 유치한 전설처럼, 아주 가끔씩 부르주아의 귀를 자극할 뿐이다."[11]라며, 다음과 같이 말했다. 이제 그 존재가 인지된 이들 노동자를 대상으로 역사상 새로운 사실을 연구해야 한다.

즉, 과잉생산이 수많은 빈곤을 낳는다는 사실이다. 이들 노동자는 미래의 엘리트, 새 세상의 선발대가 될 사람들이다.—마르크스는 이 지점에서 실제로 역사를 뒤집어엎으려고 한다. 예속된 존재로서 굴종해야 했던 무리가 이제 미래의 권력이 되어야 한다는 말이다.

『공산당 선언』은 두 가지 의미에서 음모론을 포함하고 있다. 우선, "어떤 유령이 유럽을 떠돌고 있다. 바로 공산주의라는 유령이다."라는 문장에는 음모로 인지되기를 바라는 의도가 드러나 있다. 이 음모에는 정치와 경제가 '계급' 개념을 바탕으로 밀접하게 결합되어 나타나는데, 이 계급은 사회 상황을 구조적으로 서술하는 동시에 그 사회 내부의 특정 이익단체에 대한 지지선언도 한다. 다른 한편 『공산당 선언』은 바로 이러한 결합에 음모의 형태로 생명을 불어넣고자 한다. 아니, 그 결합을 이미 존재하는 기정사실로 굳히고자 한다.

『공산당 선언』은 이제 막 형성되기 시작한 노동자 계급에게 도덕적으로 우월한 지위를 부여하고, 그들의 승리에는 역사적 필연성을 부여한다. 도덕적으로 우월한 이유는 프롤레타리아가 세상에 만연한 부당 행위의 희생자이기 때문이고, 역사적 필연성이 부여되는 이유는, 역사는 노동자 계급이 과거 자신들의 지배자를 지배하는 위치에 오르고, 그 후에는 과거의 지배자들이 사라지는 과정 외에 다른 과정을 밟을 수 없게 되어 있기 때문이다. 이는 세상을 선과 악으로 나누는 어느 도덕적 원리주의자가 음모자와 음모론을 떠받드는 모습이다. 여기서 선은 불확실한 경우 폭력 행위의 근거로 내세울 수 있는 반면, 반발은 간계로 또는 범죄로까지 보인다. 따라서 반발은 원래 존재할 자격이 없다. 그렇다고 본다면, 실존하는 사회주의가 훗날 폭력 행위를 정당화하기 위해 매번 역사의 필연성을 들먹인 일은 너무도 당연한 일이었다.

『공산당 선언』에서는 넓기는 하나 밀폐된 역사적, 지리적 공간이 설계된다. 그 공간에서 성과를 거둘 수 있는 일은 오직 음모뿐이다. 지금 이 순간 일어나는 일은 언제나 그보다 훨씬 더 큰 역사의 일부분에 지나지 않는다. 그 일은 언젠가 실현될 거대한 계획의 일부라는 말이다. 이리하여 이 음모론은 모든 역사적 사건은 각각 지정된 자리가 있다는 역사철학과 연결된다. 그러나 『공산당 선언』에서 마르크스와 엥겔스는 이 두 방향 중 한 쪽을 고수하지 않는다. 이렇게 결정을 내리지 못하는 이유는 이론가와 역사가 사이의 긴장관계 때문이다. 마르크스가 혁명은 실행에 옮겨야 하는 일이라고 믿는 한, 그는 음모를 고수한다. 그러나 그러면 그럴수록 역사적 상황은 불리해 보인다. 반면 마르크스가 역사철학자의 입장을 취하는 한 그는 역사적 필연성을 확신하는 사람이고, 따라서 음모자가 아니다.

음모론과 역사철학은 또 다른 측면에서도 서로 구별된다. 음모론에서는 모든 사건이 개개인의 의지에서, 의심스러운 경우 사악한 의지에서 비롯하는 반면, 역사철학에서는 사건의 원인을 역사에 내재된 운동법칙에서 찾는다. 이는 마르크스가 훗날의 저서에서는 음모를 더는 중요하게 다루지 않은 이유 가운데 하나이기도 하다. 마르크스에 반대하는 입장에서 마르크스의 자본주의 비판을 좀 더 깊이 통찰하기 위해 현대 경제학자들의 소견을 살펴보면, 음모론은 그것이 마치 중요한 이론이거나, 오류가 별로 없다는 듯이 계속 지지를 받았다. 미국의 경제학자 윌리엄 괴츠만은 "리카도 이론을 수정한 마르크스 이론에 의하면, 화폐는 기존 상품을 생산하는 데 든 노동의 양을 은폐한다. 따라서 사악한 것이다."라고 분명히 지적했다.[12]

반면 역사철학에서는 개인의 의지가 전혀 중요하지 않다. 왜냐하면 중요한 모든 일은 역사에서 행동하는 사람들의 '등 뒤에서' 완성되기 때문이다. 음모와 역사적 필연성, 혁명가와 이론가 사이의 긴장관계는 『공산당 선언』 전반에 걸쳐 나타난다. 이 책을 읽다 보면 마르크스가 이러한 긴장관계 때문에 얼마나 애를 먹었을지 알 수 있다. 그러나 마르크스는 긴장을 풀지 않는다. 긴장을 풀 생각이 전혀 없는 것 같다.

모든 것의 종착점

모든 역사는 마지막에는 반드시 멈춘다는 역사철학적 확신은 여전히 건재하고 있다. 물론, 자본주의가 어쩌면 마르크스는 미처 생각지 못했던 길을 가는 도중에 그 자체의 붕괴를 야기할 수도 있다. 그러나 이러한 가능성은 희망이나 억측 또는 믿음의 문제다. 믿음의 경우는 예나 지금이나 충분히 찾아볼 수 있다. 이를테면 환경운동과 더불어 대중화된, 위협과 희망의 혼합물 속에서, 말하자면 최종 결전이 눈앞으로 다가와 있고, 자본은 이 싸움에서 질 수밖에 없다는 확신에서 확인할 수 있다. "마지막 한 그루의 나무가 뿌리 뽑힌 후에야 돈은 먹을 수 없는 물건이라는 사실을 깨달으리라." 이와 같은 표현 속에는 화폐의 인위성은 자연의 자연성을 거슬러 흐른다는 생각도 깔려 있다. 이러한 생각은 나아가 환경 지옥에 대한 믿음 속에서 유지되고 있다. 인간은 욕심에 사로잡혀 세상과 자신을 망치는 길을 가므로, 환경 지옥은 피할 수 없는 현상이라는 믿음이다. 자연의 상태를 보살펴야 할 이유가 있다는 점은 일단 제외하고 보자. 이런 종류의 믿음은 인간을 어리석고 사악한 존재로 단정한다. 이러한 단정은 세상의 멸망에 대해 일반적인 인류학적 원인 외에는 어떠한 원인도 제시하지 않은 채, 인간을 용서하는 동시에 인간에게 죄를 씌운다.

이러한 믿음은 이념적으로 대립적인 입장에서도 그 명맥을 이어가고 있다. 이른바 극단적 역사낙관주의인데, 여기서는 구원의 약속을 믿고 따르라는 말인지, 아니면 역사는 일종의 열역학적 죽음을 맞이하리라는 고지(告知)를 믿으라는 말인지 항상 분명하지는 않다. 이를테면 프랜시스 후쿠야마는 자신의 저서

『역사의 종말』에서 자본주의적인 인간을 역사상 최후의 인류로 보고, 이를 현실의 지배적인 상황을 옹호하는 근거로 내세웠다.[13] [현재와 같은 민주주의에서는 모든 삶의 조건을 입법화하는 오랜 역사가 이미 완료되었다. 실제로 사람은 누구나 국민이라는 보편적인 신분이 되었다. 이와 같은 측면에서 볼 때 역사의 종착점이라는 명제는 타당하다고 말할 수 있다. 칼 마르크스는 이와 같은 생각을 다음과 같이 표현했다. "자유 경쟁은 생산력과 인간의 자유가 발전하는 과정에서 마지막에 나타나는 형태라는 주장은 자본주의 지배는 세계 역사의 종착점이라는 말과 다를 바 없다." 칼 마르크스의 『정치적 경제 비평 개요. MEW 42.』(Berlin 2015. pp. 543.)를 참조하라]

미국의 시사평론가 제러미 리프킨도 긍정적인 전망을 내놓았다. 그의 저서 『한계비용 제로 사회』에서는 자본주의의 종착점을 빈곤과 착취가 사라지고 공동체 의식이 가득한, 보편적이고 완전한 디지털화 현상이라고 설명했다.[14] 또, 영국의 저널리스트 폴 메이슨은 자신이 쓴 유명한 책 『포스트 자본주의』를 통해, 세상은 곧 "일차원적이 아니라 규격화된 부품 단위로 진행되는, 네트워크를 이용한 팀 작업을 통해 구원 받게 된다"는 전망을 밝혔다.[15]

제러미 리프킨과 폴 메이슨의 견해는, 칼 마르크스가 1857년과 1859년에 발표한 『정치적 경제 비평 개요』를 통해 주장했으나 훗날 단념한 생각을 반복한 내용일 뿐이다. 마르크스에 의하면, "직접적인 형태의 노동이 부(富)의 거대한 원천이기를 그

만두는 순간 노동시간이 부의 척도이기를 그만두게 되고, 또 그 만두어야 한다. 그 상황에서는 노동시간이 단지 생산력 발달과 정의 족쇄가 될 뿐이기 때문이다." 한때 프롤레타리아 계급의 봉기로 혁명이 도래하리라 예상했었다. 그 후 혁명은 빗나갔으나, 이제 다시 돌아오고 있다.[16] - 지금은 혁명의 소임을 인터넷이 넘겨받아야 할 것이다. 리프킨과 메이슨의 주장이나 마르크스의 주장이나, 타당성이 결여되어 있기는 매한가지다. 달리 표현하자면, 이들 저서는 혁명을 더는 중요하게 다루지 않는다. 그보다는 역사가 멈추기를 바라는 마음이 훨씬 더 중요한 주제이다.

제 4 장

돈

Das Geld

사물의 척도

돈을 척도로 삼지 않는 일은 거의 없다. 사람의 목숨, 사막의 모래, 레드 제플린의 〈스테어웨이 투 헤븐〉의 도입부에 쓴 가단조 화음, 냉장고, 비행기 캐리어 또는 정원에 자라는 앵초······ 어떤 것은 값이 싸고, 어떤 것은 비싸다. 아무튼 모든 사물은 가격이 있다. 물론 모든 것을 돈으로 살 수는 없다. 이를테면 음악적인 재능이나 사랑이 그런 대상에 속한다. 그러나 적어도 음악적 재능으로 도달한 실력이나 사랑의 표시는 돈으로 구할 수 있다. 그뿐만 아니라 가격을 이용해 모든 사물을 서로 비교할 수도 있다. 1유로와 10만 유로는 사물 자체로는 같은 것이지만 양적으로는 매우 큰 차이가 있다. 우리는 가격을 중심으로 사물을 보는 방식에 너무도 익숙한 나머지, 가격이 그 사물의 자연스러운 성질처럼 보일 지경이다.

물건의 가격은 재료 또는 색깔과 마찬가지로 그 물건의 일부다. 이는 사물뿐만 아니라 인간에게도 해당하는 말이다. 인간의 가치는 생명보험, 두당 평균 보험료, 피해 보상금뿐만 아니라, 가장 기본적이고 일상적인 차원인 임금, 봉급, 연금, 재산에서도 측정된다. 북미에서는 개인의 '순 자산(net worth)'이라는 말을 흔히 사용한다. 이 말은 한 개인의 자산에서 빚을 제외하고 남는 부분을 일컫는 말이다. 이런 식의 표현을 유럽에서 사용한다면, '인적 자본'이라는 말이 있기는 하지만, 매우 적나라한 표현으로 받아들일 것이다. 그렇다고 해서 이런 식의 생각조차 배제한다는 말은 아니다.

귀스타브 플로베르의 유명한 소설 『감정 교육』에는 주인공이 좋아하는 여자에게 잘 보이는 방법을 고민하는 방법이 나온다. "어떻게 해야 돋보일 수 있을까? 좋은 수가 없을까? 프레데릭은 연구에 연구를 거듭했으나 돈보다 더 좋은 것은 없었다."[1] 이 소설은 1869년에 발표되었다. 즉, 마르크스의 『공산당 선언』 제1권이 출판되고 2년이 지났을 때인데, 작품에 포함된 인간의 가치에 관한 짧은 이론은 문학사에서 선구적인 업적이라 말할 수 있다.

사실 교환가치의 편재(遍在)는 그리 오래된 개념이 아니다.

자급자족 형태의 농업은 유럽의 공업국에서조차 19세기말까지 흔히 볼 수 있는 현상이었다. 자급자족 농민은 자신의 땅에서 거둔 소출 가운데 본인이 소비하지 않는 부분을 시장에 내다 팔 때 비로소 가격을 경험한다. 그리고 20세기가 시작되고 한참 지난 시점까지 서방의 공업국에도 하인이나 머슴 같은 사람이 많았다. 이런 사람들은 일반적인 화폐경제의 일익을 담당하기보다는 개인 가계에 주로 관여하는 사람이었으므로 돈을 만질 기회가 별로 없었다.

일상의 사물 중에는 아직도 그 가격을 정해야 하는 것들이 있다. 가격은 가치와는 다른 개념이지만, 가격은 가치를 전제한다. 가격은 상당 부분 우연히 또는 임의로 정해진다. 예술 작업을 비롯한 정신노동에 대해서는 특히 더 그렇다. 오늘날에는 특정 정신노동이 가치 창출에 기여한 바가 있는지 사법부의 확인을 요하는 경우가 점점 증가하고 있으며, 아예 일반화되는 추세다. 그 이유는 디지털 생산방식이 증가함에 따라 이른바 창의적인 분야에서 일하는 사람의 수도 증가하기 때문이다.

창의적인 작업이 생산하는 것은 주로 물건이 아니라 작품이다. 소프트웨어부터 카피는 물론 그래픽 문양에 이르기까지. 이러한 제품들은 대량생산을 하더라도 비용이 거의 발생하지 않고, 적은 돈으로 무한 재생산이 가능하다. 이러한 특징은 가치형성이론을 연구하는 학자들이 골머리를 앓는 원인이 되기도 한다. 그러나 이러한 제품들은 모두 어떤 식으로든 저작권의 보호를 받는다. 즉, 소유권자가 독점적으로 배포할 권리를 행사하는 재산인 동시에, 다른 모든 상품과 다름없는 상품이기도 하다.[2] 직접적인 사생활 영역 밖에서 가격이 없는 물건이나 서비스를 접할 수 있는 곳은 교회나 봉사단체뿐일 것이다. 그러나 이런 곳에서도 다른 부분에서 가격을 생각하고 그 수준에 맞추어 운영한다. 따라서 남을 돕는 데 쓰는 돈은 수입의 일부에 지나지 않는다.

돈의 마력(魔力)

셰익스피어가 17세기 초에 쓴 희곡 『아테네의 타이먼』의 주인공 타이먼은 한때 대단히 대범한 사람이었지만, 과격한 인류의 적으로 변한다. 타이먼은 돈의 비상한 능력에 감탄한다. 타이먼뿐만 아니라 집필 당시 셰익스피어도 그러했다. 셰익스피어는 돈은 마법과도 같은 성질이 있다고 말하고, 돈을 지불하는 장면을 랩소디 형식으로 시작할 정도로 돈의 막대한 영향력에 놀란다. 당시 돈은 '붉다'고 표현되었는데, 훗날 '노랗다'로 바뀌었다.

"맞아, 이 붉은 노예가 종교를 만들기도 하고

망치기도 해. 저주받은 자를 축복하고

문둥이를 귀엽게 만들지. 도둑을 숭배하고

그 앞에 무릎을 굽히며, 힘 있는 상원의원으로 만들지.

붉은 노예는 노파에게 구혼자를 데려다 주네.

상처가 곪아 흉측한 모습으로

병원에서 쫓겨난 노파는 꽃다운 처녀가 되어

향기마저 풍기네. 너, 세상 사람을 속이는

빌어먹을 금붙이. 요망한 간부(姦婦)!

그래. 그게 바로 너야!"**3**

마르크스가 윌리엄 셰익스피어의 작품들을 꼼꼼히 읽었다는 점은 자주 언급되었고 사실로써 인정되었다. 마르크스는 초기 저서에서부터 셰익스피어를 인용했다. 여기서 셰익스피어는 단순히 예증이나 멋이 아니라, 어떤 사고 과정의 구성요소로 작용한다. 그런데 그 사고 과정이 섬뜩하다는 점도 결코 간과할 수 없다. [그 이유는 마르크스가 문학에 심취했기 때문이라기보다는 셰익스피어에 관한 지식은 진보적인 시민계급이 갖추어야 할 교양 목록에 포함되어 있었기 때문이다. 마르크스는 시민계급 출신이다]

칼 마르크스의 화폐 개념을 확인할 수 있는 근거 가운데 하나는 위에 언급한 희곡 『아테네의 타이먼』에 대한 마르크스의 해석이다.**4** "셰익스피어는 돈의 본질을 다음과 같이 정확히 묘사했다. 돈의 위력이 큰 만큼 내 위력도 크다. ……나는 못생겼다. 하지만 나는 가장 어여쁜 여인을 돈으로 살 수 있다. 그러므로 나는 못생기지 않았다. 혐오스러운 모습이 발휘하는 영향력,

91

그 끔찍한 힘은 돈으로 제거할 수 있으니까. 나는 성격상 무기력한 사람이다. 하지만 돈은 내게 스물네 개의 발을 만들어준다. 따라서 나는 무기력하지 않다. 나는 못됐고 정직하지 않으며, 양심도 없고 영혼도 없는 사람이다. 하지만 사람들은 돈을 숭배하고, 돈을 소유한 사람도 숭배한다."[5] 이상은 마르크스가 1844년에 발표한 『경제학 – 철학 초고』에 실려 있는 글이다.

마르크스가 말한 '스물네 개의 발'은 세계적으로 유명한 다른 작품에서 건너 온 발들이다. 이 표현은 『파우스트』 제1부, 파우스트와 메피스토가 연구실에서 대화하는 장면에서 유래한다. "내가 말 여섯 마리를 살 수 있다면 / 그 말의 힘이 곧 내 힘이 아닌가? / 나는 달려갈 수 있으니 대단한 사람이다 / 마치 내 다리가 스물네 개나 되는 듯이."[6]

마르크스는 문학사에 관한 자신의 짤막한 언급을 '괴테의 시각에서 한 해석'이라고 밝혔다. 그러나 타이먼의 시구에서 전해오는 씁쓸한 느낌과 요한 볼프강 괴테의 글줄이 묘사하는 놀라움, 한마디로 미심쩍은 느낌을 나타내는 표현이 마르크스가 재현한 부분에서는 의기양양한 느낌으로 나타난다. 마르크스는 무엇으로든 변신할 수 있는 돈의 성질을 중요한 발견으로서 소개한다. 이 시구는 『자본론』에서, 그러니까 20년도 더 흐른 뒤에, 무엇이 돈으로 변했는지는 돈을 보고 알 수 없다는 설명에 각주를 달면서 다시 한 번 인용되었다.[7]

마르크스는 돈의 마력을 깨닫게 만드는 근거를 매우 자주 언급한다. 그런 언급 자체에 마력이 있는 것처럼 보일 정도이다.

화폐는 상품의 가치를 나타내는 형태다. 상품과는 별개로 존재하는 동시에 그 자체도 상품이다. 화폐는 모든 사물에 대한 저작권이다. 이러한 이유로 마르크스는 화폐를 '일반적 등가물'이라고 칭했다. 이 등가물 개념은, 마르크스가 한없이 다양한 사물이 끊임없이 결합하고 이에 대한 등급이 매겨지는 세상을 설명할 때 중심 요소로 활약한다. 이를테면, 존재하는 거의 모든 것은 돈이기도 하다. 돈은 존재하는 거의 모든 것이다. 그리고 돈에 의해 모든 것이 모든 것과 결부된다. [모든 것이 돈으로 변환되는 과정은 대부분 직접적이지만 일부는 파생된 형태로서 나타난다. 이러한 변환 현상은 사람들이 가치를 인정하거나 호감을 느끼는 물건과 사람, 그런 경험과 사건에 대립되는 잔인한 현상으로 나타난다. 다른 한편, 모든 것이 돈과 결부되는 세상에 대한 무관심과 무감각은 관대한 태도로 아니, 자유로움으로 보이기까지 한다. 이런 경우 북미에서는 'Another day, another dollar(하루 벌어 하루 먹고사는, 그날이 그날인 삶)'라는 말을 한다. 오로지 이자 수입에만 관심을 쏟는 투자자는 이와 같은 자유로움을 적나라하게 구현하는 실체다] 우리는 돈을 절대적이라고 생각한다. '고유의 것'이라고. '만질 수 없는 비물질적인 존재이자 특성 없는 존재'이며, '결코 변하지 않는 것'이라고 생각한다.[8]

교환의 세계

칼 마르크스는 화폐를 다음과 같이 간략하게 정의했다. "상품들로부터 떨어져 나와 그 상품들과 더불어 하나의 상품으로서 존재하는 교환가치. 그것이 화폐다."[9] 이 정의는 분리를 전제하는데, 마르크스에 따르면 모든 상품에 그 가능성이 내재해 있다. 왜냐하면 상품은 '중의적인' 것이기 때문이다. 상품은 실용적인 존재인 동시에 이론적인 존재, 즉 '사용가치'이자 '교환가치'라고 마르크스는 설명한다. '사용가치'는 상품의 직접적인 유용성을 일컫는 말이다. 사람은 상품을 먹고, 상품 속에 산다. 상품으로 옷을 입고, 상품으로 즐거움을 누린다. 상품은 사용할 수도 있고, 낭비할 수도 있다. "물건은 그 유용성에 의해 사용가치가 된다. ……사용가치는 오로지 사용 또는 소비를 통해 구체화된다."[10] 동시에 상품은 좀 다른 것이기도 하다.

상품들은 서로 교환이 가능하다는 점에서 그 특징을 확인할 수 있다. 상품을 서로 교환하기 위해서는 각 상품의 가치를 알아야 한다. 두 가지 상품을 서로 교환하기 위해서는 공통된 척도가 필요하다. 마르크스는 이 척도를 '교환가치'라고 부른다. 이때 상품을 교환하고자 하는 사람이 교환가치의 분리를 아는지 모르는지는 중요하지 않다. 교환은 언제나 분리가 완료된 상태에서 진행된다. 그리고 이를테면 오래 신어 헐거워진 구두를 보면 누구나 교환가치를 확인할 수 있다. 그 구두는 너무도 편해서 버리기 싫지만, 그 구두의 교환가치는 어디에도 없다.

『자본론』은 상품 이야기로 시작한다. 그 다음에 매우 심오한 관념적인 내용이 이어지는데, 여기에 하도 많은 주석이 붙다 보니 한 가지 주석의 신빙성마저 의심하게 될 정도다. 교환가치가 어떻게 가치에 이르는지 그 문제를 다루는 내용인데, 교환가치는 상품에 투입된 '추상적인' 또는 '사회적 차원에서 필요한' 노동의 양으로 측정된다고 마르크스는 설명한다. 즉, 노동량의 측정에서 중요한 점은 개별적이고 구체적인 노동량이 아니라, 어떤 사회에서 한 가지 물건을 생산하는 데 평균적으로 필요한 노동량이며, 이때 당연히 경쟁도 포함된다. '추상적 노동력'의 범주에서 이질적인 요소는 모두 제외된다.

중요한 점은 오로지 노동력의 지출일 뿐, 그 종류나 특징은 아무런 상관이 없다. 노동력의 지출이란 모든 노동자가 공통으로 지닌 일하는 능력을 발휘하는 행위를 말한다. '추상적 노동력'은 제품들 사이의 비율을 나타낸다. 그 비율은 모든 상품들 사이의 관계에 포함된 불가피한 비율이다. "이 물건들은 단지 그것을 생산하는 데 인간의 노동력이 지출되었다는 사실을 나타낼 뿐이다. 이 제품들 각각은 그 속에 공통적으로 투입된 사회적 실체의 결정(結晶)으로서 하나의 가치가 된다. 이것이 상품가치다."[11]

따라서 아무리 이질적인 노동이라도 동등하게 취급된다. 노동은 단지 양에서만 차이가 날 뿐이므로 모든 임금노동이 노동시장에서 대립하고, 궁극적으로 함부르크에 사는 조경사의 노동력을 뉴델리에 사는 프로그래머의 노동력에 적용할 수 있다. 노동시간과 비용의 비(比)를 통해. 그뿐만 아니라 '노동의 교환가치'라는 범주에는 한 가지 구분이 있다. 마르크스는 이 구분을 자신이 처음 발견했다고 분명히 밝힐 정도로 중요하게 생각했다. "상품에 포함된 노동의 모순적인 성격은 필자에 의해 최초로 분명하게 증명되었다."[12] 한편으로 노동은 구체적이거나 '유용'하다. 즉, 노동은 '사용가치'를 생산하며, 물건이나 서비스를 제공하는 형태로 나타난다. 다른 한편 노동은 '가치를 형성하는 성질'이 있다. 즉, 교환가치를 생성한다. 이러한 가치의 척도는 바로 노동시간이다.[13]

철학적 관념론 사상에 익숙한 과거의 독자들은 아마도 마르크스의 저서를 읽을 때 이와 같은 추상화된 개념을 이해하기가 별로 어렵지 않았을 것이다. 그러나 오늘날 우리는 '추상적인' 노동력이라는 말에서 구체적인 것을 찾으려는 경향이 있다. 왜냐하면 '노동'은 사회적으로 매우 높은 가치를 나타내는 말이기 때문이다. 어느 사회민주당 소속 정치인(마르틴 슐츠 전 유럽의회 의원을 일컬음 – 옮긴이)이 즐겨 쓰는 '열심히 일하는 사람들'이라는 말은 물리적인 존재를 두고 한 말이지 추상적 '가치'를 형성하는 힘을 두고 한 말이 아니다. '추상적 노동력'은 '사회적 차원에서 필요한 노동시간'에서 파생된다는 마르크스의 설명도 이해하기 어렵기는 마찬가지다. 하나의 제품을 생산하는 데 든 노동시간에서 이끌어낼 수 있다는 말인데, 이는 일정 시간 동안 다수의 비교할 만한 제품에 지출된 노동시간을 합산한 후 그 값을 제품의 수로 나누면 얻을 수 있다. 마르크스에 의하면, 이렇게 측정된 제품의 가치는 역사적으로, 그리고 어쩌면 체계적으로 일단 다른 제품을 통해 나타난다. 이는 요즘 식으로 말하자면, 밀가루 한 자루의 가치는 품질이 중간 수준인 헤드세트의 가치와 대략 동일하다는 말로 이해할 수 있다. 마르크스 자신은 구두, 빵, 캔버스, 커피 등을 예로 들었다. 아무튼 이러한 가치는 언젠가는 모든 제품으로부터 독립하여 일반적인 제품으로서, 즉 화폐로서 독자적인 형태를 띠게 된다고 마르크스는 설명했다.

'노동가치론' 또는 '가치형태 분석'은 자본의 관념적 핵심이다. 이 말이 맞는 이유는 표면적으로 볼 때, 마르크스가 이 이론으로부터 한 걸음 한 걸음 사회적 생산성의 형태를 끌어내기 때문이다. 내용면에서 보면, 가치 형성의 모든 순간이 오로지 양의 비율로 변환되는 과정에는 어떤 인식뿐만 아니라 목적이 포함되어 있기 때문에 역시 맞는 말이다.

다시 말해, 이 이론에는 가치에 대한 이론적 설명 가능성도 포함되어 있지만, 그뿐만 아니라 노동력의 대가를 지불할 때 적용할 수 있는 보편적 기준을 확립하려는 의도 또한 깔려 있다.[14] 노동가치론은 처음부터 논란의 대상이 되었다. 그러나 마르크스가 이 이론을 20년, 30년에 걸쳐 온갖 변용을 다 동원해 발전시켰다는 사실에 대해서는, 그리고 이 이론을 설명으로 이해해야 할지, 비평으로 이해해야 할지 여전히 의문이 제기되고 있다는 것은 이론의 여지가 없다. 이런 질문을 제기하는 입장에서는 이 이론을 설명이자 비평으로 이해할 수는 없는 모양이다. 또한 이 이론의 변용이 앞으로도 더 나올 가능성도 배제할 수 없다. 그 밖에도 마르크스가 노동가치론을 위해 데이비드 리카도의 사상을 계승해, 이를 리카도가 전개한 방식과는 다른 방식으로 발전시켰다는 사실에도 의심의 여지가 없다. 필시 경제적 가치를 결정하는 데 필요한 일종의 마스터키를 손에 넣기 위해 그랬을 것이다.[15]

일상의 경험에서 사용가치와 교환가치, 사회적 차원에서 필요한 노동시간과 가치형성을 확인할 수 있는 기회는 많을 것이다. 한 가지 예를 들어보자. '사회적 차원에서 필요한 노동시간'이라는 잣대는 오늘날까지도 부러지지 않고 계속 사용되고 있는데, 실제로 얼마나 효과적인지는 이를테면 수년 전부터 거듭되는 CEO(전문경영인)의 봉급에 대한 열띤 공개토론을 통해 알 수 있다. 기업에 소속되어 있으면서 기업 경영상의 위험 부담은 지지 않는 사람이 일반 노동자보다 일을 더 많이 하지도 않으면서 돈은 스무 배, 백 배 또는 그 이상을 번다면, 이는 비판적인 현대인의 입장에서 볼 때 결코 유쾌하지 않은 현상이다. "복잡한 노동은 단지 단순노동이 증가한 형태 또는 결합된 형태로만 인정된다. 따라서 비교적 적은 양의 복잡한 노동은 비교적 큰 양의 단순노동과 같다."고 칼 마르크스는 설명한다. 그러나 대부분의 사람들이 쓰는 계산법은 이와 다르다. 즉, 교육을 받는 데 드는 시간은 평생의 노동시간에서 제외되므로[16] 이를 보상하기 위한 조정이 필요하다는 생각이다.

그러나 CEO의 봉급은 이렇게 계산하지 않는다. CEO는 기업 소유주의 업무를 대리하는 직책이고, 따라서 CEO의 임금에는 기업이 얻은 이익의 일부가 포함된다는 설명으로 높은 수입을 방어하고자 한다. 그러나 이러한 논리는 혹시 보너스라면 몰라도 봉급에는 적용되지 않는다. 봉급은 회사가 손해를 볼 때에도 지불해야 하기 때문이다. 따라서 CEO는 그 충성심에 대한 보수를 받는다는 결론, 그의 봉급은 충정 포상금이라는 결론을 내리기는 그리 쉬워 보이지 않는다. 결국 일반대중의 한탄 속에 'CEO'라는 상품의 가치에 대해서도 '노동시간'이라는 보편적 기준이 계속 적용된다.

사용권

돈은 사용권이다. 이 사용권은 물건이나 사람에 대해 그 효력을 발휘한다. 물론 물건을 사용하는 사람에 대해서도 예외는 아니다. 우리는 제과점에서 빵을 살 때나 현금지급기에서 영수증을 뽑을 때, 또는 통장에 돈이 입금된 사실을 확인할 때 돈의 이러한 기능을 의식하지 않지만, 사실은 이럴 때마다 우리 삶의

한 조각에 대해 값을 치른다. 제빵사에게, 농부에게, 판매원에게, 화물차 기사에게, 비료 회사 직원에게, 쇼윈도를 제작하는 유리 세공사에게…… 이때, 해당하는 물건이 빠듯해지는 일은 이미 수십 년 이래 더는 일어나지 않는다. 다만 쓸 수 있는 재정 수단이 빠듯해질 뿐이다. 이러한 현상은 기본적으로 달라지지 않는 것 같다. 동시에 우리는 우리의 삶에 대해 오로지 돈으로밖에 지불할 수 없는 사정을 자연적인 필연성처럼 생각한다. 다시 말해, 돈에 대한 이론적 고민은 더 많은 돈을 얻기 위한 가장 좋은 방법이 무엇이냐는 질문의 형태로 진행된다.

거의 모든 사람이 돈에 대해 이런 식으로 고민하는 방법 외에는 달리 방도를 찾지 못한다. 여기서 우리의 삶에 필요한 모든 것은 구매가 가능하고, 따라서 구매 수단이 있어야 한다는 사실이 전제된다. 그래서 우리는 일자리를 제공할 수 있는 사업자에게 우리의 노동력을 판다. 우리는 노동력을 팔아 얻은 돈으로 먹고 산다.

생활수준은 사람마다 다르지만, 대부분은 일을 계속해야만 생계를 유지할 수 있다. 그렇지 않은 사람은 극히 드물다. 그런 사람들은 다른 사람들보다 돈이 더 많다. 그러나 사업주와 간부급 직원, 의사, 부동산 소개업자, 교수와 같은 사람들도 돈을 벌기 위해 열심히 일한다. 화폐경제는 마치 저절로 돌아가는 듯이 보이지만, 우리는 돈이라는 기반 위에서 각자 벌 수 있는 금액을 기준으로 삶을 영위하기 위해 노력한다. 다른 삶의 방식은 없는

것 같아 보인다. 아니, 생각조차 할 수 없는 것 같다. 검소한 삶이
주는 행복에 대한 가르침도 보편적 지불수단에 대해 부정적인
입장을 표명하는 말이지만, 이 또한 돈에 대한 고찰을 나타낸다.
아무튼 이런 경우를 제외하면, 인간이 누리는 자유의 범위는 인
간이 쓸 수 있는 돈의 액수에 따라 달라진다.

　돈은 오로지 소유물의 형태로 나타나며, 소유관계 사이에서
움직인다. 칼 마르크스에 의하면, 시장에서는 물건이 따로따로
취급되듯 사람도 따로따로 분류된다. 이때 종종 불편한 논리가
적용되기도 한다. 왜냐하면 돈을 함부로 써서는 안 된다는 말은
대부분의 사람에게는 사고 싶어도 살 수 없는 물건이 많다는 뜻
이기 때문이다.

　마르크스는 가격은 상품이 보내는 '애정의 눈길'인 동시에
돈의 '한계, 즉 자체의 액수'를 나타낸다고 말했다.[17] 돈에는 배
척하는 힘도 있다. 돈이 없는 사람은 여자를 사거나 스물네 개의
발을 살 때, 그 상품이 어떤지 확인해볼 기회가 거의 없다. 돈이
없는 사람은 일을 더 많이 하고 지출을 줄일 방법을 그만큼 더
고심하게 되고, '특가 판매' '할인' '저렴한' 상품을 찾아내기 위
해 광고를 더 유심히 살피게 된다.

　칼 마르크스가 1857년과 1858년에 쓴『정치적 경제 비평 개
요』는『자본론』의 기초가 되었으나, 저자 생전에는 출판되지 않
았다.[18]『정치적 경제 비평 개요』에 따르면, 돈은 '개개의 대상을
모든 대상과' 결부시킬 수 있다. 물건, 경험, 사건 등이 화폐에 의

해 상품화되면, 이 상품들은 전 세계에 걸쳐 세밀하게 분류되고 조밀하게 층을 나눈 분업제도의 차원에서 서로 연결된다. 사물뿐만 아니라 사람도 마찬가지이다. 사람은 살기 위해서는 돈이 필요하고, 상품을 사기 위해서는 돈을 벌어야 한다는 사실을 알기 때문이다. 인간은 판매자와 구매자로서, 각자가 독립된 개인으로서 마주하게 될 것이다. 팔고 사는 상품이 노동력이든, 다른 어떤 것이든 다 마찬가지다. 그러나 이 두 사람은 시장의 구속을 받는다. 구속의 의미는 인간이 구매자와 판매자로서 개별적이고 독자적인 만큼이나 포괄적이고 심오하다. "이 두 사람이 만나 관계를 맺게 만드는 유일한 힘은 그들의 개인적 목적, 특혜, 사적인 이익이 발휘하는 힘이다."[19] 이 힘은 세상 모든 곳에 있는, 굴복시킬 수 없는 힘이다. 이 원칙은 이미 오래 전부터 은둔자와 자급자(自給者)에게도 적용되고 있다.

알려지지 않은 가치의 힘

최근에 방영된 텔레비전 시리즈 〈예술품과 잡동사니〉에 부유하고 교양 있어 보이는 중년 부부가 등장했다. 이 부부는 대대로 이어 받은 유화 작품 한 점을 보유하고 있는데, 해골과 막달라 마리아를 그린, 17세기 볼로냐파(派) 화가의 작품이다. 이 부부는 그림이 너무 끔찍해 그만 거실에서 치우기로 결정하고, 대략 6,000유로에 팔기를 희망했다. 그런데 전문가들이 책정한 감정가는 최소한 그 네 배는 되었다. 그 후 그 부인은 기자에게 환하게 웃으며 이렇게 말했다. "오늘부터 이 그림을 좋아할 거예요." 그 말에 반어(反語)의 그림자는 털끝만큼도 없었다.

마르크스는 초기에 쓴 어느 원고에서 돈은 '인류가 처분한 재산'이라고 말했다.[20] 돈은 인간이 현재 만들고 있는 거의 모든 것을, 과거에 만든 것 대부분을, 그리고 앞으로 만들게 될 많은 것을 아우른다. 돈은 사람 또는 기관이 소유물로 변환한 모든 물건을 포괄하는 동시에, 인간이 만든 모든 것은 돈의 형태로 나타난다. 당장 나타나지 않고 잠재해 있는 경우도 있다. 미래에 '처분될 재산'도 그때 가면 가격이 정해질 테니까. 미래에 처분될 재산 없이는 신용대출도, 주식 거래도 없다.

또, 생성 당시에는 아직 가격이 매겨지지 않았지만 지금은 가격이 정해진 물건도 있다. 따라서 처분된 재산은 과거의 문도 두드린다. 이제 과거는 지금까지 우리가 알던 모습과는 달라 보인다. 마치 시장과 그 메커니즘이 훗날 어디까지 밀고 들어올지 당시에도 이미 다 알고 있지 않았느냐고 따지는 것 같다. 마르크스는 현대 사회의 풍요를 두고 '어마어마한 상품 수집'이라고 표현했다.[21] 이 말은 얼핏 보면 '처분한 재산'과 같은 말이지만 단지 다른 측면에서, 즉 사물의 측면에서 볼 때에만 그러하다.

돈은 세상 어디에나 있지만, 돈이 무엇이고, 왜 생겼으며, 그 기능이 무엇인지 밝히려는 시도는 얼마 되지 않는다. 또, 이와 같은 물음에 대한 답변도 그다지 사람들의 관심을 끌지 못하는 것 같다. 예술에 관한 이론서는 도서관을 가득 채울 만큼이나 많다. 개인의 성공 신화나 돈벌이 방법을 소개한 지침서로 도서관을 채운다면 아마도 도서관이 폭발할 것이다. 그리고 소설이든 전문서든, 연애에 관한 책을 모두 모은다면 책으로 바다를 덮고 산을 덮을 것이다.

그런데 돈이나 자본에 관한 이론서를 대라고 하면 몇 권이나 즉석에서 댈 수 있을까? 기껏해야 1776년에 나온 아담 스미스의 『국부론』과 1900년에 게오르크 짐멜이 발표한 『돈의 철학』, 그리고 1936년에 나온 존 메이너드 케인스의 『고용, 이자, 화폐 개론』이 전부일 것이다. [돈은 18세기 서적 시장에서 유행한 주제였다. 대표적인 예로 페르디난도 갈리아니의 『돈에 대하여』(1751)가 있다] 이보다 더 나중에 나온 책으로는 꼽을 만한 것을 찾기가 쉽지 않을 것이다. 이때 인지도 측면에서 다른 모든 책을 월등히 앞지르는 책이 있었으니, 그것이 바로 칼 마르크스의 『자본론』이다. 이 책의 제목은 누구나 한 번쯤은 들어 보았을 것이다. 그러나 이 책에서 다루는 돈에 대한 이론적 고찰이 인류가 '처분한 재산'이라는 표현의 의미에 어떤 식으로든 부합한다는 증거는 어디에서도 찾아볼 수 없다.

개인의 삶에서는 물론, 사회나 국가의 존립과 관련해서도 확인되는 돈의 힘과 이 힘에 대한 고찰의 실태 사이에는 독특한 오해가 있다. 인간이 삶을 영위하는 경제적 기반과, 생존의 조건에 대해 인간이 보유한 이론적 견해 사이의 관계는 대등하지 않다. 삶의 기반뿐만 아니라 삶 자체도 중요한 문제가 아닌가. 우유 한 팩부터 이른바 '지속 가능한 발전'이라는 형태로 지구를 구하는 일까지 모든 것을 돈이라는 가치 기준에 따라 평가하면서, 세상이 망조가 든 데에는 화폐경제 자체도 한몫 했다는 생각은 변함없이 고수한다면, 돈은 더는 단순히 제 2본성, 즉 인간이 창조한 세계로 머물지 않는다. [헤겔은 습관이 본능적인 1차 의지를 대신하고 인간이 습관의 정신, 즉 그 의미와 현상을 인식하는 한 '윤리적 습관'은 '제 2본성'이다, 라고 말했다. 게오르크 빌헬름 프리드리히 헤겔: 법철학 개요, (1820. §151) 이론 총서 제 7권.(프랑크푸르트 암 마인, 1970. p. 301)을 참조하라]

제 2본성은 자신만이 진짜 본성이 될 자격을 갖추었다는 듯이 자연스럽게 모든 사회에 침투한다. 그런 다음 돈은 자연의 법칙을, 제 1본성을 더는 따르지 않을 뿐만 아니라, 다른 모든 본성을 포괄하여 나름의 제 1본성을 형성하는 실체가 되어버린다. 현존하는 세상이 가장 좋은 세상이라는 사실을 부정하고자 하는 사람은 이러한 형이상학에 의문을 제기하는 일, 그 결단으로부터 시작해야 할 것이다.

제 5 장

더 많이

Der Mehr

어느 개의 연구

프란츠 카프카의 작품 가운데 돈을 대하는 일반적인 모습을 묘사한 단편소설이 있다. 돈과는 전혀 다른 주제를 다룬 글처럼 보이지만, 사실적으로 설명한 글보다 이 소설을 통해 더 정확하고 쉽게 돈을 이해할 수 있다. 아마도 작가는 이 이야기를 구상하면서 돈을 생각하지는 않았을 것이다. 그럼에도 이러한 해석은 놀라우리만치 정확히 들어맞는다. 그 작품의 제목은 「어느 개의 연구」이고, 이 작품이 경제적 주제를 다루었다고 주장한 사람은 시사평론가 부르크하르트 뮐러이다. 이 소설에는 늙어가는 개 한마리가 1인칭 화자로 등장한다. 이 개의 연구는 개의 양식

(糧食)이 어디서 나느냐는 물음에 관한 내용이다. ―양식은 땅이 베푸는 것 같다. 개들이 철저한 책임의식을 갖고 땅을 '오줌으로 적시는' 행동을 보건대 분명 그럴 것이다. 개들은 가능하면 자주, 가급적이면 많은 지점을 적신다. 양식은 땅바닥을 뚫고 나오기도 하고, 날아오기도 한다. 때때로 뒤에서 오기도 한다. 마치 양식이 개를 쫓아 다니는 것 같다. 또는 나선을 그리며 위에서 떨어지기도 한다. 양식은 동물들에게 지극히 실존적인 주제이다. 개 사회에도 이 주제를 다루는 독자적인 학문이 있지만, 그 결과는 참으로 만족스럽지 못하다. 그 원인은 모든 사건이 강한 욕구에 의해 발생한다는 데 있다. 땅을 적시는 일뿐만 아니라 양식을 먹는 일도 그렇다. "내 욕구는 실험을 앞당겨 끝내버렸다. 나는 그것을 먹어치웠다."[1] 이로써 연구의 대상이 제거되었다.

부르크하르트 뮐러에 의하면, "이 소설에서 '양식'이라는 말을 '돈'으로 대체하면 부조리하고 이해할 수 없는 점들이 곧바로 사라진다."[2] 생필품을 자급자족하는 사람은 이제 거의 없다. 이런 사람들은 사냥과 채집, 농사와 목축을 통해 자신이 먹을 것을 스스로 마련한다. 다시 말해 이들은 양식이 어디서 나는지 아는 사람들이다. 반면, 돈은 생필품 자체가 되었다. 사람들은 "돈이 어디에 필요한지 알지만 그것이 실제로 무엇인지는 모른다. 심지어 모른다는 사실조차도 모르고 있다." 돈은 삶의 기반이다. 그런데 돈은 형이상학이다. 사람들은 돈을 벌기 위해 있는 힘을 다한다. 그러나 경영학과 신학이 아무리 발달했을지라도 이 기이한 신(神)이 무엇을 의미하는지 이해하고자 하는 사람은 별로 없어 보인다. 여기서 이해'하고자'는 무슨 뜻일까? 마치 돈을 빙 둘러 넘을 수 없는 이해의 경계선이 그어져 있는 것 같은 느낌을 나타내는 말이다. 어떤 연구도 만족할 만한 수준에 도달할 수 없다. 연구의 대상이 개개인의 삶 깊은 곳에 기거하기 때문이다.

소설 속의 개가 학문에 관한 자신의 경험을 보고한 내용은 마르크스가 사회적 상황을 설명하면서 상세하게 다룬 내용이다. 『정치적 경제비평 개요』에 따르면, 개개의 인간은 자신의 세계를 만들고 그 속에 살지만, 인간에게 그 세계는 자신보다 높은 곳에 있는 낯선 힘처럼 보인다. 개개의 인간은 그 힘을 소비하고자 하고, 그 힘에 의해 소비되기도 한다.[3] 그 힘이야말로 '진정한 공동체'이다.

승자와 패자

자본주의를 헐뜯기는 어렵지 않다. 심지어 자본주의를 헐뜯으면 많은 사람들이 맞장구를 쳐준다. 헤겔은 1805년과 1806년에 발표한 『예나 체계기획』에서 "공장은 특정 계급의 빈곤을 기반으로 유지된다."고 말했다.[4] 이 주장을 오늘날 반복한다면 대부분의 국민이 수긍할 것이다. 설혹 표현 자체는 못마땅하게 여기는 사람도 그 뜻에는 공감할 것이다. 그렇다. 자본주의는 좋은 제도가 아니다. 자본주의를 채택한 결과 인간은 자신의 직업을 영위하면서 항상 시간에 쫓기고, 정신적인 압박을 받으며, 냉혹한 상사에게 시달린다. 더 크고 일반적인 범위로 확대해서 보면, 자본주의는 전원을 도시화하고, 지하자원을 마구 캐 쓰며, 바다를 오염시키고, 기후 온난화를 야기하고, 콩과 야자유를 생산하기 위해 열대우림을 파괴한다. 마르크스에 의하면, 자본은 "모든 풍요의 원천인 토지와 노동자를 파괴한다." 이 말에도 많은 사람들이 즉각 동의할 것이다.[5]

이와 같은 고충의 원흉은, 개별 기업에서든 체제 내에서든, 찾아내기 어렵지 않다. 임금에 대한 집단적 합의가 제 구실을 못할 때 사람들은 덮어놓고 '착취'라는 말을 한다. 마치 최저임금이나 임금협약의 한계를 벗어난 수준에서는 착취가 일어나지 않는다고 단정하는 듯하다. 그러나 도덕적인 차원을 넘어 좀 더 구체적으로 살펴보아야 할 경우, 즉 개개인 또는 사회 전체가 겪는 빈곤이 특정한 정치적, 경제적 원인에서 비롯한 경우, 상황은 극도로 모호해진다. 이 경우 자본주의는 모든 미흡한 체제들 가운데 그나마 가장 나은 체제가 아니라, 모두가 따라야 할 유일한 체제인 것 같다는 생각이 든다. 어쨌든 자본주의는 자원을 낭비한다. 기존의 자원을 소모한 뒤에 새 자원을 얻게 될지는 불확실하다.

체제에 대한 열띤 논쟁이 '세계화의 승자와 패자'라는 말로써 그 열기를 잃는 경우는 허다하다. 이때 자본주의는 기껏해야 배후를 지킬 뿐이다. 경쟁은 흔히 스포츠 '승부'로 미화되며, 당연한 일로 여긴다. 승자와 패자는 파당이나 이념이 사라지고, 모든 사람이 같은 체제에 속해 있는 상태에서 등장한다. 따라서 이 사람들의 배경이나 출신에 대해서는 알아볼 필요가 없다. 그런데 이들은 누구일까? 건 돈의 액수와 운에 따라 누구는 부자가 되고 누구는 빈털터리가 되는 게임에서 가진 것을 모두 거는 노름꾼들일까?

누구나 알 수 있듯이 세탁기 제조사가 북이탈리아에 있던 공장을 루마니아로 옮기거나, 이탈리아 프라토에 있던 여성복 생산 공장을 에티오피아로 옮길 때, 그 이유는 언제나 똑같다. 임금이 덜 들기 때문이다. 전자제품이나 여성복 생산에 드는 비용 가운데 임금이 차지하는 비율은 매우 낮다. 그러나 임금은 조정이 가능한 요소다. 더욱이 그 조정 가능성은 국내에서 더는 수익을 내지 못하는 고용 비용을, 수익을 가져올 국외 투자로 변환하기에 충분할 만큼 크다. 이러한 상황을 일컫는 표현, 오래 되었지만 개념적으로 결코 진부하지 않은 단어가 바로 착취다.

이 단어는 도덕과 관련된 느낌이 들고, 실제로도 대부분 그렇게 사용한다. '착취'라는 말은 격분의 표출이다. 그러나 이 단어는 객관적인 의미로도 이해할 필요가 있다. 마르크스의 『정치적 경제비평 개요』에 따르면, 사업주는 고용인으로부터 무언가를 빼앗거나 주어야 할 것을 보류해야 한다. 그러지 않으면 그 사업체는 존속할 수가 없다. 마르크스는 착취를 다음과 같이 설명했다. "노동자가 생산한 제품에 대한 사적소유권은 노동과 소유권의 분리를 뜻한다. 그래야만 노동은 타인의 소유권을 창출하고, 소유권은 타인의 노동을 지휘할 수 있다."[6] 마르크스의 글에는 이와 같은 정의가 많이 나온다. 현대 사회에서 착취가 노골적으로 드러나지 않을수록 이러한 상관관계를 상기하게 된다.

'노동=타인의 소유권'이라는 공식은 교환의 공정성에 대한 생각과 결부되어 있다. 임금노동자가 자신의 노동으로 창출한 수익을 줄곧 일부분만 지급받고, 고용주는 미지급분으로 자신의 생계비는 물론, 투자비용을 조달하고, 세금과 이자도 그 돈으로 납부하며, 게다가 자신의 이익까지 챙긴다면, 임금노동자는 사기를 당한 사람이 된다. 기업가를 비난하는 사람들은 흔히 이로써 자본이 등가교환이라는 본연의 원칙을 위배한다고 주장한다.

마르크스는 이러한 비난을 하지 않았다. 마르크스는 자본은 증대되어야 한다고 전제하고, 이는 자본의 부가가치가 요구되는 경우에만 가능하다고 주장했다. 그러나 사회주의자들은 세대를 거듭하면서도 이러한 상관관계를 도덕적으로만 해석한다.

운영 장부에서 노동력에 대해 지급하는 금액이 '비용' 난에 기재된다는 사실은 노동을 고려한 자본 계산에서 누군가는 손해를 봐야 한다는 사실을 보여주는 단적인 증거다. 대부분의 경우 손해를 보는 쪽은 정해져 있다. 비용은 가급적이면 낮게 유지해야 한다는 사실은 기업은 이익을 볼 때에만 존속할 수 있다는 사실을 아는 사람이라면 누구나 이해한다. 기업가의 수가 감소하면 많은 사람이 손해를 보게 된다. 그런데, '착취'라는 개념 또는 세계화의 승자와 패자라는 대체 개념을 포기할 경우 그보다 더 많은 것을 잃게 된다.

즉, 사회가 '시장 형태'로 변화하는 현상이 인간에게 어떤 영향을 미치는지 생각하는 능력이 사라진다. 이러한 변화가 개개인의 삶에 얼마나 깊이 관여하는지, 어떤 가능성을 창출하고 활용하는지 모르게 된다. 구체적으로 말해, 시장화된 사회는 그 필요성에 따라 인간을 변화시키고, 인간도 그 필요성에 따라 스스로 변화하며, 자신의 삶을 시장 사회의 필요성에 맞춰 이끌어나간다는 사실을 인식하지 못하게 된다.[7] '착취'를 더는 문제 삼지 않는다고 해서 반드시 착취가 없어졌다는 뜻은 아니다. 오히려 개개인의 삶에 깊이 뿌리내려 삶의 요소 자체로 인식되므로, 더는 삶과 구분되지 않는다는 사실을 의미할 수도 있다. 노동력은 쉽게 부패하는 자산이다. 이 사실을 그 누구보다 잘 아는 사람은 이 노동력을 소유한 사람 자신이다.

'패자'의 범주 속으로 사라진 것은 또 있다. 바로 무관심에 대한 생각이다. 빈곤 지역에서 수익을 얻을 만한 일을 찾을 수 없는 경우, 수백만의 사람들이 무관심과 더불어 불행에 내맡겨진다. 이른바 몰락한 국가의 국민들과 빈곤 탈출을 감행한 수백만의 난민들도 이에 해당한다. 이 사람들은 세계를 움직이는 자본 때문에 불행에 처하게 된 사람들이다. 이에 반응하는 이들의 방법은 어떤 대가를 치르더라도 이 세계의 일원이 되려는 노력이다. 즉, 계속해서 이용되기를 원한다. 그 가운데는 가급적이면 좋은 조건을 바라는 사람도 있다. 그러나 많은 사람들이 착취당하는 처지보다 착취당할 기회조차 없는 운명을 더 비참하게 생각한다.

노동시간과 임금 지불

어떤 상품이 생산비보다 더 큰 액수의 돈을 벌어들인다면, 여기에는 여러 요인이 있을 것이다. 좋은 기회, 사업 수완, 싸게 사들인 원료, 높은 수요 또는 해당 제품의 인기 등. 이 가운데 어떤 요인이 작용하든, 생산에 투자한 인간의 노동력이 이에 대해 지불한 임금보다 더 많은 가치를 창출했다는 경영상의 손익계산에는 전혀 변함이 없다. 따라서 CEO들이 위기를 벗어날 때 흔히 언급하는 '손익분기점'은 기껏해야 일시적인 상황이다. 그러나『자본론』제1권이 나오고 150년이 흐른 지금, 유동자산 중 많은 부분은 노동 덕분이 아니라 품귀 현상에 기인하는 경우가 점차 증가하고, 무엇보다 금융 투기로 인해 형성되는 경우가 대부분이다. 이러한 상황은 위에 언급한 손익계산에 온갖 혼란을 불러일으키기에 부족함이 없다.

마르크스는 이익은 어디에서 나오느냐고 묻는다. 판매가격 인상은 이익의 요인이 될 수 없다. 구매가격 인하도 마찬가지다.

모든 사업주가 이와 같은 조치를 취한다면 물가는 오르지만 화폐 가치는 떨어지고, 장기적으로 볼 때 누구에게도 이익이 되지 않는다. 따라서 생산에 필요한 가치보다 '더 많은 가치를 창출하는 빼어난 특징을 지닌 상품'이 있어야 한다.[8] "근무일을 노동자가 자신의 노동력과 동일한 가치를 창출하게 되는 시점보다 더 길게 잡고, 이 부가가치를 자본을 통해 획득하는 일, 그것이 절대적 부가가치의 창출이다. 이는 자본주의 체제의 일반적인 근간을 형성한다.……" 여기서 노동을 어떻게 이해해야 할지는 결정하기 쉽지 않다. 왜냐하면 오늘날 단순하게 제공되는 노동력은 우리가 노동이라고 일컫는 대상 가운데 아주 작은 부분에 지나지 않기 때문이다. 다시 말해, 오늘날 노동은 다소간 생각 없이 제공되는, 비교적 단순한 기계가 하는 일에 견줄 만한 육체노동을 가리킨다.

이와 같은 노동을 요하는 일자리는 과거에도 있었고 지금도 있다. 수백만의 사람들이 이와 같은 직업에 종사하고 있다. 이를테면 에티오피아의 의류공장 노동자는 한 달에 30유로를 받고 옷을 짓는다. 이 옷은 독일의 쇼핑센터에서 '가장 착한 가격으로 드리는 첨단 유행의 고품격 상품'으로 판매된다. 반면 지구상 가장 가난한 나라에서도 한 달에 30유로로는 살 수 없다. 노골적이고 거리낌 없는 착취의 시대인 19세기는 겉으로 보기에만 끝났다. 오늘날에도 에티오피아 혹은 과거 제 3세계에 속했던 국가는 여전히 19세기를 살고 있다. 이를테면 브라질 출신의 사진작가 세바스티오 살가도가 1993년에 발표한 사진집 「노동자들. 산업화 시대의 고고학」의 모티브를 발견한 지역을 들 수 있겠다.[9] 그러나 자본주의 생산방식의 원조처럼 되어버린 지역은 수준 높은 사진 작품 없이도 알아낼 수 있다. 풍요로운 세계의 '어두운 얼굴'을 확인하기 위해서는 소비재의 생산 경로를 그 출발점까지 거꾸로 추적하기만 하면 충분하다.[10] 국제적 분업제도가 확립된 지는 이미 오래다. 과거 한 국가의 사회구조를 뚜렷한 수직적 구도로 만든 노동자 계급이 오늘날에는 다른 나라 또는 지구상의 다른 지역으로 옮겨졌을 뿐이다.

그러나 어떤 노동자가, 비록 자신의 노동력으로 경제적 이익이 창출된다는 사실을 분명히 알고 있을지언정, 자신이 착취당한다고 생각할까? 오히려 노동자는 자신을 노동력의 소유주로서 고용주, 즉 일자리의 소유주와 쌍방의 이익을 도모하는 계약을 체결한 사람이라고 생각한다. 어쩌면 자신의 힘과 능력을 알기에, 자신이 처한 상황의 주체라고 생각할지도 모른다. 노동자는 자신의 능력을 이 사람 혹은 저 사람에게 제공할 수 있고, 적어도 이론적으로는 전문교육을 받아 가능성의 범위를 넓힐 수도 있다. 직장을 옮길 수도 있고, 다른 직업을 구할 수도 있으며, 일하는 방식을 바꿀 수도 있다.

더구나, 마르크스는 이 점을 거의 고려하지 않았지만, 산업화된 국가에서뿐만 아니라 다른 국가에서도 경제활동의 많은 부분을 물건 생산이 아니라 각종의 서비스가 차지하고 있다. 이러한 환경에서는 착취를 의식하지 않는다. 자신과 회사를 동일시하여 자발적으로 과로를 일삼는 노동자나 동료 직원들의 작업량이 자신의 작업량보다 적다는 사실에 안도하는 게으름뱅이도 마찬가지다. 예속적인 처지를 예속된 사람 측에서 주관적으로 해석할 때, 착취당한다는 생각은 사라진다. 자신의 일을 도전과 시험이라 생각하고, 출세가도에서 아주 높은 곳에 이르고자하며, 자신의 활동을 그 목적을 위한 수단으로 이해하는 직원도 언젠가는 자신으로 인해 고용주가 자신보다 더 많이 번다는 사실을 깨달을 수 있다. 그 경우 이 직원은 기존의 조건 하에서 자신의 수입을 늘리는 일에 야망의 화살을 겨눈다. 물론 이런다고 착취를 벗어날 수는 없다. 착취는 선택의 자유라는 허울을 쓰고 있을 뿐이다.

감각적인 것과 초감각적인 것

돈은 분명 추구할 만한 것이다. 마르크스에 의하면 돈은 '전체적인 풍요를 구성하는 개체'다.[11] 돈은 인간이 각자 자신의 재산을 형성하기 위해 갈구하는 것이며, 다른 사람이 소유하고 있을 경우 자신의 한계를 느끼게 만드는 것이다. 이때 돈은 독자적인 성격과는 거리가 멀다. 잃어버린 돈을 다른 사람의 주머니에서 발견하더라도, 그 돈이 어디서 났느냐고 감히 물어보지 못한다. 돈을 많이 가질수록 할 수 있는 일도 많아진다. 지극히 개인적인 관심사를 쫓을 때에도 마찬가지다. 돈은 사물뿐만 아니라 사회도 지배하기 때문이다. 따라서 돈의 관점에서 생각하는 사람은 유능한 사람으로 인정받고, 일상에서 매일 필요한 현실적이고 실용적이며 중요한 사물을 지향하는 성격으로 간주된다.

이런 사람은 돈을 벌 수 있는 기회를 찾기 위해 주위를 둘러본다. 가능하면 많은 돈을 가급적이면 오랫동안 벌고자 노력한다. 그 노력의 일환으로 그는 분업을 추진한다. 분업에 의해 생산된 상품이 유용하든, 유용하지 못하든, 심지어 유해하든, 그 물건을 팔 수만 있다면 괘념치 않는다. 성공만 하면 어떻게든 상관없다. 이 사람이 부자면, 그는 상식의 화신으로 통한다. 모든 이데올로기 가운데 가장 대중적인 이데올로기가 갈 길을 가리켜주는데, 이 사람이 그 길을 가지 말아야 할 이유가 어디 있는가? 그 이데올로기에 의하면 성장이 고용을 창출한다. 사유화를 통해 모든 사람이 더 잘살게 되고, 경쟁을 통해 온 세상이 번영한다.

줄곧 돈 생각을 하지만 성공하지 못한 사람은 패자 또는 괴짜 취급을 받는다. 그런 사람은 현실 감각과 유용한 지식이 부족하다. 어쩌면 그 사람 자신도 스스로 낙오자라고 생각할지도 모른다. 그러나 현재 잘나가는 사람과 고독한 패자 두 사람은 모두 실용주의적 순수철학자이다. 순례자는 실용주의적 순수철학자라는 말과 같은 의미에서 하는 말이다. 무언가를 잃은 사람들은 파두아에 있는 안토니우스 성자의 묘에 가서 기도한다. 이 사람들은 신앙의 세계에서 움직이지만, 거기서 나아가 이상주의자가 되지는 않는다. 그들도 저 높은 곳의 세상을 지상의 세상과 다르게 생각하지 않는다.

사람은 누구나 매일 돈을 취급한다. '가치'와도 같이 추상적인 그것을 마치 손으로 잡을 수 있다는 듯이. 그런다고 돈의 형이상학적인 성질이 사라지지는 않는다. 그렇기에 이 세상이 초감각적인 대상을 지금처럼 뚜렷하게 지향한 적은 없었다고 말할 수 있다. 마르크스는 실제로 자본주의를 종교로 나타낸 적은 없지만, 종교와도 같은 경건함에 대한 언급은 그의 저서 중 여러 곳에서 발견된다.

이 사상을 구체적으로 표현한 사람은 발터 벤야민이다. 벤야민도 마르크스와 마찬가지로 자본주의와 종교를 하나로 보지는 않았다. 1921년에 나온 단편(斷篇) 『종교로서의 자본주의』에서 벤야민은 납득할 만한 근거를 들어 '공리주의의 종교적 색채'에 대해 말했다.[12] 이는 조심스러운 표현이다. 그 이전에는 추상적인 대상을 자본주의가 전개된 상황의 화폐와도 같이 대단히 실제적이고도 강한 존재로, 그토록 광범위하고도 집중적으로 다룬 적이 없었기 때문에 표현에 신중을 가할 필요가 있었다. 돈은 중세 기독교의 신(神)보다 더 막강하다. 중세란 모든 사물을 성령이 다스리고, 한없이 높이 쌓아올린 웅장한 교회는 이 신을 대하는 가장 적절한 형식이라고 믿던 시대가 아닌가. 그럼에도 자본주의는 종교가 아니다. 자본주의는 내세를 약속하지도 않고, 교회를 짓지도 않는다.

마르크스는 젊은 시절에 『아테네의 타이먼』을 탐구하면서 '사물의 실제 영혼'에 대해 말한 바 있다. 마르크스에 따르면 돈은 "눈에 보이는 신성이다. 모든 인간적이고 본능적인 성질이 그 반대로 변환한 결과이며, 전반적인 사물이 거꾸로 뒤집힌 것이다."[13] 이 부분이, '영혼'이나 '신'은 이를 바탕으로 이론을 세우기에는 지나치게 모호한 범주라는 점은 무시한 채, 발터 벤야민의 단편에 의해 보강되었으리라 추측된다.

벤야민의 『종교로서의 자본주의』는 인문학 분야에서 종교와 화폐가 어느 정도로 유사한지, 또는 아예 동일한 것인지에 대한 사변의 물결을 일으켰다. 당연히 동일하지는 않다. 그러나 영혼과 화폐가 형이상학적인 존재로 나타나는 한, 이 둘은 서로 유사하게 작용한다. 이 둘 사이의 근본적인 차이는 화폐는 원초적인 존재가 아니라는 점이다. 화폐는 기존의 세상에서 파생했다. 그 후에야 비로소 형이상학적인 존재로 독립할 수 있고, '처분'될 수 있다. 반면 영혼은 '신' 또는, 헤겔의 개념을 빌리자면, '세계정신'으로 나타나며, 처음부터 존재하고 있었다고 믿는 대상이다.

마르크스가 이들 범주를 표현한 이후 이를 둘러싼 논쟁이 끊임없이 일어나고 있다. 이러한 논쟁은 주로 마르크스 추종자들이 주도하는데, 그들 가운데는 경제학자들에게서는 보기 드문, 마치 신학자나 문헌학자처럼 보일 정도로 방대한 학문적 연구와 극단적인 에너지를 논쟁에 쏟는 사람들도 있다. 이들 논쟁의 발단은, 화폐가 발생한 시기는 상품교환이 드문 시기가 분명한데, '화폐의 근원이 정말로 상품교환인가'라는 물음이다. 그후 논쟁은 『자본론』을 어디까지 '역사기록의 결과로 보아야 할 것인가라'는 문제로 이어진다.

상품의 가치는 그 상품을 생산하는 데 사용된 노동시간에 의해 결정되느냐, 아니면 상당량의 사회적인 요소가 작용하느냐라는 문제에 대한 논쟁은 종결될 기색이 조금도 보이지 않는다. '제대로 작동하는 화폐제도는 분업과 시장 교환에 기반을 둔 현대 경제의 중심'이라는 말은 이러한 문제에 대한 해답이 되지 않는다.[14] 화폐는 그나마 현대의 세계를 하나로 묶는 끈이며, 이에 대해 연구하는 화폐 이론가들은 연구하는 견공이 도달한 결론과 같은 결론에 도달한 것 같다. 즉, 그들이 연구하는 대상에 대한 지식은 언제나 새로운 한계에 부딪친다. 그 물건이 연구 대상인 동시에 순수 생필품이라는 사실은 결코 간과할 수 없는 원인 가운데 하나다.

희망과 세상의 멸망

세상의 멸망은 누구나 상상할 수 있다. 세상의 멸망을 다룬 책과 영화는 수천 편은 아닐지언정 수백 편에 이른다. 거기서 세상은 못된 외계인이나 핵전쟁으로 인해, 전염병 또는 자연재해로 인해 멸망한다. 반면 돈이 사라진 세상을 상상할 때는 돈이 생기기 이전의 세계를 상상할 때만큼이나 상상력 부족을 느낀다. 돈이 사라진 세상까지는 상상력이 앞으로 나아가기가 쉽지 않다. 물론 낙원을 꿈꾸는 상상의 세계에서는 돈이 '전부는 아닌' 낭만적인 세상도 등장한다.

이러한 상상은 돈에 약간의 도덕과 배려를 부여하려는 노력과 더불어 이른바 작은 일에서부터 시작된다. 공정한 시장, 이익에 대한 과세 인상, '슬로우 라이프'를 바라고, 이를테면 '교육을 상품화하지 마라'는 요구를 하며, 세계에서 가장 빈곤한 지역을 노리는 제약회사를 비난한다. 그곳에서는 꼭 필요한 의약품을 살 돈이 없어 사람들이 떼로 죽어가기 때문이다. 어쩌면 이와 같은 요구에서도 한 가지 미신이 효력을 발휘할 것이다. 그 미신은 심지어 경제학에서도 유명한데, 광범위한 지역에 걸쳐 분업제도가 매우 높은 수준으로 발달했을지언정, 돈은 이와 무관하게 한 사회에 기본적인 생계를 보장하는 첫 번째 수단이라는 미신이다.

그러나 자본은 도덕적으로 행동하지 않는다. 자본은 몸집을 키울 수 있는 곳을 찾고, 그럴 수 없는 곳은 피한다. 빈곤국의 환자들을 돌보는 일이나 이른바 교육과 관련된 일에서도 마찬가지다. 사람들은 돈벌이에 유리한 일만 생각하지는 않는다. 종종 이와는 다른 어떤 일도 한다. 따라서 자본의 논리에 반하는 행동을 하지만, 그 행동을 통해 구조적으로 무언가 이루었다고는 생각조차 하지 않는다. 이러한 사실은 모두 절대적으로 맞는 말이지만, 돈을 키우려는 욕망과는 배치되는 말이다.

돈이 사라지면 모든 일이 더 잘 풀리리라는 희망은 인류의 행복은 오로지 돈으로, 돈에 의해 도달할 수 있다는 믿음과 상충한다. 이러한 믿음은 화폐를 실용적이자 이론적인 필수품으로 생각하는 경제학자들 사이에서 공통적으로 확인된다. 이들은 화폐의 유용성을 가리키고 풍요로운 사회가 발생하는 데 화폐가 기여한 바를 나열하는 일로써 화폐의 기능에 대한 설명을 대신한다. 이들은 화폐보다 더 효율적인 문화는 없으니, 화폐가 하는 일을 그냥 내버려 두어야 한다고 주장한다.

화폐 문화는 인간이 이미 어쩔 수 없이 따르고 있는 기존 제도임에도, 이들은 그것이 마치 선택 가능한 일이고, 반드시 선택해야 할 가능성인 양 이야기한다. 미국의 경제학자 윌리엄 쾨츠만은 "인류와 도시 사회는 지난 5,000년 동안 현저하게 증가했다. 이는 성장을 도모하기 위해 생존 위기를 완화하고 자원을 적절히 분배하는 인간의 능력이 화폐경제에 의해 엄청나게 향상되었다는 증거다."라고 설명했다.[15]

그러나 이 말에는 기존의 사실이 모든 가능성 가운데 최상의 가능성이라는 선언이 포함되어 있다. 그렇다면 이 말은 순수 이데올로기가 아닌가? 마치 학문이 어떤 대상을 설명하는 일이 아니라, 그 대상의 효과에 열광하는 일처럼 말하지 않는가! 그리

125

고 힘 있고 부유한 사람들의 의도는 대부분 평범한 국민들의 관심사와는 다르다는 사실을 제외하고 보면, '인류'는 세계 역사에서 특별한 주체가 아닌가? 인간이 가급적이면 많은 돈을 조달하려는 행위를 당연하게 여기지 않고, '생존 위기'를 모면하기 위해 돈을 선택한다고 주장하는 말을 누가 믿겠는가?

제 6 장

자본

Das Kapital

소설의 주인공

「샤베르 대령」「데이비드 코퍼필드」「보바리 부인」「녹색의
하인리히」…… 19세기 걸작 소설 가운데는 사람 이름이 제목인
작품이 많다. 이들 소설은 주인공에 관한 이야기이기 때문이다.
개중에는 해피엔드로 끝나는 작품도 있지만, 대부분은 그렇지
않다. 경제학 책의 제목은 이와 다르다. 데이비드 리카도의 대
표 저서에는 『정치적 경제와 조세의 원리』(1817)라는 제목이 붙
어 있고, 피에르 조지프 프루동이 쓴 유명한 책의 제목은 『소유
란 무엇인가? 또는 법과 정부의 원칙에 관한 연구』(1840)이다. 이
러한 책들과는 달리 『자본론』은 제목이 매우 짧다. 소설의 제목

이 책의 내용을 나타내듯이,『자본론』의 제목은 그 책이 교양소설이라고 간단히 소개한다.『자본론』에도 주인공이 있다. 주인공이 자기 삶의 주체가 되는 과정을 모티브로 삼은 소설은 여전히 많지만, 주인공이 그 일에 성공하는 경우는 많지 않다.『자본론』은 자본이 자기 삶의 주체가 될 뿐만 아니라 사회 전체의 주체가 되는 과정을 다룬다.[1]『자본론』이 집필되던 당시에 사람들은 전 세계 상품 생산의 축제로 가득한 최초의 세계박람회를 자본에게 바쳤다. ["세계박람회는 상품의 교환가치를 미화한다. 세계박람회는 상품의 사용가치가 하락하는 틀을 만들어낸다." 발터 벤야민: 파리, 19세기의 수도. 발터 벤야민(편) 아케이드 프로젝트 (1927 - 1940). 총서 제 V권. 프랑크푸르트 암 마인 1991. p. 50] 자본 이야기도 자본의 관점이 아닌 다른 관점에서 보면 해피엔드가 아닐 수도 있다. 하지만 그것은 대단히 복잡한 이야기다.

　마르크스의 대표 저서인『자본론』은 자본의 지배를 받는 사회형태에 해당하는 이야기다. 그런데 제목이 '자본주의'가 아니다. 자본주의라는 말은 19세기 전반에 이미 일반적으로 사용되었고, 루이스 블랑이나 피에르 조지프 프루동도 사용했다. 반면『자본론』에서는 이 단어가 두 번밖에 나오지 않는다. 마르크스는 노동시간을 노동력의 등가물이 생산되는 시점보다 더 길게 연장하는 일에 대해 서술할 때 '자본주의적 체제'라는 표현을 선호했다. 그리고 자본에 의한 추가노동의 획득이 자본주의적 체제의 보편적인 기반과 상대적 부가가치 생산의 출발점이 된다고 보았다. 여기서 부가가치란 노동력의 합리적이고 효율적인 사용으로 얻는 수익을 일컫는다. 마르크스는 '자본주의적 생산방식'이라는 표현도 자주 썼다. 따라서 '자본론'이라는 제목은 단순히 대상만을 가리키는 말이 아니라, 어떤 움직임을 나타내는 말이다. 마르크스는 이 제목으로써 이러한 체제를 움직이는 힘을 말한다. 그 힘은 사방으로 퍼져나가 세상을 정복한다. 그 힘은 무조건 앞으로 나아간다. 그리고 돈이 돈을 낳는다고 주장한다. 자본에는 오로지 역동성만 있을 뿐이다. 그 역동성은 원칙적으로 무절제하고, 미래를 넘어 영원에까지 뻗친다. 이 역동성의 이름은 '증식'이다.

자본은 소유가 아니라 예상이다. 마르크스에 따르면 자본은 "물건이 아니라 특정한 사회적 생산 조건, 즉 특정한 역사적 사회형태가 갖는 생산 조건이다. 이는 물건을 보면 알 수 있고, 사회의 특수성은 물건을 통해 나타난다." 사람들은 사회의 특수한 성격이 어떤 것인지 즉각 알아볼 수 있다고 믿지만, 마르크스는 이에 대한 정확한 설명을 보류했다.[2] 아무튼 분명한 점은 자본은 현 상태에 머물지 않는다는 사실이다. 자본은 뛰쳐나간다. 자본은 움직이기를 원한다. 자본은 투자할 기회를 찾는다. 우선 주변을 샅샅이 훑고, 그 다음에는 전 세계로 뻗어나간다. 줄곧 이익을 추구하면서. 자본은 이익이 있어야만 유지되고 증식된다. 그 목적을 위해 자본은 생산성 향상을 끊임없이 가속화하고, 낡은 생산방식은 파괴하고 버린다. 다른 상품의 경우 최종적으로 사용가치가 소비되면 이로써 그 가치는 소멸한다. "그러나 자본이라는 상품은 사용가치의 소비를 통해 상품가치 및 사용가치가 유지될 뿐만 아니라 심지어 확대된다는 독특한 성질이 있다."[3]

자본은 돈이다. 그러나 돈이 곧 자본은 아니다. 돈은 이익을 창출할 가능성을 만날 때 비로소 자본이 된다. 역사적으로 먼저 교역자본의 형태로, 그 후에는 임금노동을 취급하면서 이익을 창출했다. "돈을 자본으로 변환하기 위해서는 상품시장에 금전 소유자, 즉 자유로운 노동자가 있어야 한다. 자유롭다는 말은 두 가지 측면의 의미를 나타낸다. 금전 소유자는 자유로운 개인으로서 상품인 노동력을 사용하는 한편, 다른 상품을 팔 필요가 없는 사람이다. 그는 자신의 노동력을 구현하는 데 필요한 모든 것으로부터 자유롭다."[4] 돈을 자본으로 변환하기 위해서는 금전의 상품에 대한 예속성이 상품의 금전에 대한 예속성으로 전환되어야 한다. 쉽게 말해, 한 가지 물건은 특정 금액만큼의 가치가 있다는 사실에서 이 금액으로 이 물건을 살 수 있다는 사실로 관점을 이동해야 한다. 돈이 지닌 가능성에 대한 이해는 이러한 전환이 완료된 후 비로소 서서히 진행된다.

17세기 초에 처음으로 증시가 생기면서 교역의 독자적인 영역에 대한 예상이 독자적으로 존재하기 시작했다. "즉, ……순환 영역이 독립했다. 생산으로부터 분리되어 나름의 법칙을 따르고, 더는 단순한 교역행위와 마주치지 않게 되었다."[5] 그 후 자본의 형태로 등장하는 약속은 마치 그 예상이 이미 적중한 것 같은 모양새를 띤다. 미래의 이익에 대한 예상은 마치 그 수익이 부정할 수 없는 현실인 양 다루어진다. 언젠가는, 정확히 말해 파생상품 시장의 발전상황과 같은 정도로, 자본은 오로지 더 많이 소유하리라는 예상을 두고 하는 내기에만 존재하게 된다. 그리고 구매자가 나타나는 경우 예상은 다음 약속으로 넘어간다. 이리하여 긴 예상 사슬이 형성된다. 이러한 움직임이 확대되고 가속화할수록 생산된 물건의 총 가치와 세상에 순환되고 있는 총 자본의 차이는 더욱 커진다. 다시 말해, 자본은 잉여 속에만 존재한다. 지난 수십 년 간 잉여는 몇 배로 증가했다.

자본은 모든 사물을 상품화 가능성을 기준으로 판단한다. 자본의 투자를 통해 세상은 부품으로 분해되고, 각 부품은 투자 가치를 기준으로 심사를 받는다. 자본이 노동 자체를 그 특징에 따라 분해하고, 그 특징을 더 효과적으로, 비용을 줄이는 방향으로 구성하는 가능성의 관점에서 관찰하는 일과 마찬가지다. 이리하여 자본은 세계를 재편한다. 자본은 사람들뿐만 아니라 여러 지역, 여러 국가, 그리고 여러 대륙을 대상으로 합리적인 경영과 분업을 추진한다. 자본은 작업을 계획하고 분배하는 상부기관이 없는 생산과정을 통해, 작업 내용과 관련하여 아무것도 정해지지 않은, 무엇을 어디서 어떻게 생산할지 전혀 정해지지 않은 그런 생산방식을 통해 수요가 충족되도록 한다. 비록 수요 충족이 결코 생산의 목적은 아닐지언정, 자본은 언제든, 어떤 형태로든 수요의 충족을 도모한다. 이것이 바로 마르크스의 대표적인 저서에 '자본론'이라는 제목이 붙은 이유다.

믿음과 위기

독일에서 '경제'라는 단어는 대부분, 다른 사람에 대한 사용권을 많이 지닌 부유한 엘리트를 나타내는 다른 표현으로 사용된다. 이 엘리트 집단에 속하는 사람은 다른 사람들의 노동력과 삶의 시간을 매입하여, 그들의 힘과 그들의 지식과 그들의 시간을 자신의 잠재력을 확대하는 데 이용한다. 그런데 '경제'라는 단어에는 또 한 가지 의미가 있다. 이 말은 일종의 관념적인 총주체를 나타내는데, 이 주체가 성장하면 주체 자신에게 좋고, 그대로이면 걱정을 안 할 수 없으며, 작아지면 이는 재앙과도 같은 일이다. 여타의 모든 경제 형태로부터 분리 독립한 금융자본은 이 총 주체를 두 배로 키우는 듯하다. 이때 총 주체는 오로지 자체의 원동력만을 따른다. 마르크스는 『자본론』 제3권에서 다음과 같이 말했다. "자본의 실제 이용 과정에 얽힌 모든 상관관계는 따라서 흔적도 없이 사라지며, 자본은 자신을 통해 자신을 이용하는 자동기계라는 생각이 고착된다."[6]

그러므로 경제는 항시 위협적인 것이다. 농촌의 자급자족 경제와 물물교환이 사라진 이후로 경제 범위 외부에는 어떤 세상도 없기 때문이다. 누구도 마음대로 경제를 떠나 다른 곳에서 독자적으로 생계를 유지할 수 없게 되었다. 경제는, 보이는 바와 같이, 최악의 상황에서조차 모든 사람에 대한 동참 강요를 관철한다. 하지만 경제를 벗어나서는 어떤 세상도 보이지 않는 마당에 '관철'까지 할 필요가 있는가?

경제위기는 상응하는 중압감을 동반한다. 따라서 경제위기는 언제나 믿음의 위기이기도 하다. 어떤 힘이 내가 사는 사회는 물론, 온 세상에 번영과 조화와 행복을 안겨 주리라고 수십 년 동안 믿어왔는데, 갑자기 그 힘이 허구로 밝혀진다. 항구적인 성장이니, 날로 풍족해지는 삶이니, 모두 꿈이요, 공중누각이요, 허풍이었다. 확신은 무너지고, 아담 스미스가 고안하여 세상에 퍼뜨린 자율 경제의 이상(理想)이 주변에서 '보이지 않는 손'을 마구 휘두른다. 연이은 가치하락과 시세 손실, 겨우 막았는데 또다시 엄습하는 파산 위기는 결국 파국으로 끝나고 말 것 같다. 경제파탄으로 위기에 내몰린 사람은 결국 자신의 힘으로 위기를 극복해야 한다. 그마저도 할 수 없는 경우도 없지 않다. 나 또한 이러한 사태의 피해자가 아닌가? 국민경제의 많은 부분이 공중누각인데, 나더러 어떻게 먹고살라는 말인가?

기독교 신앙이 위기를 맞이했던 중세 말에는 요한 계시록에 따라 사탄이 돌아와 세상을 지배할 날이 머지않았다고 믿었다. 그때와 마찬가지로 경제는 이제 고삐 풀린 악마와 욕망과 방종, 현혹과 속임수가 날뛰는 세상이 된 것 같다. 이와 같은 관점의 전환은 안티자본주의와는 아무런 상관이 없다. 오히려 이 위기를 개인의 관심사와 사적인 일의 묶음으로 간주하고, 주관적인 행위이자 실패한 독단적 행위로 변신시킴으로써 자본주의에 대한 믿음을 지키려는 노력의 일환이다. 자본과 자본주의는 위기의 영향을 받지 않는다. 이 둘은 이미 손해배상을 청구할 수 없는 영역으로 사라진 지 오래다. 이는 중세에 유행했던 성직자 풍자가 결코 종교 자체에 대한 이의 제기는 아니었다는 사실과 일맥상통한다.

투기꾼들의 사회

자본을 이용한 투기는 문학사에서 독자적인 전통을 이어왔다. 이 전통은 19세기 초 프랑스의 사실주의 작가 오노레 드 발자크의 소설 『뤼싱겐 회사』에서 시작되어 프리츠 랑 감독의 영화 〈마부제 박사〉(1922)로 이어지며, 존 더스 패서스의 소설 『맨해튼 트랜스퍼』(1925), 미켈란젤로 안토니오니의 영화 〈태양은 외로워〉, 톰 울프의 소설 『허영의 불꽃』(1987)을 거쳐 라인알트 괴츠의 『요한 홀트로프』(2012)를 비롯한 최근의 작품들에 이른다. 이들 작품은 자본주의 사회의 정상에 오르려는 남자들의 이야기다. 주인공들은 대담하고 냉정하게 불확실한 세계에 부도덕한 발걸음을 옮기며, 뻔뻔하기 이를 데 없는 행동을 한다. 그러나 이들 가운데 성공하는 사람은 아무도 없다. 어떻게 성공할 수 있겠는가? 그들은 열심히 일한 후 저녁이면 돈다발로 목욕을 하고 절대적인 풍요를 누리는 사람이 아니라, 무한정 이어지는 소실점 사냥에 투자하는 사람들이다. 소실점은 손에 잡힐 듯이 보이는 순간 저 멀리 달아난다.

에밀 졸라의 연작소설 『루공 마카르 총서』 20권 가운데 1891년에 나온 제18권 『돈』에서는 다음과 같은 대사가 주인공 사카르의 인물을 묘사한다. "아, 제대로 알아둡시다. 그 사람 돈 좋아해요. 하지만 엄청나게 많은 돈을 가지고 있으면서 그것을 자기 집 창고에 숨겨두려는 구두쇠가 아니에요. 천만에요! 그는 자신의 의지대로 도처에서 돈이 샘솟기를 바라죠. 그리고 모든 샘에서 돈을 길어 올리려고 해요. 그는 돈이 자신에게 흘러들어 오는 모습을 확인하고 싶어 합니다. 돈이 주는 모든 즐거움을 위해서요. 사치, 향락, 권력…… 어쩌겠어요? 그는 천성이 그런 사람입니다."[7] 그리하여 사카르는 실패한 투기로 인한 빈곤에서 벗어난다. 그는 은행을 설립하고, 기독교인들에게 예루살렘을 되찾아줄 가톨릭 기업이라고 선전하며, 주식을 사고 속이고, 사고 속이기를 계속한다. 마침내 사카르는 자사의 주식을 매입해야 하는 상황에 처하고, 그가 설립한 은행은 다른, 더 큰 투기의 희생물이 된다. 사카르 자신은 새로운 사업을 찾아 다른 나라로 떠난다.

특기할 만한 사실은 100년이 지난 후에도 별로 달라진 점이 없다는 사실이다. 올리버 스톤 감독의 1987년 작 영화 〈월 스트리트〉에서 마이클 더글러스가 연기한 투기꾼 고든 게코는 회사의 주주들이 경영 일선에서 물러나기를 바라는데, 주주들 앞에서 환영인사를 하는 게코는 마치 복음을 전하러 온 평신도목사와도 같은 태도로 장황한 설교를 한다. "욕망은 좋은 것입니다. 욕망은 옳은 거예요. 욕망은 제대로 돌아가죠. 욕망은 중요한 것과 중요하지 않은 것을 분명하게 가려요. 욕망은 미래의 핵심을 움켜쥡니다. 욕망은, 그게 어떤 것이든, 살고 싶은 욕망, 돈에 대한 욕망, 사랑이나 지식에 대한 욕망, 욕망은 어떤 형태로든 우리에게서 최선을 끌어냅니다. 그리고 욕망은 이 회사뿐만 아니라 곤경에 빠진 다른 기업도 구할 수 있습니다. 바로 미국이라는 기업이죠. 여러분들은 제 말이 옳다는 사실을 확인하게 될 겁니다." 그리고 이번에도 올 것이 온다. 즉, 예기치 못한 곳에서 게코보다 더 머리가 좋고 추진력이 뛰어난 인물이 나타나는데, 그는 게코와 손을 잡지만 게코는 그를 배신한다. 그러나 이 두 사람은 모두 파멸의 길을 택하고 감옥에 갇히는 신세가 된다. 그들이 여기서 포기하지 않는다는 점은 이 영화에서도 분명하게 나타난다. [영화 〈월 스트리트〉의 주제는 대단히 단순한 도덕적 교훈이다. 이를테면, 쉽게 번 돈은 감옥으로 이끈다, 차근차근 모은 돈은 함부로 쓰지 않는다, 벼락부자가 되려 하지 마라, 투기하지 말고 착실하게 벌어라 등이다]

고든 게코는 〈월 스트리트〉가 상영되고 20년이 지난 지금도 증권가에서, 그리고 헤지 펀드나 개인투자회사의 이사들 사이에서 살아 있는 우상으로 통한다. 이 사람들은 영화의 대단원을 장식하는 도덕과 정의의 승리, 경찰과 검찰의 승리에는 관심이 없다. 이들에게 게코는 실제 삶에 첨가되는 예술과도 같다. 그런데 이 점이 이상하다. 욕망이 최근의 기본 문화 인프라에 스며든 지는 이미 오래다. 게코는 욕망에 대해 이야기하면서 고취된 욕망 의식의 관점에서 본 자신을 정확히 묘사했으나, 그 묘사가 논리 정연하지는 않다. 욕망이 투기꾼뿐만 아니라 금융경제 전체를 움직인다는 견해는 심리학에서 다루는 동기를 개인 투자에서 찾으려는 태도이기 때문이다.

이와 관련하여 에밀 졸라는 "그는 천성이 그런 사람입니다." 라는 말로 더 과격하게 표현했다. 사카르나 게코같은 인물은 이와 같은 논리로 두 가지 소득을 얻는다. 즉, 그들은 자신의 행동을 용서받고, 결국은 사태를 책임질 권한을 약속 받는다. 그러나 이들과 같은 인물에게 '욕망의 화신'이라는 판결을 내리는 사람은 이들이 하는 일에 대해 잘 알지도 못하면서, 그 사람은 심리적 결함이 있는 사람이라고 단정하며 멸시한다. 경제 위기의 원인이 투기꾼에게, 즉 개개인에게 있다고 믿는다면 이는 태만하고 순진한 생각이다. 사실 투기의 원인 중 일부는 제도 자체에 있다.

에밀 졸라는 올리버 스톤보다 더 영리한 작가다. 또한 미국의 소설가 윌리엄 개디스보다도 더 영리해 보인다. 개디스의 1972년 작 소설 『제이 아르』는 계산도 제대로 할 줄 모르는 열한 살 소년 제이 아르가 거대 금융기업을 사들이고 파산하는 이야기다. 현실적인 돈 문제는 대부분의 경우 그 어떤 농담보다 더 사실적이다. 따라서 개디스의 풍자는 결코 우스개가 아니다. 졸라의 작품 주인공 사카르는 가톨릭 기업인 '세계은행'을 창립하고, 여기서 얻은 수익으로 성지 예루살렘의 통치를 교황에게 맡기는 날을 꿈꾼다. 마치 돈은 십자군의 형태를 띨 때 가장 숭고한 용도로 쓰인다는 듯이. 이러한 생각은 겉보기에 삐딱해 보이지만, 사실은 맞는 부분이 더 많다.

마르크스는 "따라서 금융은 생산성의 물질적 향상과 세계 시장의 형성에 박차를 가한다. 새로운 생산 방식의 물질적 기반을 특정 수준으로 높이는 일은 자본주의 생산 방식의 역사적 사명이다."라고 말했으나,[8] 그 배후에 신학적 세계관의 색채가 엿보이는 '역사적 사명'에 관한 문제는 논의에서 배제했다. 그러나 금융은 인간뿐만 아니라 전 세계를 오직 한 가지 원리로 결속시키지 않는가? 추상적인 개념의 힘으로, 즉 세계적인 교환가치라는 개념의 힘으로 모든 것을 서로 연결하고, 모든 경계를 허물고, 급진적인 사회화를 추진하지 않는가? 또한 돈은 인간이 그것을 소유할 때까지는, 즉 최소한 구원의 순간으로 생각되는 시점까지는, 이제 평정이 유지된다고 생각되는 시점까지는 줄곧 구원과 구제를 약속하지 않는가?

철학자 발터 벤야민은 1930년대에 "인류는 1세기마다 지체하게 된다."고 말했다.[9] 이 말은, 20세기에야 실현되어 일반적으로 경험하게 된 인간의 실존에 관한 감동은 19세기의 예술이 이미 다 다루었다는 뜻이다. 졸라가 창조한 '세계은행'은 인류를 오래 지체하게 만든 오래된 생각이다. 세계를 아우르는, 사회의 모든 구성요소를 동원하는 화폐 십자군의 개념은 역사상의 선례와 마찬가지로 결코 그 목적을 이룰 수 없다. 그럼에도 졸라의 소설이 발표되고 100년이 흐른 지금 이 개념은 전 세계가 겪는 역사적 경험이 되었다.

자본과 미래

자본은 근본적으로 한 곳에 머물지 않는다. 칼 마르크스는 움직이고 있는 이 물건을 '축적된 청구권'이라 일컬었다.[10] 그리고 이 물건도 상품으로 변환될 수 있는 것이기에, 지불 약속이 지불 수단으로써 유통되는 증시가 있다. 지불 수단으로 통용된다고 해서 약속의 성격이 사라지지는 않는다. 이 약속은 반드시 더 나은 미래를 보장하는 행위가 아니라, 단지 '더 많은' 미래를 보장하는 행위이다. 그 점에서 기독교의 구원 약속과는 근본적으로 다르다. 이미 소유하고 있는 것과는 다른 것을 준다는 약속이 아니라, 같은 것을 더 많이 가지게 된다는 약속이다.

늦어도 18세기 말부터는 신용대출의 총액이 등가물의 총 가치보다 더 커졌다. 이 상황에서 수익이 발생할 수 있는 이유는 오로지 신용대출로써 지불유예가 점점 더 먼 미래로 넘겨질 수 있기 때문인데, 이와 같은 중계로 인해 폐쇄된 배타적 영역의 벽이 허물어지고, 약속의 사슬은 끝없이 길어진다.

경제의 역사에서 신용경제로 넘어가는 과도기는 분명한 단면을 형성한다. 이슬람권의 이자금지부터 전통적이라고 잘못 알려진 산업의 보수성에 이르기까지, 신용경제의 이행을 늦추는 사건들은 가볍게 극복되었다. 신용경제가 완성된 지는 오래지 않다. 지불 약속은 나름의 가치창출을 세상에 선보였다. 신용창출, 즉 자신을 이용하는 가치가 하나의 독립된 가치가 되어 몇 배로 늘어났고, 그 결과 금융 파생 상품만을 위한 시장이 발생했으며, 이 시장은 30년 또는 40년 만에 규모와 거래 금액이 가장 큰 시장으로 발전했다. 주식거래는 경제의 규모를 재는 단위가 되었고, 금융시장은 시장 중의 시장이 되었다.

끝없는 미래는 자본주의의 일부분이다. 거듭 추가되는 지불 약속으로 더 많은 지불 약속이 보장된다고 예상될수록 미래는 더 멀리까지 확장된다. 즉, 현재의 자본주의 형태는 영원한 시간에 대한 행사로써 출항했고, 그 미래는 이미 예전부터 저당 잡혀 있었으며, 그 긴 미래는 현재에 미치는 한없이 큰 영향을 초래한다. 왜냐하면 미래의 돈이 이익의 형태로 이미 나와 있기 때문이다. 그 이익은 지불 약속에 대한 지불 약속과 해당 이익에 대한 예상으로 발생한다. 이러한 지불 약속 시스템은 미국의 인류학자 데이빗 그레버의 부채에 대한 주장과는 다른 것이다. 부채는 고대의 형식으로든 현행 자본주의에서든, 인간의 삶에 기생하며 그것을 파괴한다고 그레버는 주장했다.[11] 이와는 달리 지불 약속은 자본을 빌릴 수 있는 생산성을 형성한다. 더 정확히 말하자면, 빌린 자본에 대한 재정적 안정성을 파는 데 필요한 생산성을 형성한다. 그 안정성 또한 빌린 것이며, 이러한 행위는 적어도 아이스크림이나 기계를 생산하는 일만큼은 수익성이 있다. 이러한 거래 방식이 제대로 작동하도록 국가는 주권을 행사하여 관리한다.

우연 제어

요제프 포글은 최근의 대규모 위기가 발생한 직후 '앞서가는 시간 저당'이라는 제목의 기고문에서 다음과 같이 말했다. 금융경제는 미래와 거래한다는 원칙이 있다. 이제 이러한 거래는 미래의 불확실성으로 인해 현재가 받는 영향이 나날이 확대되는 수준으로 발전했다.[12] 그 영향은 모든 경우에 나타난다. 이를테면, 어떤 주식과 관련된 희망 또는 불안으로 인해 해당 주식회사는 사업 영역을 조정한다. 그러나 투기가 만연하여 경제의 모든 영역에 파고들수록 모든 사업적 위기가 현재를 엄습할 위험과 그 압박감은 더욱 커진다. 과거에는 위험이 위기로 발전하는 사태 및 우연에 의한 상황을 제어하기 위해 예방적 차원에서 논의했다면, 현대 사회에서는 그 우연적인 상황, 즉 위험이 제어되지 않은 사건들이 폭풍이 되어 사회 깊숙이 휘몰아치기 때문이다. 우리는 어떤 물건이나 행위가 미래에 어떤 가치를 얻게 될지 모르고, 알 수도 없다. 이러한 위기는 어떤 물건이나 행위가 현재에 지닌 가치조차 불확실해지는 사태를 낳는다.

다시 말해, 칼 마르크스는 높은 차원의 금융거래를 '가장 순수하고 가장 거대한 속임수 체제'라고 일컬은 바, 이러한 시스템이 발전하면 이와 더불어 신뢰에 대한 요구만 커지는 것이 아니라, 신뢰를 철회할 가능성과 그 잠재적 영향도 덩달아 커진다.[13] 투기의 수익성에 대한 판단이 돈줄이 된다면, 이는 금융자본의 확대는 오로지 시장 거래 자체에 의해 좌우된다는 뜻이다. 즉, 이 재정보증이 매입된다는 사실에, 그것도 또 다른 투기를 할 수 있을 만큼 높은 가격에 매입된다는 사실에 좌우된다. 반대로 매입되지 않을 가능성도 언제나 버티고 있다. 그러면 금융시장은 자체의 투기로 인해 혼란스러워지고, 그 결과 신용을 상실한 사람에게는 통상적인 이율도 적용해주지 않을 뿐더러, 신용대출의 규모는 그 가치 평가의 근거를 잃게 된다.

그렇게 되기까지 자본은 불안하고 민감하게, 실현 가능성이 반만이라도 확실한 약속을 찾아 이리저리 헤맨다. 그러다 증시에서 같은 처지의 동료를 만나게 된다. 즉, '실물경제'에서 마땅한 투자처를 찾지 못한 다른 자본과 만나게 되는데, 그러자 주가가 오른다. 그러나 정확히 어떤 자본으로 어떤 제품에서 얼마나 벌 수 있는지 정확히 아는 사람은 아무도 없다. 자본은 골동품, 역사유물인 자동차, 미술품, 보석, 부동산으로 몰린다. 어떤 영역에 자본을 투자하든, 현재 '거품' 가능성이 언급되는 빈도는 이리저리 옮겨 다니는 자본의 규모와 불안정성에 직접 비례한다. 돈은 싼 가격을 포기하지 않으므로 이른바 거품은 가라앉지 않으며, 자본으로서 이리저리 돌아다니는 일도 멈추지 않는다.

그런데, 이토록 극심한 불확실성에 노출된 경제를 꾸려가야 하는 사람들에게는 어떤 일이 벌어질까? 그들은 생계란 불안정한 일이라는 이미 알고 있는 사실을 다시 한 번 확인할 뿐만 아니라, 집에서부터 생명보험에 이르기까지 자신이 소유하고 있다고 생각하는 모든 금전적 가치는 이미 부채경제의 파생물이 되어 있다는 사실도 경험한다. 그런데 실물경제가 앞으로 나아갈 방향을 정하는 곳은 따로 있다. 개개인이 주권자라는 현대의 신념, 인간은 자신의 생활환경을 스스로 창조하는 자유로운 주체라는 신념은 사실상 산산조각이 날 것이다. 그러나 그 반대인 경우도 없지 않다.

금과 보증

금은 이제 더는 지불수단으로 유통되지 않지만, 여전히 물리적 의미의 가치표시로 통용된다. 금의 이러한 성격은 특히 경제사정이 불안정할수록 더욱 뚜렷해진다. 금은 적어도 물질적인 것이기 때문이다. 힘든 노동을 통해 땅 속에서 캐낸 것이며, 교환가치의 상징이자 전형이다. 그뿐만 아니라 금은 반짝인다. 그래서 금은 반사된 태양빛의 결정체라고 믿는 종교도 있다. 금본위제로 환원하자는 주장도 없지 않다. 이러한 주장은 특히 일반적으로 '세계화'라고 부르는 자본의 국제화를 자국에 대한 위협으로 보는 사람들 사이에서 흔히 들을 수 있다. 2006년까지 미국 태환은행 총재를 역임한 앨런 그린스펀은 최근 금본위제의 재도입에 여러 차례 찬성 의사를 표시했다. 그러나 오늘날 국립은행 금고에 보관되는 금은 50년 전 또는 100년 전 그곳에 넣어두었던 금이 아니다. 금은 금융상품으로 취급되면서 그 성격이 바뀌었다.

자유 시장경제가 발달하는 과정에서 일반적인 지불수단은 특정 물질과 결합할 필요가 없어졌다. 1970년대 초 브레튼 우즈 협정(1944년 미국 브레튼 우즈에서 열린 통화 금융 회의에서 체결된 협정. 이 협정에 의해 미국 달러화가 기축통화로 지정되고, 고정환율제가 실시되었다 - 옮긴이)이 효력을 잃기까지 긴 세월에 걸쳐, 실재하는 금의 취득을 보장하는 금전 상징물이 있었다. 이러한 보장은 결코 전액에 대해 실현될 수 없었을 것이다. 반면 오늘날의 화폐는 단지 하나의 표시일 뿐이다. 지폐의 형태든, 인터넷 뱅킹에서 표시되는 수치든 근본적으로 다를 바 없다. 모든 지불 약속은 이 표시와 연결된다. 그러나 화폐는 법에 의해 만들어진다. 다시 말해, 해당 화폐를 세상에 유통시키는 국가의 권위에 의해 만들어진다. 그렇기 때문에 금전 상징물을 더는 상기하지 않게 된다. 즉, 현금이 폐지된다. 이제 구매자는 신용카드 및 해당 계좌로써, 그리고 인격체로서 자신이 한 지불 약속의 이행을 책임진다.

그러나 세계의 강대국들이 실제로 금을 다시 국제적 채무에 대한 보증 수단으로 사용할 경우, 세계 경제는 그와 같은 안전장치도 더는 소용이 없을 만큼 파국적인 상황에 처하게 될 것이다. 그러면 세계 경제는 끝이다. 그런 상황에서 금융경제가 할 수 있는 일은 부정적인 의미의 일밖에는 없다. 금융경제는 단지 해당 금액을 물질적으로 보증해야 하는 의무로부터 해방된 덕분에 존재하고 작동하기 때문이다.

유통되고 있는 화폐에 대한 '보증'이라는 개념이 일반화된 지는 오래지 않다. 보증은 사업가와 은행원 사이에서도 낯선 개념이었다. 보증, 즉 화폐에는 사회적으로 축적된 부(富)가 교환가치로 구체화되는 양 만큼 포함되어 있다는 생각은 늦어도 1980년대와 1990년대에 금융경제의 고삐가 풀리면서 사라졌다. 독일연방은행은 1993년에 다음과 같이 발표했다. "일반적으로 수용되는 의견에 따르면, 발행된 은행권을 금이나 외환으로 '보증'하는 일은 화폐의 가치 보존에 필요하지도 않을뿐더러 충분하지도 않다. 오히려 최근에는 빠듯한 통화 공급량이 문제가 된다."[14] 그 사이 통화 공급량은 넉넉해졌지만, 그럼에도 여전히 화폐의 효력을 의심하는 사람들은 완전히 사라지지 않았다.

실제와 허구

2010년 여름에 미국 텔레비전에서는 크라이슬러사(社)에서 제작한 캠페인이 방영되었다. 화면에는 교량, 철도, 고층 건물, 공장 등 역사유물이 비친 후, 대장장이, 소파 제작자, 건설 노동자가 일하는 모습이 보인다. 화면을 배경으로 금속에 망치를 내려치는 효과음과 함께 거친 남자 목소리의 내레이션이 흐른다. "우리를 미국인으로 만들어 주는 것은 우리가 만드는 물건들이다. 우리는 원래 물건을 만드는 민족이었다. 좋은 물건을 만들면 좋은 국민이 되고, 좋은 물건을 만들지 못하면 좋은 국민이 될 수 없다. 좋은 물건. 그것은 잘못되더라도 바로잡을 수 있다." 그 다음에 번쩍이는 은빛 지프가 수풀을 가로질러 달린다. 이 광고 영상은 다음과 같은 내레이션과 함께 끝난다. "우리의 선조들은 이 땅에서 물건을 만들었다. 아름다운 물건을 만들던 나라." 잠시 정적. "이제 우리는 그 모습을 되찾았다." 이 영상은 2008년 미국의 주택담보대출에 대한 저금리 정책이 경제위기를 초래한 후 일반 대중이 인식하는 생산적인 자본과 비생산적인 자본의 차이를 다룬 광고 영상이다.

그러나 실물경제와 금융경제가 뚜렷한 차이점을 보인 적은 한 번도 없었다. 물론 예나 지금이나 모든 신용대출은 실질 성장이 바탕이 되어야 한다는 생각이 보편적이다. 사업가와 정치가들도 일반적으로, 얼마간의 시간이 지난 후에는 어떤 식으로든 원래보다 많은 물건이 생산되어 있어야 한다고 생각한다. 그러나 추측컨대 그런 시대는 이미 오래 전에 지났다. 그럼에도 아직 많은 사람들이 세상일이 온통 투기로만 돌아간다고 생각한다. 이리하여 어디서나 인기 있는 '거품' 이론들이 나오게 된다. 이들 이론은 시장자본화와 생산수익 사이에는 '균형'이 유지되어야 한다는 확신을 바탕으로 확립된다. 최근의 위기를 '예언'한 마르크스는 이러한 상황에 대해 '과잉대출'이라고 말했다. 그러나 상황은 이와 다르다. 투기는 성공하는 한 계속 성공한다. 가치는 상승하는 한 계속 상승한다. 이러한 동어반복은 이 원칙의 약점을 나타내는 말이 아니라, 그 근본을 나타내는 말이다. 자유로운 금융경제의 조건 가운데 이것 말고 다른 보증은 없다.

자본이 움켜쥐는 것은 모두 미래와 관련된 추상적인 개념이다. 그것은 마치 무지개 끝에 있는 황금 항아리와도 같이, 가까이 다가가면 갈수록 무지개와 함께 멀리 달아난다. 파생물과 파생물의 파생물은 그 양에서만 차이가 난다. 따라서 '확실한 것' 또는 '실제적인 것'과 같은 기준으로 분류할 수 없다. 순전히 양이 늘어난 현상을 어떻게 나눌 수 있겠는가? 생산 경제에서 중요한 점은 오로지 이익의 양이다. 그렇게 때문에 포르셰나 제너럴 모터스 같은 자동차 회사가 투자은행으로 바뀌는 일도 있었다. 그러나 투자은행이 자동차 회사로 바뀐 예는 없다.

신용대출로 빌린 돈의 총액은 언제나 두 배로 늘어난다. 그 절반은 채권자의 자산으로 나타난다. 대출받은 자본은 원래 채권자의 돈이니까. 현재 그 돈이 수중에 없더라도 채권자는 그 대신 이자를 받는다. 나머지 절반의 금액은 채무자가 취한다. 그는 이 돈으로 경제를 운영한다. 자가용을 사고, 기계에 투자하거나 주식투자를 한다. 그러니까 이 돈도 채무자의 주머니 속에 머물지 않고 이리저리 돌아다닌다. [많은 경제학자들이 이와는 다른 견해를 밝히며 다음과 같이 계산한다. 채무자에게는 수입이고, 동일한 금액인 경우 채권자에게는 지출이다. 이 금액은 채무자의 계좌에 입금되지만, 채권자에게는 채무자에게 청구할 금액이므로 채권자에게는 그 돈이 없다. 계산 결과는 간단하다. +/－ 0. 이렇게 주장하는 경제학자들은 다음과 같은 사실을 간과하고 있다. 채권자의 돈을 채무자가 가지고 있으면 그 돈은 채권자의 것이다. 그 돈이 채무자의 손을 떠났을 때에도 마찬가지다. 여기서 모든 신용대출은 '보증'이 있어야 한다는 생각이 제로섬 게임에 대한 신뢰의 원천이 되었을 것이다. 이와는 달리 채권자가 내어 주는 돈은 안전장치로써 하는 투자로 볼 수 있다]

금융경제의 모든 단계는 이런 식으로 진척되며, 오늘날 금융경제는 무한으로 가는 길에서 이러한 단계를 여러 번 거친다. 그러므로 금융자본과 어딘가에 이와 동시에 존재하는 등가의 상품가치 사이에는 적절한 비율이 있을 수 없다. 오히려 금융자본의 본질은 모든 현상이나 실상으로부터 해방되는 데 있다. 금융자본은 오로지 이와 같이 독립된 형태로만 존재한다.

제 7 장

소유
Die Eigentum

공산주의는 도둑질이다

칼 마르크스에 대해, 그의 동료 프리드리히 엥겔스에 대해, 그리고 모든 급진적 마르크스주의자들에 대해 떠도는 소문이 있다. 그들이 소유권을 폐지하려고 한다는 소문이다. 물론 이런 이야기는 지나친 주장이다. 『공산당 선언』에는 일반적인 개념의 소유권이 아니라, 공장이나 토지에 대한 '사적 소유권'을 없애야 한다고 나와 있다.[1] 그러니까 인간이 자신의 삶을 영위하기 위해 자기 주변에 쌓아두는 물건과는 전혀 상관이 없는 이야기다. 『독일 이데올로기』에도, "사유재산은 생산력이 형성되기 전까지는 직접적이고 물질적인 삶의 생산을 위해 배제할 수 없는 교류형태이나, 그 후에는 생산성에 제동을 거는 족쇄가 될 것이다."라고 나와 있다.[2] 이 또한 사회적인 생산에 관한 이야기다.

마르크스주의가 전반적인 절도라는 의심을 떨어내려는 주장은 다음과 같다. 편리한 우산, 편안한 의자 또는 반짝반짝 빛나는 자동차의 주인이 자신의 소중한 물건을 포기하지 않으려는 태도를 반박할 근거는 누구에게도 없다. 그러나 생산수단의 소유, 즉 다른 사람의 노동력으로 재산을 불리는 데 이용되는 재산에 대해서는, 그러니까 공장, 공방, 상점 등의 소유주에 대해서는 이야기가 달라진다. 후자와 같은 종류의 재산만이 마르크스 및 그의 이론과 관련이 있다. – 이 주장이 맞을지도 모르지만, 믿는 사람은 별로 없다.

게다가 소유와 점유의 차이를 분명히 아는 사람도 별로 없다. 그 이유는 이 두 개념이 모두 배타적 사용을 의미하기 때문에, 실제로 소유권의 행사와 점유권의 행사가 동일한 형태로 나타나는 경우가 많기 때문이다. 그러나 소유주는 점유물과 분리되어 점유물을 타인에게 넘겨줄 수 있다. 점유자도 어떤 대상물을 자신만이 이용할 수 있다. 이러한 사실은 이를테면 주택 세입자의 경우를 통해 확인할 수 있다. 그러나 법적인 관점에서 소유주는 지배권을 갖는다. 따라서 소유주는 특정한 법적 조건하에서 점유자에게 자신의 재산을 반환하라고 강요할 수 있다.

절도에 대한 의심을 걷어내려는 사람들 가운데는, 모든 사람이 자신에게 필요한 물건을 가지고 있다면 다른 사람이 점유한 물건을 빼앗을 이유가 전혀 없다는 논리를 내세우는 사람도 있다. 그러나 이 주장도, 그 진위를 떠나, 편하게 와닿지는 않는다. 마르크스는 사유재산은 '소외된 노동'이며, 이는 '노동, 자본 그리고 토지로부터의 분리'를 의미한다고도 말했기 때문이다. 이 말로써 마르크스가 주장하고자 하는 바는 다음과 같다. 무엇이 생산되든, 그것은 사유재산의 성격을 띨 때 비로소 상품이 되거나 가치를 지닌 물건이 된다. 즉, 생산물은 배타적 사용권의 지배를 받을 때 상품이 될 수 있다. 배타적 사용권은 생산물을 개인에게 귀속시키며, 이러한 권한은 국가에 의해 보장되어 있어야 한다. ─ 이 주장에 의하면 결국 가치와 소유권은 동일한 것이다. 이제 우산 주인은 다시 멈칫한다. 자신의 인생관을 생각하니 갑자기 몰수가 두려워진다.[3] 어느 날 갑자기 실제로 소유권 폐지가 실현된다면, 정든 물건 가운데 무엇이 남을지, 걱정을 멈출 수가 없다. 결국 공산주의가 소유권을 폐지하고자 한다는 의심은 계속된다.

소유권과 사회

대부분의 물건에는 주인이 있다. 그러나 물건을 보고 주인을 알 수 있는 경우는 매우 드물다. 반대로 어떤 사람을 보고 그 사람이 소유한 물건이 자동차인지, 공장인지, 소형 아파트인지,

또는 단지 연필 몇 자루인지 알아내기는 결코 쉽지 않다. 물건과 사람은 근본적으로 서로 분리되어 있다. 물론 자신의 소유물을 자랑스럽게 여기고 재산이 지닌 힘을 아는 사람도 있다. 그런 사람은 어떤 공간에 들어서는 태도에서, 또는 드높인 목소리에서 부자라는 티가 난다. 반대로 빈털터리는 옹색한 형편이 얼굴에 쓰여 있는 듯하다.

그러나 티를 내지 않는 부자도 있고, 태도가 당당한 가난뱅이도 있다. 그러므로 소유주의 겉모습은 실제 재력과는 크게 상관이 없다. 이는 당연한 이치다. 소유는 점유와는 달리 추상적인 개념이기 때문이다. 점유는 사용을 포함하는 개념이다. 반면 어떤 물건은 쓸모없어 보이기도 하고, 여러 해에 걸쳐 방치되는 듯하고, 마치 다른 별에 있는 듯 닿을 수 없어 보일 수도 있다. 이런 물건에 대한 사용은 일반적으로 소유주에게만 허용된다. 소유권은 어떤 물건에 대한 다른 사람의 사용을 배제하는 권리다.

현대의 사적 소유권의 범주는 로마의 사법(私法)에서 유래했다. 이는 소유와 점유의 구별뿐만 아니라 채권법 전체에 해당되는 사실이다. 채권법은 대부, 차용, 유치, 저당 등 물권계약에 관한 법률과 매매, 임대차, 증여 등 채권계약에 관한 법률 및 민사상 위반행위와 노예를 포함한 소유물에 가하는 형사상 범죄행위에 대한 법적 장치를 모두 포함한다. 고대 로마에는 노예 노동뿐만 아니라 상당한 규모의 임금노동도 있었다. 이러한 사실로 미루어, 그 당시 이미 노동력에 대한 소유 개념이 일반화되어 있었다고 말할 수 있다.[4] 소유권과 관련하여, 자본주의 사회에서 노예제도를 운용하던 시대의 법적 범주 외에 다른 법적 범주를 요구하지 않는다는 사실은 기이해 보인다. 아마도 전승된 법적 범주 가운데에서 사람에 대한 물적 소유를 비롯해 한두 가지는 제외했을 것이다. 이는 그 밖에 다른 범주들이 계속 그 효력을 유지한다는 사실을 전제한다.

한편, 새로운 사회가 서서히 전개되던 17세기 말에는 소유권이 새 사회의 핵심 범주가 된 동시에 논란의 중심이 되었다. 존 로크가 1689년에 발표한 『통치론』에서 지적했듯이, 노동 소유권과 관련된 논쟁은 특히 뜨거웠다. 역사적인 관점에서 볼 때, 여기서 가장 중요한 관건은 존 로크가 소유권을 노동과 결부시켰다는 사실이 아니라 노동이 배제된 소유를 비난의 대상으로 보았다는 사실이다. 로크의 견해에 따르면 소유와 점유의 분리도 비난의 대상이다. 그러나 로크는 이러한 자신의 주장을 관철하지 못했다. 그러나 250년 전에는 불확실해 보였던 소유와 점유의 분리는 이미 오래전에 사회를 떠받치는 기초가 되었다.

소유관계에서 순수하게 관념적인 성격만을 거론하는 사람은 몇 번을 거듭하든 낯설다는 반응에 부딪친다. 그런 사람은 필요한 물건을 실제로 사용하는 일만으로, 그것을 점유하는 행위만으로 왜 충분하지 않으냐, 왜 그 물건은 점유의 차원을 넘어 개인의 재산으로 인정되어야 하느냐고 묻는 사람과도 같다. 인간은, 마치 자연의 법칙인 양, 성장하자마자 소유권을 행사한다.

사업 능력과 소유권의 사용은 동일한 것이 아닌가. 따라서 소유권에 대해 고찰하는 일은 사실상 무의미하다. 소유관계를 이론적으로 고찰할 때 사상가들은 하나같이 과거의 이론가들을 인용한다. 마치 소유관계는 완전히 형성되고 관철될 때까지만 이들 사상가의 혼령들을 불안하게 만들고, 그들에게서 설명이나 합리화를 요구하는 것 같다.[5] 1970년대에 자신의 저서 『소유냐 존재냐』에서 소유와 존재의 근본적이 차이를 다루고 검소한 생활을 옹호한 에리히 프롬은 소유권과 한판 붙으려 했던 최후의 철학자였을 것이다.[6]

시민사회 초기에는 소유권에 대한 논의가 더욱 철저해졌다. 임마누엘 칸트에 따르면, 시민으로 인정받기 위해 갖추어야 할 조건인 '시민의 자립성'에는 집이나 농장에 대한 소유권이 포함되지 않는다. 칸트는 그 대신 성인에 대한 형식적 범주를 정하고자 했고, 젊은 기능인, 하인, 그리고 '여자들'이 생존을 유지하기 위해 타인의 지시에 따르도록 강요받는 사실을 고려했으며, 마침내 '무엇이든 처분 가능한 재산을 소유하는 일'로 충분하지 않겠느냐는 결론에 도달한다.[7] 이러한 칸트의 사상은 서서히 인정되고 수용되었다. 시민사회가 이상적인 평등에 가까이 다가갈수록, 시민으로 인정받는 데는 소유권이 필요하다는 의식은 점차 사라졌다. 독일에서는 19세기에도 여전히 토지 소유권을 지닌 사람만이 완전한 시민으로 인정받았다. 왜냐하면 이러한 의미의 소유주만이 충분한 자립성과 교양을 갖추었고, 따라서 이들에게서는 상식과 앞을 내다보는 능력을 기대할 수 있다고 믿었기 때문이다. 그러나 이와 같은 제한은 이제 흔적도 없이 사라졌다.

반면 사유재산과 그것을 확대하려는 절대적인 욕구는 꽤 오래 전부터 문명화의 업적으로 간주되며, 국가로부터 어떠한 간섭도 받지 않는다. 물론 경우에 따라 소유권의 효력이 정지될 수는 있다. 이를테면, 리비아의 독재자들이나 체첸공화국의 소수 집권층은 외국 은행 계좌에 돈을 보관해 두지만, 이 돈이 압류되는 경우가 종종 있다. 이 사람들은 조금 전까지 자신의 재산이라고 믿었던 돈을 더는 사용할 수 없는 상황에 처한다. 스위스에서는 차량의 운행 제한 속도를 어기기만 해도 운전자를 자신의 소유물, 즉 차량으로부터 분리한다. 납세자들은 때때로 세무서의 조치로 인해 국민으로서 인간다운 생활을 누릴 권리를 위협받기도 한다.

나아가 "공공의 이익이 개인의 이익보다 앞선다."는 규칙이 효력을 발생하면 건설계획 때문에 토지가 몰수되는 경우도 있다. 이런 경우는 매우 드물지만, 이러한 사례를 통해 소유권은 당연한 권리가 아니라, 국민의 삶을 나타내는 한 가지 형태이며, 그것은 국가의 명령에 의해 사용될 수 있다는 사실을 알 수 있다. 그러나 일반적으로 사유재산은 어디서나 무조건 보호받을 가치가 있는 물건으로 간주된다.

소유물이 곧 그 사람이다

2001년 영국의 행위예술가 마이클 랜디는 〈브레이크 다운〉이라는 한 건의 행위예술로 단번에 스타가 되었다. 랜디는 옥스퍼드 스트리트에 있는 백화점의 널찍한 의류매장에 컨베이어 벨트를 거꾸로 설치하고, 지나가는 사람들이 보는 가운데 열 명의 인부를 동원해 자신의 모든 소유물을 각각의 부품으로 분해한 후, 성질에 따라 분류했다. 사브 터보 자동차부터 음악 카세트테이프에 이르기까지, 마이클 랜디가 '내 것'이라고 부른 7,227점의 물건을 아무것도 남지 않을 때까지 폐기하는 데는 2주가 걸렸다.[8] 예술행위가 끝난 후 어느 청년이 폴 웰러의 CD를 선물하는 바람에 랜디의 사물 축적이 새로이 시작되기까지는 10분 정도밖에 걸리지 않았지만, 랜디에게 완전한 무소유의 상태는 실존적 경험이 되었을 것 같다. 마이클 랜디가 다음 작품을 할 수 있는 상황이 되기까지는 1년이 걸렸다고 한다.

이와 같은 실존적 감동은 어디에서 비롯하는가? 이 예술가는 자신의 사생활 주변에 쌓아놓았던 장치들이 갑자기 사라졌을 때 왜 움츠렸을까? 항간에 떠도는 설명에 의하면, 인간이 '내 것'이라고 생각하는 물건은 그 사람을 비추는 거울이다. 거울이 사라지면 그 사람도 사라진다. 적어도 사라진 것과 진배없다. 소유물은 안정감을 주고, 외부세계로부터 나를 일반적으로 보호하며, 국가로부터는 특별히 보호해준다. 소유물이 없는 인간은 알

몸으로 거리에 나섰을 때보다 더 다치기 쉽다. ─이러한 해석이 과연 작가의 의도를 정확히 짚은 것일까?

헤겔이 1820년에 발표한 『법철학 개요』에서 밝힌 '인격'과 '물건'은 동일하다는 주장은 이러한 생각의 전개와 다르지 않다. 헤겔은 동일한 생각을 좀 더 높은 추상적 차원에서 설명했다. "이성적인 소유는 욕구 충족이 아니라, 해당 인물의 주체성을 끌어올리는 일이다." 주체성은 '내 것'이라고 부르는 물건으로 구체화된다. 오디오 시스템이나 자동차, 시계 또는 선글라스를 소유하고 즐거워하는 사람은 누구나 이러한 생각의 과정을 밟는다. 다만 그 생각을 명확하게 의식하지 않을 뿐이다.

헤겔은 그 이유를 '인격'과 '존재'의 차이에서 찾았다. 쉽게 말해, 인간은 자신의 소유물에서 구현된 자신을 본다. 실생활에서 소유물과 소유주의 관계는 친밀도에 따라 달라질 수 있다. 이를테면 서류보다는 셔츠에 더 애착이 갈 수 있다. 그러나 사람과 물건 사이에 어떤 관계가 성립하기 위해서는 그 물건을 통해 자기 자신과 관계하려는 소유주의 의지가 필요하다. 헤겔의 표현을 빌리면, 그 물건에서 자기 '인격'의 물질적 '존재'를 실제로 확인하려는 의지가 필요하다. 그 욕구는 시민사회의 발생 및 발달과 더불어 성장한 듯하다. 소유자와 점유자가 서로 다른 경우가 점차 증가했을 뿐만 아니라 인격체, 즉 법적 주체는 결코 해당 인격을 소유한 사람과 동일하지 않기 때문이다. 이러한 사실은 일차적으로 인간은 인격체인 경우에 한해 사업을 할 수 있다는 점에서 확인할 수 있다. 다시 말해 인격체는 원래부터 소유주 이지만, 인간은 반드시 그렇지는 않다.

고대 로마에서 유래한 소유권 개념은 18세기 말부터 19세기 초에 걸쳐 그 의미가 변화되고 매우 확대되었다. 이 시기에 쏟 아져 나온 수많은 소유권 이론들을 보면, 소유권 개념의 변화로 인해 이론가들도 얼마나 많은 혼란을 겪었는지 알 수 있다. 토 지는 상품화되었고, 교회의 재산은 압류되었으며, 프랑스 혁명 의 여파로 사회는 대변혁을 겪었다. 그뿐만 아니라 소유권 개념 은 역사적인 의미를 얻게 되었고, 시민사회의 법적 주체가 서서 히 확립되었다.[9] 장 자크 루소는 소유권을 권력과 결부하는 동시 에 '노동과 경작'과도 연결했다. 이는 루소가 시민사회의 소유권 법을 거부함으로써 그 법의 효력이 강력해지고 있다는 점을 지 적한 일이다.[10] 그리고 이 법을 오늘날처럼 당연한 일로 여기게 된다면, 그 원인은 소유권이라는 범주를 이제는 누구다 다 이해 하게 되었기 때문이다. 따라서 소유는 인간의 타고난 속성이 아 니라는 사실을 상기시키기기 위해서는 랜디의 행위예술과 같은 특이한 예술행위가 필요하다.

노동 수단은 사유재산이다

칼 마르크스는 생각을 거듭 새로이 시작하며 소유 문제에 몰두했다. 그러나 어떤 이유에서 그랬는지는 몰라도, 이 개념이 명료하게 규명될 때까지 고찰을 이어가지는 못했다. 어쩌면 마르크스 또한 소유를 당연한 일로 보았는지도 모르겠다. 『정치적 경제 비평 개요』에서 마르크스는 다음과 같이 주장했다. "소유란 원래 자연적인 생산조건에 대한 인간의 태도를 나타낼 뿐이다. 그 생산조건은 그가 소유한 것으로서, 그의 것으로서 그의 탄생과 더불어 전제된 것이다. 따라서 소유는 그 자신의 자연적 전제인 생산조건에 대한 태도를 의미하며, 이 생산조건은 말하자면 그의 육체의 연장일 뿐이다."[11] 여기서 '그의 것인 자연적 생산조건에 대한 인간의 태도'는 인간의 노동에 대한 태도와 무엇이 다른가? 그리고 이 맥락에서 '그'는 도대체 누구를 가리키는 말인가?

마르크스의 생각은 여기서 끝난다. 여기서도, 다른 곳에서도 더는 전개되지 않는다. 더구나 그 생각 자체도 일관성이 없다. 마르크스는 '소유'에 대해 말하고 있지만, 그가 서술하는 개념은 소유가 아니라 '점유'다. 이 점에서 마르크스는 시민법과 동떨어져 있다. 아마도 노동자의 입장에서 보면 생산수단이 소유물이든 점유물이든 상관없기 때문에 그랬던 것 같다. [오늘날에는 19세기 후반보다 훨씬 더 그러하다. 기계는 대여 받아서 쓰고, 생산수단에 대한 사용권한은 소유주가 아니라 경영자에게 있다] 마르크스는 '원래' 그렇다는 말로써 이 두 개념의 차이를 지워버렸다. 그런데 '원래'가 언제부터라는 말인가? 역사적인 근원을 찾을 수 없는 선사시대를 가리키는 말일까? 그렇다면 마르크스의 정의는 자신이 과거에 '로빈서네이드(Robinsonade. 다니엘 데포의 『로빈슨 크루소』에서 이름을 딴 문학 장르. 주로 무인도에 격리된 상황을 모티브로 삼는다 - 옮긴이)'라고 조롱했던 역사적 사변들 가운데 하나가 된다. 근원에 대해 이와 같은 사변을 동원하면 모든 것을 증명할 수 있다. 다시 말해 아무 것도 증명하지 못한다.

마르크스는 이상적인 자유와 평등은 사람들이 서로를 상품의 구매자와 판매자로 대하는 정도와 비례하여 실현된다고 말했다. 그러기 위해서는 사람들이 상품의 소유주가 되어야 한다. 즉, 서로 부단히 만나는 만큼 부단히 분리되는 관계가 되어야 한다. 이는 자연적인 생산조건을 이용하는 과거의 방식, 이를테면 직접생산 혹은 봉건시대의 농노제도와 같은 방식이 사라지고, 자본이 사회 전체에서 통용되는 경제수단이 되었을 때 비로소 가능하다. 그러나 그런 사회에, 즉 현대사회에 등장하는 인간은 두 가지 모습이 겹쳐진 존재다. 소유주인 인격체의 모습과 소유물인 인간의 모습이다. 인격체는 자기 자신인 인간을 일터로 보낸다. 이러한 상관관계에서 사람은 관점에 따라 각기 다른 '나'로 나타난다. 소유주라는 관점에서 본 '나'는 소유할 때 존재하는 추상적인 '나'이고, 소유물의 관점에서 본 '나'는 온전한 생명체로 이루어진 실행기관이다.[12] 그러나 이 사람이 곧 소유주다. 소유주인 이 사람이 사는 사회에서는 개인의 생계 걱정이 인격체의 자기 권리 주장과 일치한다.

유일자와 그의 소유물

『세인트 막스』또는『성(聖) 막스』는 칼 마르크스의 초기 저술 가운데 여전히 믿을 만한 판본이 고대되는 글이다. 이 글은 어떤 사람에 대한 철저한 앙갚음이 그 내용인데, 그 사람은 마르크스와 엥겔스가 베를린에 있을 때 알고 지내던, 교사이자 가끔 시사평론가로도 활동한 막스 슈티르너이다. 슈티르너는 1884년에『유일자(唯一者)와 그의 소유물』이라는 제목의 얇은 책을 출판했는데, 마르크스가 이 사람을 비판하기 위해 그토록 많은 노력을 기울일 필요가 있었는지 의구심이 들 정도로 내용이 하찮고 엉성하다. 물론 19세기 말 미국의 몇몇 무정부주의자들은 이 책에서 영감을 얻기도 했고, 독일에서는 자기개발의 선두주자들이 구스타프 그로스만(독일의 자기개발 선구자. 그가 창안한 '그로스만 방식'은 사회생활에서 성공하는 법으로 알려져 있다 - 옮긴이)을 지지하는 근거로 이 책을 내세우기도 했다. 훗날에는 구스타프 그로스만의 제자이자 현대적 피트니스 센터의 최초 창립자인 베르너 키저도 이에 가세했다. 또한 알베르 카뮈도 자신의 책『반항하는 인간』에서 한 장(章)을 막스 슈티르너에게 할애한 바 있다. 그럼에도 마르크스와 엥겔스가 왜 그토록 많은 열정을 슈티르너에게 쏟았는지는 여전히 풀리지 않은 수수께끼로 남아 있다.

『유일자와 그의 소유물』은 위대한 철학 이론은 모두 보편성을 추구하며, 개별적인 것은 단지 보편성의 구체적인 예일 뿐이라는 단순한 생각을 바탕으로 쓴 글이다. "자유를 추구하지 마라. 자유는 너희를 '기만'하여 너희 자신을 잃게 만든다. 그러니 너희 자신을 추구하라. 에고이스트가 돼라. 너희들 각자 전지전능한 자아가 돼라."고 막스 슈티르너는 외친다.[13] 뒤집어 말하면, '내가 이 세상을 살면서, 생각을 실천하기 위해 무엇을 해야 하는가?'라는 뜻이다.[14] 이 소책자는 독일관념론이 서서히 쇠퇴하던 시대에 출판되었다. 그 당시 대학교의 강의실은 헤겔의 세계정신이 휩쓸었다. 루트비히 포이어바흐는 자신의 저서 『기독교의 본질』(1841)에서 신을 휴머니즘 정신을 갖춘 이상적인 인간의 모습으로 나타내고자 했다. 그리고 훗날 발생한 사회주의와 공산주의의 바탕이 되는 이론들이 서서히 등장하기 시작했다. 이들 철학자는 모두 각자가 다루는 '문제'를 뚜렷하게 인식하고 있었으나, 그 문제가 개인의 문제인 적은 한 번도 없었다. 인간은 언제나 보편성을 나타내는 시민으로서, 채권자로서, 또는 특정 계급의 구성원으로서 다루어졌다.

슈티르너는 이에 반기를 들었다. 그는 자신의 이론이 자신에 관한 내용이 아니며, 앞으로도 결코 자신에 대해 다루지 않으리라고 주장했는데, 그 모습은 마치 고집 센 어린아이와도 같았다. "오로지 자신만을 생각하는 이기주의자라니! 퉤!"[15] 슈티르너는 개인의 목적을 완강히 고집했지만, 그 근거에 대해서는 언급하지 않았다. 즉, 개인의 목적은 단지 사회적으로 습득된 것이라는 사실은 도외시했다. 다시 말해 개인의 현실에서도 하나의 사회가 발생하고, 무슨 일이든 스스로 잘 해내기 위해서는 그 사회에 대해 알아야 한다는 사실에 대해서는 논하지 않았다. 슈티르너는 국가는 개인의 소유권을 보장한다는 사실에도 생각이 미치지 못했다. 결코 이타적인 이유에서 언급을 피한 일은 아닐 것이다. 포이어바흐는 기독교를 현실로 이끌고자 했으나, 신을 단지 인간으로 묘사한 탓에 중도에 머물고 말았다. 마르크스와 엥겔스가 사회에서 현실 전체를 본 반면, 슈티르너는 사회는 개인의 직접적인 현실에서 나타나고, 인간은 자신을 위해 존재하지 않으므로, 인간보다 더 높은 기관은 없다고 주장했다. 여기서 슈티르너의 모습은 추상적인 나, 즉 자신과의 추상적인 소유관계에서만 존재하는 '인격체'를 닮았다.

슈티르너는 인간의 단순명쾌한 본성을 믿었다. 슈티르너에 의하면, 단순명쾌한 본성은 한 인간을 그 인간으로 만들어주는 성질이며, 인간의 겉모습을 꾸미는 어떤 이유나 중재도 배제한다. 슈티르너는 인간뿐만 아니라 이 세상에서 마주치는 모든 사물에 대해 이런 식으로 생각했다. 따라서 사물은 그 사물이 되었기 때문에 그 사물 나름의 성격을 띤다는 사상은 슈티르너에게는 절대적으로 낯선 사상이었다. "그럼에도, 개인은 결국 삶에서 그 자신밖에는 소유하지 않는다는 말은 맞는 말이다. 개인은 공산주의적인 분석에 어떠한 반론도 제기할 수 없다." 그러나 마르크스의 원대한 설계에 나타나 있는 "공산주의 프로젝트에는 그럴 수 있을 것이다."[16] "훗날 얻게 된다는 자유가 왜 필요한

가? 인간이 되기 전에는 자신이 아무것도 아니라고 주장할 생각이라면 '최후의 심판'까지 기다려야 할 것이다. 그날이 되어야만 인간이 혹은 인류가 완전함에 이를 테니까. 하지만 그 이전에 분명 죽을 텐데, 승리의 트로피는 어디에 있는가?"

베를린 출신 철학자 안드레아스 아른트는 슈티르너의 이 소책자가 마르크스의 이론 확립에 '촉매제' 구실을 했다고 분석했다.[17] 그러나 격분한 마르크스는 이 말을 인정하지 않았다. 칼 마르크스와 프리드리히 엥겔스는 청년헤겔학파에 맞서는 최상의 적으로 『유일자와 그의 소유물』을 골랐다. 따라서 마르크스는 청년헤겔학파 전체에 대한 총공격으로 『세인트 막스』를 썼으리라 추측된다.

그러나 이것이 전부는 아니다. 마르크스가 슈티르너를 반박한 근거는 아마도 단순한 생각을 의기양양하게 기술하는 태도와 이론적 허술함, 그리고 한때 동료였던 사람을 역사적으로 무시한 사실만은 아니었을 것이다. 어쩌면 밝히지 않았을지도 모르지만, 마르크스는 슈티르너가 모든 세속적 구원론에서 가장 민감한 부분을 건드렸다고 확신했던 것 같다. 구원론에서 약속하는 더 나은 세상은 언제나 미래에 있고, 대부분은 도달할 수 없는 먼 곳에 있다. 그 세상에 도달하고자 하는 사람은 자신과 타인을 위해 커다란 희생을 각오해야 하며, 저세상에서도 이에 대한 보상은 기대할 수 없다. ─ 막스 슈티르너에게 혁명가란 철두철미 속은 사람이요, 다른 사람은 물론 자신도 속이는 사람일 뿐, 그 어떤 다른 모습도 상상할 수 없었다.

현대의 시각에서 보면 『유일자와 그의 소유물』은 예언과도 같은 글이다. 두 가지 측면에서 그렇게 볼 수 있는데, 첫째, 슈티르너는 모든 소유물의 추상적 척도인 인격체를 옹호하면서 스스로 그 모습을 취했고, 둘째, 이 인격체가 어느 정도의 사회성을 지닌 인물인지에 대해서는 전혀 언급하지 않았다. 이렇게 보면 자기개발의 예언자들이 슈티르너를 자신들 주장의 근거로 내세울 만도 하다. 이들에게 개개인은 자기 자신을 오로지 자신의 힘으로 창조하는 사람들이니까.

소유는 소격(疏隔)이다

누구나 가지고 있지만 생산적인 물건이 아닌 소유물은 논의의 대상에서 제외하고 보자. 노동력의 형태로 나타나는 소유물은 기본적으로 누구나 지니고 있는 반면, 어떤 소유물은 일부의 사람들만이 사용할 수 있다. 이를테면 공장이나 컨베이어벨트 또는 화물차가 여기에 해당한다. 피자 화덕과 식사용 테이블도 그렇고, 컴퓨터, 프린터, 인쇄 도구, 발전소, 공항 등도 마찬가지이다. 일부의 사람들만이 소유한 물건도 한없이 다양한 형태로 나타난다. 단순한 노동력에 대한 소유권과 생산수단에 대한 소유권의 차이는, 앞엣것은 그 자체를 재생산하기 위해 처분할 수 있는 반면, 뒤엣것은 투자를 나타낸다는 데 있다. 즉, 그 자체를 증식하기 위해 사용되며, 이 목적을 위해 타인의 노동력이 이용된다. 마르크스는 소유물이 "자본가 입장에서는 권리로, 대가를 치르지 않은 타인의 노동력 또는 그 생산물로 나타나고, 노동자 입장에서는 자신이 생산한 물건을 취득할 수 없는 상황으로 나타난다."고 설명했다.[18] 이것이 이 두 종류의 소유물이 지닌 본질적인 차이점이다.

자본이 크리스마스 마켓에 내놓을 쿠키를 굽는 데 쓰이든, 자동차를 생산하는 데 쓰이든, 아니면 최첨단 소프트웨어 개발에 쓰이든 자본가에게는 아무런 상관이 없다. 어차피 일이 잘 풀리면 더 많은 소유물이 생긴다. 이때 자본에 의한 이익이 그 무엇보다 우선한다는 점은 움직일 수 없는 기정사실이다. 동시에, 이와 같은 사업적 활동을 통해 단순히 한 사람의 소유물과 다른 사람의 소유물이 맺는 관계보다 더 폭넓은 관계가 형성된다. 왜냐하면 소유물은 오로지 사회적인 매개를 통해 발생하기 때문이다. 즉, 많은 사람들이 일을 하게 되고, 그 일을 통해 서로 관계하는 상황에서 발생한다. 따라서 소유물은 사회적 수단이자 그 매개 가치라고 말할 수 있다. 물론 이러한 매개 수익은 매우 다양하게 나타난다.

마르크스는 다음과 같이 말했다. "사회적 재산, 집단적 재산과 대립되는 사유재산은 노동수단과 노동의 외적 조건이 사인(私人)의 소유인 경우에만 해당한다. 그러나 이 사인이 노동자인지, 노동자가 아닌지에 따라 사유재산도 각각 다른 성격을 띤다."[19] 노동자의 경우 그 성격은 분명 그 시대의 노동자를 말해준다. 즉, 자신의 노동력 외에는 아무것도 가진 것이 없는 사람을 의미한다. 그나마 그 노동력도 극도로 제한되어 있다. 그 사람 뒤에는 실업자들로 구성된 '산업 예비군'이 있기 때문이다.[20] 이러한 상황으로 인해 임금은 가족을 먹여 살리기는커녕, 노동자 자신의 목숨을 유지하기에도 모자라는 수준에 머물게 된다.

그러나 상황은 이미 오래 전에 달라졌다. 여기에는 서구 여러 나라에서 노동계의 몰락이 생존을 위협하는 정도로 발전하지 않도록 배려한 조치도 한몫했다. 그러나 반대로 소유물로부터, 다시 말해 인격으로서의 존재로부터 스스로 떨어져 나오는 일은 쉽지 않다. "……물건을 소유물로서 점유하는 일, 즉 인격체가 되는 일은 의무이다."라고 헤겔은 말했다.[21]

자본주의가 발전하면 할수록 소유와 점유의 차이는 더욱 분명해진다. 이러한 현상은 우선 임금노동을 통해 나타난다. 자신의 노동시간을 매각하는 임금노동자는 자신이 노동으로 생산한 제품과 대면하고 있을 뿐만 아니라, 자신과는 분리된 자신의 노동 자체와도 대면하고 있다. 노동자는 자신의 노동력에 대한 소유주이지만, 그 노동력의 사용을 다른 사람에게 내맡겼다.

다른 한편 모든 생활환경의 자본화를 통해서도 소유와 점유의 차이는 뚜렷해진다. 왜냐하면 자본에서 소유와 점유는 분리되어 나타나기 때문이다. 돈을 빌려준다는 말은 자신의 소유물을 늘이기 위해 돈의 점유권을 다른 사람에게 넘긴다는 뜻이다.

집이 곧 나다

재력가는 어쩌면 잠시 흐뭇한 눈빛으로 자신이 쌓은 부(富)를 훑으며, 마음속으로 이렇게 말할 것이다. "이 모든 것이 내 것이야." 이를 두고 칼 마르크스는 '모든 감각의 단순한 소격'이라고 일컬었다. 이러한 소격 현상은 소유의 경험에서 나타난다.[22] 그러나 실제로 '나'와 '내 것'이 결코 일치하지는 않으므로, 더 큰 재산이나 다른 물건들과 끊임없이 비교하게 되는데, 그러면서 꼭 필요하지도 않는 물건들을 사용하면서, 그리고 기쁘게도 넘치는 자유를 상징하는 물건들을 사용하면서 심미적 즐거움을 누린다.[23] 어쩌면 다른 사람들은 이 물건들을 사용할 수 없다는 사실을 확인하며 분명한 독점 상태를 즐기기도 할 것이다.

다른 한편, 특히 자신이 소유한 집에 대해서는 말을 만드는 사람들이 매우 많은데, 이 사람들은 주체와 소유물 사이의 밀접한 결합에 대해 털끝만큼의 의심도 허용하지 않는다. 이러한 심리는 그 사람들이 쓰는 '내 집의 가장(家長)'과 같은 말에서뿐만 아니라 '오랜 가문(家門)'과 같은 표현에서도 나타난다.

이탈리아의 저널리스트이자 저술가인 쿠르치오 말라파르테는 티레니아 해(海)의 바위섬에 현대적이면서도 고풍스러운 붉은 집을 지을 때 '나 같은 집'이라는 말을 했다. 이 말은 우선 건축주가 스스로 장점이라고 생각하는 자신의 성격을 자신의 집에 구현하려는 의도를 나타낸다. 즉, 그의 집은 '강하고, 낯설고, 진실해야' 했다. 쿠르치오 말라파르테가 완성한 집과 자신의 결합은 제한적인 소유관계만을 나타내는 반면, 소유주와 소유물의 융합은 어느 모로 보나 이미 오래 전에 완성된 일처럼 나타난다.

이러한 사실은 주문을 외워 구매자와 상품의 내적 친화력을 불러내는 광고 카피에서 확인할 수 있다. 애플사(社)는 2013년에 "바로 이것이다. 중요한 것은 제품의 경험. 감동을 주는 방법." 이라고 쓴 바 있다. 이 카피가 나타내는 느낌을 공감하기는 쉽지 않다. 느끼려고 애써야 느껴진다. 그러나 그 제품을 사야 한다는 메시지에서 우리는 어떤 이념이 얼마나 자연스러운 현상처럼 나타나는지 알 수 있다.

제 8 장

언어

Die Sprache

자본과 뱀파이어

칼 마르크스의 저서에는 어두운 느낌의 인물들이 자주 등장
한다. 이를테면 '두더지', '유령' '사토장이' 등이 그것이다. 그 가
운데 뱀파이어는 특별한 의미가 있는데, 그 이유는 뱀파이어가
매우 자주 등장하기 때문만이 아니라, 매우 유명해 보이기 때문
이기도 하다. 『자본론』제1권에서 마르크스는 "자본은 죽은 노
동이므로, 오로지 뱀파이어처럼 살아 있는 노동의 피를 빨아야
만 살 수 있다. 자본은 노동의 피를 많이 빨면 빨수록 더 오래 산
다."고 말했다.[1] 거기서 70쪽을 넘기면 다음과 같은 말도 나온다.
노동자는 "상품의 소유자로서 다른 상품소유자의 '노동력'과 대

면하고 있다. ……노동자가 자본가에게 자신의 노동력을 팔기로 약속한 계약서는 노동자가 자신을 자유로이 사용한다는 사실을 이른바 서면으로 증명한다. 그러나 협상이 끝난 후 노동자는 자신이 '자유로운 판매자'가 아니라는 사실을 발견한다. 즉, 노동자에게 노동력 매각을 위해 보장된 시간은 노동력을 팔도록 강요된 시간이고, 실제로는 마지막으로 남은 '근육과 힘줄과 한 방울의 피까지' 모두 빨리고 만다."[2]

노동자뿐만 아니라 영세농민도 자본가에게 희생된다. "금세기 초 시민법은 국가를 새로이 탄생한 영세 자작농을 지키는 수비대로 만들고, 그 땅에 월계수 거름을 주었다. 이랬던 시민법이 그 땅에서 심장의 피와 골수를 뽑아 자본의 연금술 냄비에 쏟아붓는 뱀파이어가 되었다."[3]

이 부분에서 잠시 읽기를 멈추고 찬찬히 들여다볼 필요가 있다. 정치적이나 경제적인 이유 때문이 아니라, 언어적인 이유에서 그러하다. 여기서 마르크스가 사용한 은유는 기이하게 연결되어 있다. 처음에는 수비대를 마련한 시민법이 그 다음에는 농민이 되었다가, 나중에는 뱀파이어로 변신한다. 그리고 이 흡혈귀는 마지막에 연금술사로 등장한다. 프란츠 메링은 1918년에 발표한 마르크스 전기에서 자신의 우상을 '독일어의 귀재'라고 칭했는데,[4] 이 말이 들어맞는 경우도 많지만, 그렇지 않은 경우도 적지 않다. 위의 용어들은 이후 장엄한 분위기 연출에 주력한 설계도에서 모두 사라지는데, 마르크스는 이 설계도를 통해 끔직한 현실을 명명백백하게 보여주는 데 집착했다. 그러나 마지막에 이 현실은 즉흥적으로 만든 유령 열차에서 나타난다. 다시 말해, 연속적으로 무너지는 은유 속에 나타난다. 미국의 언어학자 프랑코 모레티는 이러한 은유가 교화적인 요소의 변증법에 기여한다고 주장했다. 즉, 두려워하면 할수록 더 많은 폭로를 한다.[5] 그러나 마르크스의 독특한 언어적 표현에는 모름지기 또 다른 이유가 있는 것 같다.

정확히 30년 전 브램 스토커의 소설『드라큘라』를 통해 알려진 뱀파이어의 모습에서는 강력한 힘이 느껴진다. 자본이 노동자에게 주어야 할 임금의 일부를 빼내 그 돈으로 자신의 사업을 하듯이, 뱀파이어도 자신의 생명을 유지하기 위해 타인에게서 생명의 요소를 빼앗는다.[6] 어쩌면 마르크스의 머리에 이러한 뱀파이어의 모습이 떠올랐을 수도 있겠으나, 그 당시, 그것도 영국에서 이 뱀파이어가 누린 인기를 생각하면 마르크스가 그 인물을 창조했을 가능성은 매우 희박해 보인다. 파리 코뮌 당시 반란 세력들이 한 대중 연설에서 뱀파이어는 끊임없이 언급되는 인물이었음에 틀림없다.[7] 마르크스도 공포물을 즐겨 읽었다. 그러나 마르크스는 뱀파이어의 이미지를 학습한 책에서 얻었을 것이다. 이를테면 1764년에 출판된 볼테르의『철학 사전』에는 뱀파이어에 대한 다음과 같은 설명이 나와 있다. 런던에서도 파리에서도 뱀파이어 이야기를 들어본 사람은 없었다. 그러나 이 두 도시에 중개인이나 사업가들과 같이 벌건 대낮에 인간의 피를 빨아먹는 투기꾼들이 있다는 사실은 인정할 수밖에 없다. "이들 흡혈귀는 죽은 사람이 아니었다. 다만 부패했을 뿐이다."[8]

자본주의 뱀파이어는 여러 가지 버전이 있는 모양이다. 과격한 뱀파이어들은 자신들이 매입한 노동력의 소유주에게서 마지막 한 방울의 피까지 남김없이 빨아먹고 빈껍데기만 남긴다. 그런 다음 빈껍데기를 버리고 다음 희생양을 찾는다. 칼 마르크스가 살아 있던 시절에는 분명 이러한 버전이 일반적이었을 것이다.

그 후 유럽의 넓은 지역에 걸쳐, 그리고 북미에서는 좀 더 현대적인 버전이 구 버전을 대체했다. 새 버전의 뱀파이어는 노동자가 가진 것을 모두 빼앗지는 않는 자본가다. 왜냐하면 자본가는 내일도 또 모레도 노동자가 필요하기 때문이다. 아니 그보다는, 자본가에게는 소비자가 필요한데, 노동자도 소비자이기 때문이다. 이와 같이 모순된 관계에 어울리는 뱀파이어는 미래에 빨아먹을 것을 생각해서 피의 원천을 말리지 않고, 새 피가 돌 수 있도록 주의를 기울이는 유형이다.

마르크스의 뱀파이어는 자본으로 사용된 재력에 노동력이 예속된 상황을 설명하기가 얼마나 어려운지를 보여주는 증거다. 즉, 자본 이용에 적합한 은유적 표현을 전승된 민속적인 인물을 통해 나타내려는 마르크스의 시도를 나타낸다. 현재의 것, 새로운 것, 그리고 복잡한 것을 설명하기 위해 마르크스는 오래되고 익숙한 형상을 이용했다. 그러나 이 은유의 사용 가능성은 제한 적이다. 자본가는 타인의 노동력을 이용해 자신의 능력을 키우는 반면, 뱀파이어는 흡혈을 계속하더라도 그저 뱀파이어로 남아 있기 때문이다. 뱀파이어는 더 강해지지도 더 커지지도 않고, 목마름이 더 심해지지도 않는다. 뱀파이어는 기껏해야 새로운 뱀파이어를 만들어낼 뿐이다.

무엇보다도 뱀파이어는 과거의 인물이다. 심지어 귀족이며, 남들과 어울리지 않고 혼자 지낸다. 경제적으로 낙후된 외딴 농촌에 사는데, 고향에 먹을 것이 다 떨어졌을 때에만 대도시로 진출한다. 브램 스토커의 드라큘라도 그래서 런던으로 간다. 런던은 세계에서 가장 큰 혈액은행이었다. 뱀파이어에게 피를 빨린 사람은 몇 번만 더 피를 빨리면 그 자신도 뱀파이어가 되어 다른 사람의 피를 빨지 않는가?

반면 착취를 당한 노동자가 그로 인해 스스로 기업가가 되는 일은 드문 현상일 것이다. 그 밖에도, 뱀파이어는 영원히 살지만, 자본이라면 몰라도 자본가는 그렇지 않다. 끝으로, 뱀파이어가 피의 자본가가 될 수 없는 결정적인 이유가 있다. 즉, 생명의 주스는 뱀파이어가 마셔버리면 그뿐, 다시는 시스템을 돌리는 먹이가 되지 않는다. [프랑코 모레티는 드라큘라가 마차를 직접 몰고 음식을 직접 준비하는 점을 들어, 그가 진짜 귀족이 아닐 수 있다는 가능성을 보여주었다. 그러나 모든 뱀파이어는 귀족이고, 마부가 모는 마차를 타기 싫어하는 귀족도 있을 수 있는 만큼, 모레티가 제시한 근거는 드라큘라가 귀족이 아니었다고 단정하기에는 충분하지 않다. 그뿐 아니라 귀족 같은 뱀파이어 옆에는 제 3의 계급에 속하는 인물이 베어울프(게르만 신화에 나오는, 늑대로 변신할 수 있는 인간 - 옮긴이)의 형상으로 동행한다. 이에 관해서는 프랑코 모레티의 「공포의 변증법」(「신 좌파검토」 136호 11/12월호. 1982. p.67 - 85 중 p.72)을 참조하라]

상징의 언어

'감각적 사고'는 종종 마르크스의 장점으로 꼽힌다.[9] 마르크스의 문체가 지닌 선동적 특징이 감각적인 언어를 통해 표현된다는 점에서는 맞는 말이다. 마르크스는 독자의 주의를 끌기 위해 감각적인 표현을 선택했다. 그러나 다른 측면에서 볼 때 마르크스의 언어 사용에는 단점도 나타난다. 이를테면 순조로운 독서를 방해할 정도로 소유격을 남발하는데, 이러한 특징은 헤겔의 영향이며, 문체상의 의도보다는 철학적 의도가 그 원인이다. 소유격으로 연결된 두 명사의 상관관계는 두 가지로 해석될 수 있다. 이를테면 마르크스는 "너는 내 제품의 욕구가 있다."고 썼는데,[10] 이 말이 어떤 제품을 갖고 싶은 욕구가 있다는 말인지, 아니면 그 제품이 어떤 욕구를 가지고 있다는 말인지 불분명하다. 이러한 언어적 표현에는 변증법의 과정이 반영되어 있다는 주장도 있지만, 단어 자체로는 해소되지 않는 당혹감은 피할 수 없다. 마르크스의 글을 읽는 사람은 때때로, 아마도 저자는 이런 불분명한 표현이 거슬리지 않는 모양이라는 생각을 하게 된다.

마르크스가 사용한 문체는 매우 다양하다. 설교부터 비꼬기까지, 수수한 산문부터 화려하게 꾸민 장광설까지. 가능한 경우 언제나 아니, 원래 가능한 경우가 아닌 경우에도 마르크스는 상징으로 이야기했다. 그는 은유를 즐겨 사용했다. 은유는 마르크스의 저서 어디에서나 찾아볼 수 있고, 때때로 매우 중요한 부분에서 사용되기도 한다.

이를테면 세상을 떠도는 '유령'이나, 부르주아를 땅에 묻는 '사토장이', 또는 사회의 근간을 파헤치는 '두더지'는 종종 일반 대중들 사이에서도 사용될 만큼 효과적인 표현이었으며, 때때로 이들 단어가 사용된 문장 전체가 인용되기도 했다. 그 외에 다른 표현 기법들은 분명 마르크스가 활동하던 당시에 이미 일반적으로 사용되던 기법이었을 것이다. 마르크스는 이러한 기법들을 무엇보다도 자신의 의도를 더욱 더 강하게 표현하고자 할 때 사용했다. '뱀파이어'는 이런 종류의 은유에 속한다. 그러나 '기초' 및 '상부구조'와 같은 상징어는 지속적이고도 심한 당혹감을 불러일으킨다.

기초와 상부구조는 공학에서, 정확히 말해 건축학에서 나온 말이다. 마르크스는 이 용어를 이용해, 경제적 조건이라는 기초 위에 정치적, 도덕적, 학문적, 예술적 세계 전체가 얹혀 있고, 그 세부적인 모양새는 경제적 조건에 따라 달라진다는 말을 하려

했다. '기초'와 '상부구조'는 좋은 은유가 아니다. 왜냐하면 시간적인 상황을 공간적인 상황으로 옮겨놓은 탓에 의미 사이에 결코 해소할 수 없는 갈등이 발생하기 때문이다. 한편으로 이 상징어들은 정적인 의미를 나타내는 반면, 사회적인 변화는 역사적 현상을 나타내므로 끊임없이 변화한다. 다른 한편, 건축학의 측면에서 볼 때 '기초'의 목적은 '상부구조'에 있다. 이를테면 바로크 시대의 장방형 크로싱에 세운 기둥은 돔을 받치기 위한 구조다. 경제적 조건은 그러나 어떤 경우에도 국가나 예술을 받치기 위해 존재하지 않는다. 반대로 지붕의 목적은 그 아래 있는 사람과 사물을 보호하는 일이다. 따라서 마르크스가 사용한 상징은 이렇게도 저렇게도 맞지 않는다. 즉, 설명이 안 되고 오히려 더 혼란스럽게 만든다.[11]

한 가지 예를 더 들자면 '인물 가면'이 있는데, 마르크스의 저서에서 매우 환영받는 은유이지만 이 표현도 문제가 없지 않다. 『자본론』에 나오듯이, 인물 가면은 화가이자 그래픽 디자이너인 귀스타브 도레가 '세입자'와 재산을 불리는 '집주인'의 갈등을 표현하기 위해 사용한 소재이다. 이 두 인물은 노동자와 공장 소유주의 성격을 나타내기에 이상적인 모델들인데, 실생활에서는 이러한 인물들의 성격이 언제나 개별적인 특징으로 나타날 뿐, 결코 전체로서 나타나지 않는다. 『자본론』 제3권에 나오는 '자본 씨와 토지 부인'도 마찬가지다.[12] 마르크스는 인물 가면은 봉건시대에도 있었다고 밝히고, 그 시대에는 인물 가면이 기능을 발휘할 수 없었던 이유를 중세 경제의 특징에서 찾았다. 즉, 중세의 경제는 사람과 사람이 직접 대면하여 이루어지는 일이었기 때문이라는 설명이다. 그러나 시장경제에서는 사정이 달라졌다. "여기서 사람들은 서로에 대해 단지 상품의 대표자로만, 즉 상품 소유주로만 존재한다. 우리는 발전 과정에서, 경제적 인물 가면은 단지 경제적 조건을 의인화한 것이라는 사실을, 경제적 조건이 각각에 맞는 가면을 쓰고 등장한다는 사실을 알게 될 것이다."[13]

이 가면들이 도대체 무엇을 나타낸다는 말인가? 경제의 기능인가? 이 가면들이 숨기는 것은 또 무엇이란 말인가? 사람인가? 사용되는 가치의 주체에 대한 지배인가? 가면이라는 말에서 우리는 누군가가 속이거나 변장을 했다는 사실보다, 계산적이거나 출세 지향적인 인물을 더 쉽게 떠올린다. 이를테면 기 드 모파상이 1885년에 발표한 장편소설 『벨아미』의 주인공 같은 사람이 먼저 떠오른다. [『벨아미』의 주인공 조르주 뒤루아의 성격은 자신이 속한 사회의 기능과 다를 바가 없다. 그 점에서 뒤루아는 라인알트 괴츠가 2012년에 발표한 소설 『요한 홀트로프』의 동명의 주인공을 닮았다. 이 두 주인공은 모두 성격의 부재로 인해 스토리 전개상 문제를 유발한다. 이런 판에 박힌 인물에게서 흥미를 느낄 독자는 없기 때문이다]

아침이면 가면을 쓰고 저녁이면 벗는 사람은 없다. 사람은 자본의 중개인 취급을 받을지언정 누구나 그 사람 자신일 뿐이다. 따라서 인간에게 연극적인 요소를 부여하는 일은 별 의미가 없다. 가면이라는 말이 도덕적인 호소로서 그 효과를 발휘할 수는 있다. 그러나 현실의 잣대를 대어보면, 가면은 인간이 가면이 되고, 가면이 인간이 되는 그런 세계를 신비롭게 보이도록 만든 장치라는 사실이 밝혀진다. 추측컨대 마르크스가 '인물 가면'이라는 말로써 나타내고자 했던 바는 가면으로 드러난 모습과 진짜 얼굴 간의 대립이 전혀 아니었을 것이다. 마르크스는 오히려 좀 더 단순한 것, 즉 자신이 살던 시대의 사회적인 기능을 담은 인물을 나타내고자 했던 것 같다. 그렇다면 '가면'은 잘못 선택한 단어다.

그 밖에도 '인물 가면'의 소격효과는 자본 중개인의 경우보다 노동자의 경우에 더 크게 나타난다고 추측된다. 왜냐하면 자신의 노동력을 시장에 내놓는 노동자는 자기 자신에 대한 사용권을 파는 사람이다. 이때 노동자는 자신과 분리되어 인격체, 즉 노동력의 소유주가 된다. 그리하여 노동자는 노동력을 소유한 존재로서 일시적으로 매각되거나 임대된다.

반면 이른바 인물 가면은 자본의 기능을 소유한 존재가 되므로, 자신에 대한 사용권을 넘겨주지 않는다. 물론 자본 소유주일 때 그렇다는 말이며, 경영인의 경우는 좀 다르다. '가면'은 자신의 노동력을 팔지도 않고, 자신을 두 배로 늘릴 필요도 없다. 그러므로 이른바 인물 가면과 실제 인물이 똑같은 경우가 보이더라도 하등 이상한 일이 아니다.

은유와 인지

고대사학 연구가 알렉산더 데만트는 칼 마르크스가 사용하는 은유의 대부분은 다섯 가지 범주로 나뉜다고 분석했다. 그 다섯 가지 범주는 유기적 은유, 상징어, '시민 혁명의 전야'와 같이 계절이나 하루 중 시간 표현에서 나온 은유, '보행', '발걸음'과 같은 행동의 은유, 기술에서 따온 은유 및 연극 분야에서 비롯한 은유다.[14]

『공산당 선언』에서는 '거포(巨砲)', '산업 부대', '섬멸전' 등 전쟁과 관련된 은유가 사용되었다. 이러한 단어들은 지금도 은유라는 사실을 분명히 알아볼 수 있는 반면, 완전히 또는 부분적으로 빛이 바랜 은유의 경우 알아보기가 쉽지 않다. 마르크스에게는 이러한 은유도 그 중요성이 결코 뒤떨어지지 않는다.

이를테면 '혁명(Revolution)'은 천문학의 '운행' 또는 지질학의 '변혁'에서 비롯한 은유다.[15] 그 밖에도 '지진', '땅을 흔들다', '사회 유형'과 같이 지구와 관련된 은유, '마른하늘에 날벼락', '천둥소리'와 같은 기상(氣象) 관련 은유, '신체'와 같은 해부학적 은유, 탄생 관련 은유 및 '낙원의 부활'과 같이 성서에서 비롯한 은유도 있다.

마르크스가 사용한 은유의 원천은 성서와 전통 민속, 그리고 『자본론』제3권에 나오는 '스스로 이용하는 자동기계'와 같은 낭만적 환상 등이다. 간단히 말해, 상징의 윤무는 끝이 없다.

모든 은유에는 나름의 인지 모델이 있다. '혁명 전야'는 단순히 '혁명의 싹'이나 '혁명의 기운이 상승하는 시기'와 같은 의미가 아니다. 『공산당 선언』에 나오는 "모든 기존 질서는 증발한다."는 표현을 접할 때 사람들은 화학적 현상을 생각하는 데 그치지 않고, 증기선을 떠올린다. 더구나 19세기 중반이 아닌가!

마르크스가 사용한 은유들 가운데 몇몇은 일반 대중의 언어에도 도입되었는데, 그렇다고 이들 표현이 이해하기 쉬워졌다는 말은 아니다. 오히려 은유적 특수성을 이해하기는 거의 불가능해졌다. 특히 '기초'와 '상부구조'의 관계에서 이러한 현상이 두드러지는데, 이 단어 쌍은 종종 마르크스와는 무관하게 사용되기도 한다.

마르크스는 논리적인 전개를 찾는 과정에서 은유에 압도당한 듯하다. 마르크스에게 은유는 제대로 들어맞지 않는 것을 끼워 맞추는 요술막대였을 것이다. 그렇기에 마르크스는 은유를 은유 그 자체로 인식하지 않고, 확실한 표현을 찾았다고 생각했을 것 같다. 사실은 그 표현이 마르크스를 찾은 형국이었다.

물론 마르크스가 은유에 집착한 데는 수사(修辭)와 관련된 이유도 있었으리라 생각된다. 자본이 모든 상황에 침투하여 그것을 변화시키는 만큼, 모든 것이 자본의 마력에 빠지고 자본에 의해 찢기는 만큼, 풍부한 언어적 상징은 자본의 영향력에 대한 설명이 언어적 레퍼토리에 변화를 일으킨다는 사실을 의미한다. 상징은 '물건들이 거주하고 사람처럼 행동하는 유령 같은 상품의 세계'이다. "그곳에서 인간은 물건처럼 취급되고, 머지않아 스스로도 물건처럼 취급하게 된다."[16] 모든 수사적 형식을 동원하는 일 자체가 어떤 경제이론의 보편성과 정확성에 대한 은유다. 이 은유는 언어 속에 현대의 세상을 연출한다.

마르크스는 『공산당 선언』에서 시민계급이 세상을 지배한 결과를 설명하기 위해 '생산의 지속적인 변혁', '모든 사회상황의 끊임없는 감격', 그리고 '전통적 사고'의 해체라는 말을 썼다.[17] 이 모든 표현이 정확할지도 모르겠으나 『공산당 선언』의 독자들은 이러한 표현의 의미를 사회에서 확인하기에 앞서, 이 책에는 온갖 상황이 다 동원되어 있다는 사실을 책장을 넘기는 가운데 알게 된다.

사실적 효과

칼 마르크스는 인문적 교양과 매우 밀접한 관계를 유지했다. 정확히 말하면, 진보적인 시민계급의 예술사적, 사상사적 지식을 자주 이용했다. 『정치적 경제 비평 개요』에는 다음과 같은 글이 나온다. "탄약이 나온 시대에 아킬레스가 가능한가? 또는 윤전기와 인쇄술의 시대에 『일리아스』가 가능한가? 윤전기가 돌면서 뮤즈는 노래와 이야기를 멈출 수밖에 없지 않을까? 다시 말해, 서사시의 필수적인 조건이 사라지지 않을까?"[18] 마르크스는 『정치적 경제 비평 개요』뿐만 아니라 다른 모든 글에서도 노래와 전설은 그치지 않는다고 말했다. 오히려 현재로부터 출발하여, 모든 교양을 끌어들이고 마지막에는 지워버리는 '영원한 불안정성과 움직임'의 일부가 된다고 주장했다.[19] 그리고 고전, 즉 전통에 확고히 뿌리내린 작품의 경우 이러한 현상은 더욱 뚜렷하게 나타난다고 덧붙였다.

마르크스의 저서에는 처음부터 고대 신화가 나오는데, 고대 신화는 마르크스의 언어적 원천으로서, 시사평론가적 관심과 무관하게 그 존재를 자랑한다. 『자본론』에서는 기계가 설치된 공장 내부에 고대의 신들이 산다. 즉, 기계설비와 대규모 공장으로 구현되는 자본 내부에 살고 있다. 여기에 있는 신들은 19세기의 시민계급이 철도역의 벽면, 증시 건물, 극장, 신문사를 고전주의 풍으로 짓고 신들의 나라에서 데려온 인물들로 장식하려는 경향에 비판적으로 반응하는 존재들이다.

마르크스가 은유를 많이 사용하는 이유는 읽기 쉽고 이해하기 쉽게 쓰려는 시사평론가적인 관심 덕분이다. 특히 확인하기 어려운 대상에 대해서는 더욱 은유를 즐겨 사용한다. 이렇게 학문적 논술과 실증적 사례 제시가 이야기와 보고서의 특징을 띠고 번갈아 나오는데, 특히 사고의 전개 과정에서 설득력의 한계에 부딪치는 부분에서는 반드시 이러한 특징이 나타난다. 조롱, 우스개, 비유가 진지한 흐름을 뚫고 들어온다. 비웃음과 좀 거슬릴 정도의 잘난 척으로 반대파를 처리하는 모습은 공감하는 사람들과 감탄하는 사람들에게 통쾌한 기분을 선사한다. 이론을 다루는 논문에 사용한 문학적 방법과 시사평론적 방법으로 저자는 언어적 우위를 점하며, 이로써 내용적 열세를 적어도 일시적으로는 만회한다. 이와는 달리 이를테면 1852년에 발표한『루이 보나파르트의 브뤼메르(Brumaire. 프랑스 공화력 두 번째 달 10월 22일~11월 20일 - 옮긴이) 18일』과 같은 역사 논문에서는 역사적 시사평론을 시도하며 독자의 흥미를 유발한다. 다시 말해, 마르크스는 과거의 사건을 시사적인 형태로 제시하고자 애썼다.

칼 마르크스의 반어(反語) 사랑은 관련 대상을 더는 확인할 수 없는 훗날의 독자들에게는 단점으로 작용한다. 그들은 상관관계를 알지 못하므로 문헌에 의존해 이해하는 수밖에 없다. 『루이 보나파르트의 브뤼메르 18일』의 유명한 도입부도 이런 경우에 해당하는데, 여기서 마르크스는 다음과 같이 말했다. "헤겔은 세계사에서 중요한 사건과 인물은 모두 두 번 일어난다고 어딘가에서 말했다. 그러나 헤겔은 한 번은 비극으로, 한 번은 소극(笑劇)으로 일어난다는 말을 빼먹었다."[20]

실제로 헤겔은『역사철학 강독』에서 이와 좀 다르기는 하지만 비슷한 말을 한 적이 있다. 마르크스가 "처음에는 단지 우연처럼, 있을 수 있는 일처럼 보이던 일이 반복을 통해 실제로 일어난 일, 확인된 일이 된다."고 말한 내용으로 보아『루이 보나파르트의 브뤼메르 18일』의 초판을 읽은 많은 사람들은 이 책의 제목으로 쓰인 말을 이미 알고 있었을 것이다.[21]

여기서 마르크스는 반어를 겹겹이 사용했다. 첫째, 마르크스는 자신이 정확히 알고 있는 사실을 불분명하게 인용했다. 둘째, '어딘가에서'라는 단어를 이렇게 무성의한 태도에 대한 명백한 증거로 제시함으로써 청년헤겔학파가 스승에게 보내는 충정을 웃음거리로 만들었다. 셋째, 헤겔을 그의 격언으로 압축해버린 일 자체가 반복이다. 그리고 마르크스 자신은 은밀한 상관관계를 다 꿰고 있다는 듯 으스댄다. 이토록 많은 상관관계가 얽혀 있는 탓에, 이 문제를 곰곰이 생각해본 사람이라면 누구나 "처음에는 단지 우연처럼, 있을 수 있는 일처럼 보이던 일이 반복을 통해 실제로 일어난 일, 확인된 일이 된다."는 말에 선뜻 동의하기 어려울 것이다. 더구나 헤겔에 대해 잘 모르는 오늘날의 독자들은 어떻겠는가?

『자본론』에는 숨 막히는 나열, 끝없는 연결, 따로 노는 듯이 보이는 문장, 그리고 간결한 공식 등 언어적 몰이와 과잉이 거듭 나타난다. 롤랑 바르트는 이와 같은 기법을 '사실적 효과'라고 불렀다. 즉, 저자에게 정신없이 밀려드는 정보와 단편적 지식의 홍수를 걷잡을 수 없어 보이는 혼란으로 재현하기에 적합한 문체라는 말이다.[22]

마르크스는 자신의 문체를 수사법적으로 확립하기 위해 이토록 많은 노력을 기울였으나, 그로 인해 글이 난해해지는 근본적인 문제를 초래한다. 원래 하고자 했던 말은 어디가 끝이고, 어디서부터가 원래 하려고 하지 않았던 말인지 알 수 없게 된다. 이를테면 마르크스가 『독일 관념론』에서 약속한 혁명 이후의 삶은 잘 알려져 있다. 마르크스의 설명에 의하면, 공산주의 사회에서는 누구도 본인의 의사와 무관하게 '배타적 활동 범주'에 예속되는 일이 없고, 그 범주에서 빠져나오지 못하는 일도 없다. "사냥꾼, 어부, 목동, 비판적인 평론가 등은 생계수단을 잃지 않으려면 사냥꾼, 어부, 목동, 비판적인 평론가로 남아야 한다. 반면 공산주의 사회에서는 그 누구도 배타적 활동 범주에 예속되어 있지 않고, 어떤 분야에서도 교육받을 수 있으며, 사회가 전반적인 생산을 관리하고, 그 덕분에 나는 오늘은 이것, 내일은 저것을 할 수 있고, 아침에는 사냥을 하고 오후에는 고기를 잡고, 저녁에는 가축을 돌보고, 식사 후에는 평론을 쓸 수 있다. 그러기 위해 반드시 사냥꾼이나 어부나 목동이나 평론가가 되어야 할 필요는 없다."[23]

이와 같은 목가적인 몽상을 진지하게 받아들여야 할까? 황금시대의 복귀를 그린 이 그림은 미래를 예측하는 그림이 아니라 역사를 거슬러 낙원을 그린 그림이 아닌가? 어쩌면 레오 톨스토이와 어울릴지 모르겠으나, 마르크스와는 전혀 안 어울리는 그림이 아닌가?

기이하게도 '사냥꾼'과 '어부'의 나열은 칼 마르크스의 저서에서 다시 한 번 등장하는데, 그때에는 또 한 가지 활동이, 더 특이한 활동이 추가된다. 『자본론』 제1권에 나오는 말인데, 시민사회를 신화로 만드는 '로빈슨 크루소'에 대한 담론에서 마르크스는 '라마 길들이기'라는 말을 썼다.[24] 어쩌면 '아침에는 사냥을 하고, 오후에는 고기를 잡고'는 순간의 기분에서 나온 말인지도 모른다. 어쩌면 고전주의 전통의 언어유희일 수도 있고, 반어적 묘사일 수도 있다. 또 어쩌면 일단 경솔하게 내뱉고 나중에 이해 가능성을 모색하는 시사평론적 화법의 특징인지도 모른다. 아무튼 이러한 그림을 보고 잘 사는 세상을 상상할 수 있을지는 의문이 아닐 수 없다.

좀비 이야기

은유는 재미있는 놀이다. 뱀파이어가 경제 상황을 반영하던 시대는 이미 오래전에 지나갔다. 오늘날에는 다른 인물이 그 배역을 대신한다. 이러한 사실이 무엇을 뜻하는가? 뱀파이어의 영속성은 현세에 있다. 뱀파이어는 고정자산을 좋아하기 때문이다. 뱀파이어는 특정 장소에 있는 건물에 살면서 가끔씩 찾아오는 사람들을 공격한다. 지난 몇 년 사이에 대중문화에 등장하는 뱀파이어는 좀비로 대체되었다. 뱀파이어의 움직이기 싫어하는 성격도 대체된 이유 가운데 하나다. 뱀파이어와 좀비는 둘 다 물고 빠는 데 재능이 있다.

그러나 뱀파이어는 타인의 의지를 완전히 자신의 것으로 만드는 반면, 좀비는 자신의 의지와는 전혀 무관한 타인의 의지대로 움직이다. 이 의지는 감염된 인간을 수단으로 삼는데, 여기에 자비란 없다. 이 의지는 마치 자본과도 같다. 자본은 사회 전체에 파고든다. 자본은 어떤 경우에도 예외 없이 인간에게 필요한 존재가 되어 인간을 예속시킨다. "자본의 순환은 그 자체가 목적이다. 가치의 사용은 이 끊임없이 반복되는 움직임 속에서만 가능하다."[25] 뱀파이어나 좀비에게 욕망을 좀 자제하라고 설득하는 행위는 별 의미가 없다. 마찬가지로 자본도 극심한 위기에서 국가가 적극적으로 개입할 때를 제외하고는 지배당하지 않는다. 그 경우에도 대부분은 반대의 결과가 나온다. 즉, 국가의 개입은 자본을 방해하는 일이 아니라 자본을 살리는 일이다. 자본은 가능하면 빨리, 가능하면 자주 증식하고자 한다. 증식하는 능력은 좀비가 뱀파이어보다 훨씬 뛰어나다.

좀비도 분명 시대착오적인 인물이다. 즉, 신화적인 창조물이다. 좀비는 아이티 출신인데, 그곳에 갇혔거나 그곳에서 거래된 노예의 상상의 세계에서 태어났다. 경제 상황을 기술하는 데 좀비를 즐겨 이용하는 데는 두 가지 명백한 이유가 있다. 첫째, 좀비는 대단히 빠른 속도로 증가하므로 서로 섞일 위험이 크다. 좀비 앞에서는 그 누구도 안전하지 않다. 둘째, 좀비는 박멸의 희망을 남겨 둔다. 역사 속 좀비에게 걸었던 마술로 안 된다면 국가의 공권력을 총동원해서라도 박멸할 수 있다.[26] 그뿐이 아니다. 좀비는 무자비하게 몰수하는 인물이다. 세인트 도미니크로 끌려간 흑인 노예들이 창조한 좀비는 사탕수수와 커피 농장에 얽매인 노예들의 운명을 반영한다. 노예 주인들의 사용 전권, 쉴 새 없이 강요되는 노동, 완전히 박탈당한 삶의 가치. 죽음조차도 그들을 속박에서 풀어주지 않았다. 왜냐하면 좀비는 이미 죽은 존재이기 때문이다. 좀비는 죽음과 더불어 기억력과 정체성을 빼앗긴 존재다.

과거의 좀비가 노예제도를 운영하던 사회의 구성원이었다면, 금융위기 시대의 좀비는 어떤 사회에 어울릴까? 조지 베르망 감독이 영화 〈살아 있는 시체들의 밤〉(1968)으로 현대의 공포 영화 장르를 확립했을 때, 감독은 살아 있는 시체들을 영원한 노동의 속박에서 구원하는 동시에, 끊임없이 다른 사람을 물어 좀비로 변신시키는 존재로 만들었다(이 영화의 감독은 조지 베르망이 아니라 조지 로메로다. 저자의 오류로 보인다 - 옮긴이). 감독은 이로써 좀비에게 공포의 요소를 하나 더 추가했다. 과거의 좀비들이 불러일으키는 공포는 무엇보다도 좀비에게 물리면 물린 사람도 좀비가 된다는 데 있었다.

이러한 두려움은 현대의 좀비에 대한 두려움에 비하면 아무것도 아니다. 오늘날 좀비의 공격은 대량살해를 야기한다. 이는 곧, 아무리 막으려 해도 순식간에 닥칠 듯 위협하는 세상의 종말을 의미한다. 오늘날 인간이 좀비에게서 느끼는 공포는 세상의 종말에 대한 두려움이다.

대중적인 좀비 연출에서 모든 인간의 가치는 좀비가 덤벼드는 세상이 추상적으로 구성되어 있을수록 더 쉽게, 더 빨리 하락한다. 좀비는 먼저 대도시를 정복한 후에야 비로소 농촌으로 간다. 좀비는 늘 도사리고 있지만 결코 예상할 수 없는 위험의 구현이다. 본질적으로 지킬 수 없는 약속에 근거를 둔 경제도 이와 같은 위험을 늘 안고 있다.

따라서 좀비는 구체화된 금융위기다. 금융위기도 언제 어디서 어떤 형태로 나타날지 모른다. 갑자기 모든 구멍에서 콸콸 흘러나와, 가정경제부터 대기업을 거쳐 EU에 이르기까지 모든 경제구조를 삼켜버린다. '은행 간부의 욕망'은 공허하고 추상적인 것이다. 그는 자신의 이익을 먹어치우려고도 하지 않고, 엄청난 수익을 올린 사실에 환호하지도 않는다. 오로지 재투자를 원할 뿐이다. 마찬가지로 좀비의 허기도 공허하고 추상적인 것이다. 좀비는 물기 위해 문다. 그 외에는 다른 목적이 없다. 투기의 목적이 이익을 얻기 위한 이익을 얻는 데 있을 뿐, 그보다 더 높은 목적이 없는 이치와도 같다.

뱀파이어는 살아 있는 자의 이자, 즉 피의 부가가치만을 취한다. 희생자는 나중에 또 착취하기 위해 적어도 얼마 동안은 살려둔다. 피를 빼는 즐거움을 계속 즐기려는 심산도 작용한다. 반면 좀비는 피의 원천에 대한 배려가 전혀 없다. 좀비는 다수가 거침없이 행동하며, 그 행동을 즐기지도 않는다. 좀비는 부가가치가 아니라 전체를 원한다. 따라서 수익과 자신이 일체가 된다. 수익은 부가가치 창출과 어떤 관계도 없다. 단지 좀비가 무는 모든 대상의 급속한 가치하락만을 나타낼 뿐이다. 좀비가 휩쓸고

간 곳에는 황폐해진 풍광만이 남는다. 디트로이트와 같은 도시처럼. 채 완공도 되기 전에 폐허로 변한 스페인 지중해 연안의 주거지처럼. 삭막한 니제르 삼각주처럼.[27]

대중문화의 장르 가운데 역사적으로 흡혈귀가 불러일으키는 공포만큼 일반화된 장르는 없다. 이미 오래전에 오락의 표준이 되었고, 끊임없이 변화를 꾀할 수 있으며, 언제나 우리 곁에 머물러 있다. 다시 말해, 뱀파이어는 영원하다. 자본이 품은 의도도 이와 유사하다.

제 9 장

노동

Die Arbeit

미술 작품 속의 노동자들

노동을 묘사한 그림의 역사는 인류의 역사만큼이나 깊다. 고대의 이집트, 그리스, 그리고 로마에서는 곡식을 베는 사람, 방앗간과 양조장에서 일하는 사람들이 그 세계에서 각자의 자리를 구축하고 있었다. 고대 로마의 경우는 좀 드문 편이었는데, 아마도 노예가 있었기 때문이었을 것이다. 중세에는 성무일과서(聖務日課書)와 계절 묘사에 노동이 나타나 있고, 근세 초기의 풍경화에는 사냥꾼, 파종하는 사람, 곡식 베는 사람이 등장한다. 그러나 이들 그림에서는 일하는 사람들이 힘들어 보이지 않는다. 이들 그림이 묘사하는 대상은 노동을 하는 모습이라기보다 직업을 영위하는 모습이다. 육체노동은 우주의 질서를 구성하는 요소로 다루어진다. 노동을 할 필요가 없는 사람들은 오물과 땀으로 얼룩진 노동하는 민중을 멸시한다. 오늘날에도 마찬가지다. 프리드리히 실러는 "인간의 아름다운 본성 전체가 노동을 할 때마다 일시적으로, 그리고 일생을 통한 노동에 의해 지속적으로 파괴된다."고 말했다.[1] 노동은 세상의 구조에서 확고하지만 낮은 지위를 차지한다.

이러한 구조는 경제에 대한 지배권이 자본에게 넘어감에 따라, 분업의 원칙이 관철됨에 따라, 그리고 노동이 임금노동으로 대체됨에 따라 변화를 겪는다. 사회가 노동의 생산물을 취하는 방법이 달라진다. 과거처럼 노동을 노예와 같은 노동자의 형태나 봉토에서 얻은 소출의 형태로 장악하지 않고, 노동시간의 매입을 통해 취한다.

마르크스에 따르면, "자본주의적 생산 과정은 상품만, 부가가치만 생산하지 않는다. 이 과정은 자본관계 자체를 생산하고 재생산한다. 한편으로는 자본가를 위해, 다른 한편으로는 임금노동자를 위해."[2] 임금노동의 조건하에서만 노동이 무엇인지, 그 가치가 어떤 것인지 비로소 눈에 보이게 된다. 노동은 수고와 노력과 고통으로 나타난다. 피터 브뢰겔은 젊은 시절부터 만년에 이르기까지 노동의 장면을 그린 수많은 유화를 남겼다. 그러나 노동하는 사람의 신고(辛苦)를 묘사한 작품은 단 한 점도 없다. 19세기의 회화는 이와 다르다. 화가들은 노동자의 고생한 얼굴을 화폭에 담기 시작했다.

그러나 산업의 발생과 더불어 미술의 영역으로 들어온 육체적 고통은 공장노동자의 고통이 아니었다. 미술 작품의 배경은 노동자들이 처음 다중으로, 계급으로 인식된 장소가 아니었다. 귀스타브 쿠르베의 노동자는 「돌 깨는 사람들」(1849)이었고, 오노레 도미에의 「배 끄는 노무자」(1848/52)는 좁다란 강변에서 허리를 굽힌 채 일하며, 장 프랑수아 밀레의 「키질하는 농부」(1848)는 너무도 건장해서 곡식이 담긴 키의 무게가 느껴지는 듯하다.[3] 이 모든 활동은 이전 시대에 속하며, 농촌 또는 자연과 관련된 일들이다.

공장노동은 이로부터 10년이 지난 후에야 비로소 미술 작품의 소재가 되었다. 추측컨대 그 원인은 순수한 노동시간의 제공을 그림으로 묘사하기가 쉽지 않았기 때문일 것이다. 그리하여 화가들은 당시로서는 구식이라고 말할 수 없지만 그래도 전통적인 형태의 노동을 선택했고, 이렇게 과거로 눈을 돌림으로써 현대 미술이 탄생했다.

이들 그림에서는 어쩐지 영웅적인 분위기가 느껴진다. 애초의 집요한 점유 행위가 인간이 자연을 정복하는 모습으로, 그리고 열악하기 짝이 없는 생업 환경의 강요에 굴복한 농민의 모습으로 묘사되어 있다. 이와 같은 노동의 분열은 이 후에도 육체노동을 묘사한 몇몇 그림에서 나타나는데, 그 가운데 몇 점은 공장노동을 묘사한 작품들이다. 이를테면 아돌프 멘첼의 유화 「압연 공장」은 1872년과 1875년 사이에 발표된 작품인데, 작가는 이 작품에서 착취를 예술의 관점에서 포착했을 뿐만 아니라, 자연을 정복하고 힘을 발휘하는 모습을 통해 노동의 아름다움을 강조했다. 노동자들은 기계 옆에서 식사를 하고, 더러운 수건으로 얼굴을 닦는다. 그들을 위한 욕실도, 간이식당도 없다는 사실 만큼이나 그들의 자부심도 쉽게 간과할 수 없는 점이다.

땅을 파는 사람, 돌을 깨는 사람, 밧줄을 잡아당기는 사람, 물건을 옮기는 사람, 들어 올리는 사람, 누르는 사람…… 이들 모두 각자의 힘겨운 작업에 몰두한다. 이들은 다양한 육체노동의 종류를 보여줄 뿐만 아니라, 이 모든 활동이 모두 동일한 특징을 지니고 있는 만큼, 노동에 대한 새로운 개념을 선포한다. 마르크스는 새로운 환경 조건하의 노동을 두고 '노동 그 자체, 노동 일반'이라고 일컬었다.[4]

마르크스의 노동이 과거의 노동과 다른 점은 다음과 같다. 과거의 노동은 유용성이 목적인 특정한 활동이다. 곡식을 베는 일이든, 쇠를 벼리는 일이든. 이러한 노동은 그 내용과 관계없이 유용성을 기대하는 사회 구성원 전체를 대상으로 실현되며, 사회 구성원들은 이러한 노동을 금전적 필요성에 굴복한 활동이라고 인식한다. 이때 노동의 질은 돈과 무관하다. 이러한 측면에서 노동은 모두 동일하다. 따라서 노동을 묘사한 회화의 모티브가 주로 토지 경작에서 따온 것이며, 다소간 시대착오적으로 묘사되었다는 점은 그 모티브가 갖는 의미의 절반에 지나지 않는다. 나머지 절반은 이러한 모티브가 노동을 추상적인 개념으로 서 표현한다는 데 있다. 그 결과 과거의 노동에서도 갑자기 노동 '일반'을 발견하게 된다.

노동 이야기는 미술보다 문학에서 더 많이 다루어졌으며, 따라서 더 일찍 다루어졌다. 이러한 현상은 놀라운 일이 아니다. 왜냐하면 노동의 완성에는 시간이 필요한 반면 미술은 연속성 을 표현할 수 없기 때문이다. 미술은 단지 결정적인 순간만을 포 착할 뿐이다.

다이엘 데포의『로빈슨 크루소』는 1719년에 초판 발행되었 다. 작가는 이 작품에서 노동에 기념비를 세워주었는데, 그 기념 비는 오늘날에도 뚜렷이 알아볼 수 있다. "마치 다른 사람인 양 자기 자신을 위해 일하는 행위. 로빈슨이 하는 일은 바로 그런 것이다."[5] 그로부터 100년 후에 나온 요한 볼프강 괴테의 장편 소설『빌헬름 마이스터의 수학시대』에는 젊은 주인공 빌헬름을 가르치고자 애쓰는 '몬탄'이라는 인물이 등장한다. "너희가 하 는 일반적인 교육과 그 교육기관은 모두…… 광대 짓거리야. 어 떤 일을 제대로 이해하고, 주변의 그 누구도 쉽게 따라할 수 없 을 만큼 빼어나게 해내는 일. 그게 중요해."[6] 몇 년 후 이 작품의 속편인『빌헬름 마이스터의 편력시대』가 발표된다. 이 작품에는 '체념하는 사람들'이라는 부제(副題)가 붙어 있는데, 이 부제가 이야기의 방향을 말해준다. 즉, 노동의 길로 안내한다.

눈에 보이는 고생

노동의 승리는 시민사회의 승리다. 최고의 계급인 귀족들은 일은 안 하고 시간만 보낸다. 이러한 귀족층과 대립되는 시민계급의 특징은 일차적으로 노동의 권리가 아니라 노동의 의무다. "일하기 싫은 자 먹지도 마라."는 사도 바울의 말은 이와 관련하여 매우 자주 인용되는 문구이나, 대부분은 좀 잘못 인용된다.[7] 사도 바울의 말대로라면 일을 하고 싶은데 할 수 없는 사람은 먹어도 된다. 그러나 사도 바울의 문구는 대부분 이와 같은 경우를 고려하지 않은 채 인용된다.[8]

노동의 권리에 관한 문제는 일을 하고 싶으나 아무도 일거리를 주지 않아 할 수 없을 때 대두된다. 백수건달이나 게으름뱅이에 반대하는 입장을 나타내는 사도 바울의 문구는 시민은 귀족을 향해, 사회주의자는 연금생활자나 주식거래 등으로 불로소득을 취하는 사람들을 향해 사용한다. 이로써 시민 사상과 사회주의 사상의 공통점이 여실히 드러난다. [시민국가는 노동의 권리에 대해 진지한 입장을 취한 적이 없다. 마르크스는 그 원인을 자본주의 경제 형태는 실업자로 구성된 '산업 예비군'이 필요하다는 점에서 찾았다. 반면 동독에서는 노동권이 관철되었다. 이러한 측면에서 볼 때 시민의 권리에 대한 의식은 그 어떤 시민 국가에서보다 실존하는 사회주의에서 더 급진적이었다]

최초로 노동권을 요구한 1848년 혁명 이후 노동은 인간의 삶의 중심이 되었다. 노동은 산업화의 중심지로부터 뻗어 나와, 전 세계를 분업으로 휘감으며 앞으로 나아간다. 이와 같은 점령의 상징이 세계박람회이다. 최초의 세계박람회는 1851년 런던에서 「대전시회」라는 이름으로 열렸다. 세계박람회는 자연에 대한 기술의 승리 및 이와 더불어 노동의 승리에 대한 확고한 믿음을 나타낼 뿐만 아니라, 언제나 이에 필요한 다양한 활동과 직업을 제공한다. 더구나 세계박람회는 전 세계를 아우른다. 먼 나라의 풍요와 문화, 낯선 생활방식과 생산방식이 소개되는 이 모든 행사는 추상적인 노동을 찬양하는 가운데 펼쳐진다.

마르크스는 특히 19세기 중반 영국 공장의 실태에 대해 정확히 알고 있었다. 그는 『자본론』 제1권에서부터 많은 지면을 실증적 사례를 소개하는 데 할애했다. 즉, 극심한 착취를 당하며 기계 앞에서 행하는 노동이 무엇을 의미하는지 서술하고 인지하는 데 많은 노력을 기울였다.

우선 노동 그 자체에 대한 기술이 나온다. "인쇄기는 두 종류의 노동자를 사용한다. 성인 노동자와 열한 살부터 열일곱 살 사이의 어린 노동자들이다. 성인 노동자는 기계를 관리한다. 반면 어린 노동자들이 하는 일이란 오로지 기계 밑에 종이를 펼치고, 인쇄된 종이를 빼내는 일이다. 이 소년들이 당하는 혹사는 열네 시간, 열다섯 시간, 열여섯 시간씩 계속된다. 휴식도 없이. 그것도 런던에서…… 이 아이들 대부분이 글을 읽을 줄 모르며,

완전히 황폐해진, 비정상적인 피조물들이다."[9]

그 다음에는 노동자들의 주거환경에 대한 서술이 이어진다. "리차드슨이라는 사람은 그 누구도 흉내 낼 수 없는 멋진 집에 산다. 모르타르를 칠한 벽은 무릎을 굽혀 인사하는 여인의 치마폭처럼 불룩 나와 있다. 합각머리 지붕의 한 쪽 면은 볼록하고, 다른 쪽 면은 오목하다. 안타깝게도 이 오목한 지붕 위로 진흙과 나무로 빚은 굴뚝이 솟아 있는데, 구부러진 모습이 마치 코끼리의 코 같다. 장대가 굴뚝이 무너지지 않도록 받치고 있었다."[10] 마르크스는 이 모든 광경을 직접 보았거나, 적어도 이에 관한 글을 읽었을 것이다. 매우 철저히. 이와 같은 경험을 한 마르크스에게 자본주의의 극복이란 다름 아닌 노동으로부터의 해방이었다.

육체노동의 양, 즉 그림의 소재를 제공할 만한 노동의 양은 노동의 자동화와 합리화가 발전하면 작아질 것이다. 그러면 노동은 그 성격이 바뀐다. 그리고 사회 전체가 하나의 거대한 기계처럼 움직인다면 더욱 더 많이 바뀔 것이다. 마르크스는『정치적 경제 비평 개요』에 발표한 어느 단편(斷篇)에서 "노동은 더는 생산 과정에 포함된 일로 여겨지지 않게 된다. 인간은 생산 과정의 감시자나 감독관처럼 행동하게 될 것이다."라고 말했는데, 이 말은 아직도 수수께끼처럼 여겨지는 말이다.[11] 노동이 더는 육안으로 확인되지 않고 언제 어디서나 똑같은 형태로 실현된다면, 말하자면 노동을 컴퓨터 화면 앞에 앉아서 실행한다면, 노동이 더는 착취의 대상이 될 수 없을 것이다. "어떤 일이 많은 사람에게 공통된 일이라면, 모두에게 평범해 보이는 일이라면, …… 더는 그 일을 특별한 행위로 생각하지 않을 것이다."[12]

아무튼 제2차 세계대전 이후 서구의 여러 공업국에서는 실현된 노동의 많은 부분이 시각적으로 더는 확인되지 않는 수준에 도달했다. 베른트 베허와 힐라 베허는 육체노동이 행해지던 공장의 폐허를 모든 표현 기법과 인위적 연출을 배제한 사진으로 남겼다. 이들 부부의 사진을 통해 노동 분야에서 일어난 변혁을 확인할 수 있다. 현대적 의미의 노동은 돈을 버는 모든 활동이다. 이는 사진으로 베낄 수 있는 노동과는 다른, 그 이상의 것이다.

노동시간과 자유

노동은 시민적 가치다. 그 가치는 권리나 사랑보다 더 높은 곳에 있으며, 거의 모든 사람이 공유한다. 일을 하는 사람이든 안 하는 사람이든 관계없이. '열심히 일하는 사람들'에 대한 이야기는 듣는 사람들에게서 존경심뿐만 아니라 실질적인 효과도 불러일으킨다. 그 정도로 노동의 가치는 높이 평가되는데, 이때 이와 같이 칭송을 받는 사람들이 어떤 일을 하는지, 그 일이 무엇에 좋은 일인지, 누구에게 유익한지, 또는 그 일로 누가 돈을 버는지에 대해서는 아무도 관심이 없는 것 같다. 노동이 이러한 평가를 받을수록 자본과 노동의 대립이 노동에게 주는 의미는 미미해질 것이다. 따라서 노동이 숭배의 대상으로 승격한 현상은 혁명적 의도의 완화와 관계가 있다. 19세기 말에 발생한 사회 민주주의에서는 마침내 노동이 노동 자체의 우상이 되는데, 이는 그 후 '실존하는' 사회주의 또는 파시즘에서 찾아볼 수 있는 가히 성스럽다고 할 만한 사건이다.

마르크스는 노동의 이념적 숭배에 동의하지 않았으며, 노동의 공현절(公現節. 예수의 출현을 축하하는 기독교의 교회력 절기 – 옮긴이)에는 더더욱 동의하지 않는다고 말했다. "노동은 모든 풍요의 원천이 아니다."라고 마르크스는 동지들에게 가르쳤다.[13] 이 말은 단순히 풍요도 자연조건 또는 학문과 기술의 수준에 따라 달라진다는 사실을 지적하는 말이 아니다. 오히려 노동과 노동 숭배를 구별하라는 훈계였다.

노동은 도덕적으로 승격하는 동안에는 시민 해방의 수단으로 작용했다. 지위 상승을 꾀하는 계층들은 정치적 주도권에 대한 요구의 근거를 '노동'에서 찾았으며, 사회의 유익한 부분과 불필요한 부분을 노동을 기준으로 구별해야 한다고 주장했다. 실제로 노동은 자본과 노동이 서로에게 제공하며 끝없는 '증대'의 원칙에 따라 앞으로 나아가는 만큼 증가했다.

노동 '일반', 즉 활동의 내용과 무관한 노동 개념은 노동이 종료될 수 없는 활동으로 변화하는 데 필요한 전제조건이다. 이후 상품의 품귀 현상은 '자연적 욕구나 기존의 수량과 무관하게'

나타난다.[14] 이제 노동은 욕구 충족과는 별 관계가 없으며, 오히려 '결핍으로 시작해 제공을 거친 후 품귀현상을 야기하는' 과정이 된다.[15] 노동과 돈은 함께 사회의 중심을 형성한다. 사람들은 노동과 돈으로 서로 연결된다. 일을 하는 사람은 일 속에서 해체된다. 이는 돈이 없는 사람에게도 적용되는 이야기다. 이런 사람은 적어도 다른 사람의 눈에는 허무한 존재로 보일 뿐만 아니라, 외로운 삶을 사는 사람으로 보인다. 여기서 노동을 숭배의 모티브로 변환하는 이데올로기는 전혀 해체되지 않는다. 비록 5월 1일에 노동을 찬양하기 위해 기념비를 세우지도 않고 행진을 개최하지도 않을지언정, 이러한 모티브는 인간의 의식 속 깊이 뿌리박고 있다.

마르크스는 노동운동이 혁명 이전에 추구하는 목표도 알고 있었다. 현실적인 목표는 노동시간의 단축이었다. "사회적 생산 영역은 언제나 필요성의 제국이다. 이 제국의 저편에서 인간이 지닌 능력의 발달이 시작된다. 이는 곧 그 자체가 목적이며, 진정한 자유의 제국이다. 그러나 이 제국은 필요성의 제국을 기반으로 건설될 때에만 번영할 수 있다. 노동시간의 단축은 그 기본 조건이다."[16]

인간은 노동시간 중에는 타인의 명령을 받는 사람이고, 내키지 않아도 그 명령을 따라야 한다. 그러나 이러한 명령에서 해방되면, 육체적, 심리적 재생산은 제외하고, 개인의 자유를 보장하는 제국이 시작된다. ─어떤 사람은 생산적인 활동은 전혀 하지 않으면서, 마음 맞는 사람들과 멋지고 안온한 저녁을 보내며 빈둥빈둥 노는 삶을 꿈꿀 것이다. 아니면 적어도 평온한 산책을 꿈꾸기는 할 것이다. 그러나 내 자유도, 남의 자유도 진정 이러한 삶을 보장하지는 않는 것 같다. 오히려 불안한 마음에 노동을 생각하게 만든다. 놀면서 하는 일일지언정, 자유 속에서도 노동에 필요한 활동이 반복된다. 모니터를 들여다보고, 경쟁적으로 신체를 단련하며, 극도로 복잡한 기계를 만진다. 아무래도 자유는 노동으로부터의 해방이 아닌 듯하다. 오히려 스스로 야기한 굴복처럼 보일 때가 드물지 않다. 노동은 요구되지 않을 때조차도 대기하고 있을 만큼 시민의 머릿속 깊은 곳에 도사리고 있는 듯하다.

이와 같은 전통적인 노동관념 속에서는 노동이 즐거움을 제공할 수도 있다는 사실이 상상조차 할 수 없는 일처럼 보인다. 이러한 측면에 대한 자본가들의 인식은 제한적인 수준에 머물러 있다. 그들은 노동자들의 희생을 발판으로 자신의 목적을 위해 노동을 이용하는 사람들이니까.

계급

프랑스의 사회학자 데디에 에리봉이 쓴 비망록 『랭스로의 귀환』은 2009년에 초판 발행되었다. 이 책에서 에리봉은 아버지를 여읜 후 오랜 만에 어머니를 찾아뵙고, 함께 옛날 사진을 본 이야기를 들려준다. "노동자의 환경은 사실 언제나 내 머릿속에 자리 잡고 있지 않았던가? 내 몸에 배어 있지 않았던가? 그 모습이 갑자기 내 눈앞에 다시 나타났다. 배경에 나와 있는 건물들의 외관, 집 내부의 모습, 넝마 같은 옷, 그리고 사람의 몸 자체가 노동자의 비참한 현실은 말해준다. 놀랍게도 옛날 사진에 보이는 육체들은 움직이는 육체들보다, 살아서 우리 앞에 서 있는 육체들보다 훨씬 더 직접적으로 느껴진다. 그 몸들은 사회적인 육체, 어떤 계급의 육체를 나타낸다."[17] 이러한 느낌은 여러 번 반복되는데, 에리봉이 자신의 어머니를 묘사할 때 가장 뚜렷하게 나타난다. 어머니는 한때 미화원이자 공장노동자였다. "'불평등'이라는 말은 원래 완곡한 표현이다. 사실 이 단어는 착취하는 폭력의 민낯과 관계가 있다. 어느 늙은 여성 노동자의 몸이 계급사회의 진실을 만천하에 폭로한다."[18]

20세기 초에 만들어진 노래 〈붉은 깃발〉에는 '오라, 구원의 사람들아 / 붉은 깃발, 붉은 깃발'이라는 시구가 나온다. 이 말은 두 부류의 청중을 향해 외치는 말이다. 하나는 더 나은, 더 풍요로운 미래를 향해 전진해야 할 인민이고, 다른 하나는 생산수단을 소유한 사람들이다. 후자에 속하는 사람들의 몸, 그들의 옷, 그들의 삶이 합리화를 시행한 결과가 무엇이었는지 여실히 말해준다. 이러한 현상은 이들 생산수단 소유주들이 각각의 개인으로 인식되는 원인 가운데 하나다. 이윤의 구현은 사라졌다. 왜냐하면 자본 활용의 필요성이 확산되고, 개인의 즐거움은 별로 고려되지 않았기 때문이다. 특히 자본주의에서는 사업을 주식회사, 유한회사, 재단, 지주회사의 형태로 영위할 수 있으므로 자본가 개개인이 전혀 필요하지 않기 때문이다. 그러나 인민에 속하는 사람들은 점차 무지를 탈피하게 되었고, 서서히 시민이 되었으며, 까다롭기 짝이 없는 기계를 다루고, 점점 더 광범위해지는 사회적 인프라를 사용하는 국가 행정기관의 말단 공무원과 더불어 하나의 계층을 형성하면서, 하나의 계급으로 분류하기 곤란해질 만큼 성장했다.

한때 공통된 운명의 장소였던 공장은 그 의미를 잃었다. 노동조합도 마찬가지였다. 거기에 노동자와 근로자의 구별이 사라진 고용형태까지 등장했다. 점차 증가하는 사회적 유동성은 그 현상만으로도 계급의 정체성을 확립하는 힘과 겉으로 드러난 특징들을 거의 다 사라지게 만들었다. 마침내 모든 경제 분야에서 근로자들은 점차 이상적인 하도급 업자로 변모하게 되었고, 기계가 돌아가는 공장에서조차 집단적인 성격을 확인할 수 없게 되었다. 이 모든 현상은 좁은 의미의, 명백한 의미의 착취가 먼 외국으로 장소를 옮긴 일과도 관계가 있었다.

그 후 서구 산업사회에서는 계급이 더는 존재하지 않는 것 같아 보였고, 아예 처음부터 없었던 것처럼 보이기도 했다. 추측컨대 계급의식이 사라진 원인은 과거 지배당한 경험에 대한 공통의 기억을 개인의 관심사가 덮어버렸거나 아예 지워버렸기 때문일 것이다. 슈퍼마켓의 계산원 또는 콜 센터의 상담원으로 하는 일은 서비스업이므로, 분명 컨베이어벨트 앞에서 하는 일과는 다르다. 과거에 프롤레타리아로 치부할 수도 있었던 계급은, 물론 '프롤레타리아'와 '노동자 계급'은 같은 개념이 아니지만, 시민이라는 형태를 띠게 되었다. 여기서 시민의 특징은 그들에게서 공통점을 찾기가 쉽지 않다는 데 있다. 이 계급의 실제 구성원들 사이에 일어나는 경쟁으로 인해 이들이 하나의 집단에 소속되어 있다는 사실이 가려지기 때문이다.

과거에는 이러한 사람들을 '프티부르주아'이라고 불렀다. 그 후 이 개념은 불분명해졌고, 프티부르주아들이 소속된 사회적 영역은 사회학적으로 규명하기 어려운 양상을 띠게 되었다. 감독 업무를 보는 노동자도 전통적인 의미의 근로자와 마찬가지로 이들 부류에 속하고, 공공 서비스 분야에서 일하는 많은 사람들과 공무원, 서비스업자, 그리고 자신의 업무에 분명한 책임이 뒤따르지만 그 범위는 매우 한정되어 있는 직종에 종사하는 수많은 사람들이 모두 여기에 속한다.

서구 산업국가에서는 이러한 사회적 영역이 대단히 확대되고 다양화되어, 착취하는 사람과 착취당하는 사람을 더는 구별할 수 없는 상황이 되었다. 왜냐하면 현대의 상품경제 체제에서 그 체제에 적응해야 한다는 필수 조건이 이미 오래 전에 체계화되어, 개개인의 심리 가장 깊은 곳까지 개입하기 때문이다. 마르크스와 그의 '허위의식' 이론의 관점에서 볼 때, 이 사람들은 모두 자신의 이익을 해치는 일을 열심히 하고 있다고 말할 수 있다. 특히, 자본이 없는 이 사람들이 자신을 인적자본이라고 여길 때에는, 즉 자신의 노동력에 대한 사업가적 소유주라고 여길 때에는 더욱 그러하다. ['인적자본'이라는 표현은 1950년대에 시카고 대학교 교수들이 처음 사용했다. 인적자본은 이른바 창의성을 포함하여 지식, 습관, 사회적, 개인적 능력을 아우르는 집합적 개념이다] "노동력 사업자의 경우 생업활동과 여가 시간, 직업생활과 사생활 사이의 경계가 희미해지며, 일상의 모든 영역에서 경제화의 압박을 받는다."[19] '노동력 사업자'의 경우 이 두 가지 영역이 더는 서로 구별되지 않을 정도로, 따라서 그 직종의 '특징'으로 보일 정도로 서로 뒤섞인다.

20세기 초까지만 해도, 그러니까 게오르크 짐멜이나 막스 베버나 베르너 좀바르트의 이론에서는 '시민' '시민적' '시민사회'라는 표현이 특정 계급에게서 뚜렷하게 나타나는 공통점을 떠올리게 만드는 표현이었다. 이 개념은 생산수단의 소유, 자본 사용, 또는 토지 소유라는 특징을 통해 이해되었다. 그 후 이들 계급을 구분하는 경계가 흐려진 원인은 무엇보다도 소유와 성장의 그림자가 타 계급과의 차이점을 덮어버렸기 때문이다.

그러나 '계급'은 의식이나 심리학의 문제가 아니라 한 사회를 구성하는 생산력의 성격에 관한 문제다. 따라서 계급은 사라지지 않았다. 특히 자기 자신을 자신의 상품으로 만들어야 하는 사람들의 경우 계급은 여전히 존재한다. 자신을 자신의 상품으로 만들어야 했으나 더는 그럴 수 없는 사람들의 계급은 더욱 확고해지고 있다. 이는 노동자 계급에 속하는 사람들을 일컫는 말인데, 그들의 생존 가능성은 그들의 가장 중요한 소유물, 즉 노동력을 거듭 매입할 사람을 발견하느냐에 달려 있다.

탈산업화 과정에서 노동자 계급으로 분류되는 사람이 점점 줄어들고 있기는 하나, 특히 과거 산업국가의 경우 간헐적인 아르바이트와 실업수당으로 겨우 생계만 이어가는 사람들이 점차 늘어나고 있다. 그 가운데는 장기실업자와 경미한 범죄 전과자들이 있고, 어쩌면 가끔씩 슈퍼마켓에서 일하거나 전단을 돌리는 비참한 연금생활자도 여기에 속한다고 말할 수 있다. 그러니까 미국 국민이었다면 신용카드를 발급 받을 수 없는 사람들이다.[20] 이 사람들은 이제 더는 자신들에게 넉넉한 생활이 보장되지 않고, 자녀들에게도 그러리라는 사실을 알고 있다. 이런 사람이 개인일 뿐만 아니라 인격체이기도 한가라는 문제는, 강조하는 의미에서 말하거니와, 논란의 대상이다.

이런 사람들도 하나의 계급을 형성한다. 그들의 조상은 '룸펜프롤레타리아'에 속하는 사람들이다. 마르크스는 룸펜프롤레타리아를 신뢰하지 않았다. 거칠고, 야만적이고, 자신이 겪는 불행에서 아무것도 배우지 못하는 사람, '수동적으로 부패한'[21] 사람이며, '돈에 팔려 반동적으로 이리저리 옮겨' 다니는, 따라서 계급투쟁에 쓸모가 없는 사람이라고 보았다. 여건이 달라질지언정 그들의 후손도 계급투쟁에 쓸모가 없다.

이 사람들은 장 자크 루소가 말하는 원래 선하고 교육을 거부하지 않는 이상적인 인간상과는 한참 거리가 먼 사람들이며, '좋은' 국가에 대한 나름의 관념을 발전시키는 사람들이기 때문이다. 따라서 그들은 현재의 국가에게 속았다고 느끼고, 그 국가에서 출생한 국민으로서 타 국가에서 온 이민자들보다 더 좋은 대우를 받을 권리를 지키기 위해 소송도 마다하지 않는다. – 그렇다면 이러한 국수주의도, 반동적인 성격이기는 하나, 일종의 안티자본주의가 아닐까? 겉보기에만 그럴 뿐이다. 이런 사람들 개개인이 자본주의 형태의 사회적 특수성을 뼛속 깊이 습득하지 않았다면, 자신을 인격체로서 공식적으로 인정해 달라는 요구는 하지 않았을 것이기 때문이다.

노동자 계급의 소멸

옛날에 노동자 계급이 있었다. 이 계급에 속하는 사람들 중에는 용접공, 광부, 또는 인쇄공 교육을 받은 사람도 있었고, 아무 교육도 받지 못한 사람도 있었다. 『공산당 선언』에 나와 있듯이, 이들에게는 '조국'이 없었다. 그들은 주로 공장에서 일하고, 노동자 동네에서 살았다. 용접공, 공장, 그리고 노동자 동네는 점점 줄어들었다. 최소한 서방의 잘 사는 나라에서는 그랬다. 노동자 군중은 사라졌고, 근로자 부대라는 말도 별로 하지 않았다.

아직은 노동자들이 조금 남아 있다. 그러나 이들은 스스로 더는 집단이라고 생각하지 않는 듯하다. 노동자 계급에 속하지 않는 사람들도 이들을 집단으로 인식하지 않는다. 자동화의 발달로 이 계급은 축소되었다. "기계에 의한 자본의 자가 이용은 노동자의 수와 직접적인 관계가 있다. 기계는 노동자의 생존 여건을 파괴한다."고 마르크스는 말했다.[22]

노동자 계급은 '탈산업화 사회'의 안개 속으로 사라졌다. 노동자들은 민족주의자가 되거나 사회민주주의자가 되거나 시민이 되었다. 적어도 과거 유럽의 산업국가에서는 그랬다. 미국의 노동자들은 폐허가 된 피츠버그나 디트로이트를 떠났고, 서서히, 그러나 지속적으로 현대의 룸펜프롤레타리아인 '화이트 트래시(white trash. 미국 남부의 백인 빈곤층 - 옮긴이)'로 전락했다. 그렇다고 해서 이들이 애국심을 포기하지는 않았다. 그 반대였다.

최근에 노동자 계급이 돌아왔다. 배우지 못한 노동자, 용접공, 인쇄공의 모습으로 돌아왔다는 말이 아니라, 호소의 대상으로 돌아왔다. 도널드 트럼프 미국 대통령은 취임사에서 '미국의 노동자에게 정의의 시대'가 열렸다고 선언했다. 그리고 새로운 민족주의자들로 구성된 모든 정당이 이와 똑같은 또는 이와 비슷한 말을 한다. 밥 딜런은 2014년에 방영된 크라이슬러사(社) 광고 영상에서 다음과 같이 노래했다. "컨베이어벨트에서 일하는 모든 남자와 여자의 마음과 정신은 수입할 수 없다." 이와 같은 육체노동 숭배의 귀환은 '역행적 현대'의 한 현상이다.[23]

역행적 현대는, 서방 국가들이 국민총생산에서 공업생산이 차지하는 몫이 감소하자, 이를 걱정하기 시작하면서 등장했다. 소련 붕괴 후 영국, 이탈리아, 미국과 같은 강대국에서는 공업생산의 3분의 1이 감소했다. 독일의 경우 감소 폭은 몇 퍼센트에 지나지 않지만 뚜렷하게 나타났으며, 제조업체의 남은 일자리 가운데 많은 부분을 주로 동구권 국가에서 온 임시직 노동자들로 메웠을 때에는 더 크게 감소했다. 오늘날 언급되는 노동자 계급은 점점 미하엘 엔데의 동화 『짐 크노프와 기관사 루카스』에 나오는 겉보기 거인 투르투르 씨를 닮아간다. 노동자 계급은 가까이 다가가서 볼수록 점점 더 작아진다.

공업생산의 감소와 이에 반비례하는 서비스업의 증가는 경제성장이 뚜렷하게 나타나는 한, 국가의 앞날을 걱정하는 계기가 되지 않는다. 그러나 2008년에 시작된 위기의 결과 경제가 성장을 멈추고 심지어 위축되자, 국민총생산에서 공업생산이 차지하는 비율이 문제시되기 시작했다. 이리하여 서방의 강대국에서는 '재산업화'를 추구하게 되었다. 이러한 조치를 도입하게 된 원인은 첫째, 성공적인 산업은 전통적으로 국민 복지의 핵심을 이루기 때문이었고, 둘째, 경제가 성장을 멈추면 국가 간 경쟁이 더 첨예화하기 때문이다. 더는 얻을 것이 없으면 남의 것을 빼앗아야 하니까.

국익이 관련된 문제일수록 국제사회에서 동반자 관계, 대화, 자국의 대외적 이미지, 도덕적 공통 가치 등 이념적인 문제는 그 중요성을 잃는다. 반면 역사적인 노동자 계급은 이제 노골화되는 국가 이기주의의 모델을 제공한다. 달리 표현하자면, 노동자는 그 육체로써 공동체의 복지를 보증하고, 세계화가 낳은 결과를 그 어떤 직종, 그 어떤 계층보다 더 많이 감수해야 하므로, 국제정책의 수정이 그들의 이름으로 완성된다. 국제정책의 수정은 저임금, 낮은 품질수준, 그리고 인위적인 환율인하로 국내 산업을 파괴하는 경쟁국을 겨누는 동시에 난민, 취업이민자 등 남의 나라에서 혜택만 누린다고 오해 받는 외국인들에게도 불리한 방향을 취한다.

과거의 노동자 계급은 최소 수준에서 더 나은 삶을 위해 투쟁했고, 그러기 위해 동지들의 결속이 필요했다. 안타깝게도 이와 같은 과거의 기억으로 인해 노동자들은 시민의 무리에서 빠져나와 동맹조직으로 되돌아가는 길을 선택한다. 견실함과 정직함의 상징이었던 노동자가 오늘날의 세상에서는 사해동포주의와 도덕을 지키느라 파멸한 '엘리트'의 희생양으로 보인다.

오늘날 평가되는 노동자 계급의 가치는 마르크스주의와는 전혀 무관하며, 향수에 젖어 현실 상황을 부정하려는 심리를 바탕으로 유지된다. 오늘날에도 프롤레타리아 계급이 있었다면, 심각한 경제위기조차도 그들을 이용해 국경선 내에서 극복할 수 있었을 것이다! 분명히 밝히지만, 이 말은 현실에 반하는 가정일 뿐이다.

노동의 종말

디지털화에 의한 자동화는 모든 노동환경에서 처음부터 매우 빠르게 진행되어, 그 속도를 끊임없이 높이고 있다. 자동화는 1980년대에 시작되어 90년대에는 공업국의 거의 모든 일터를 지배하고, 늦어도 2000년 초부터는 세계적인 기술로 자리 잡았다. 칼 마르크스는『기계 조각』이라고 부르는 우울한 혼잣말에서 이와 같은 발전을 꿈꾼 듯하다. 디지털 기술은 '거대한 자동화 기계'이거나 팔방미인 '거장', 학문이 날개를 달아주고 '자체의 영혼을 지닌' 보편적 공장이다. 마치 자동화 기계가 18세기의 강박관념이었던 경제의 아방가르드를 오늘날 형성하는 듯하다.[24] 이때 디지털 기술은 인간이 생산한 노동을 지배하는 힘으로 등장한다. 그러면 언젠가, 마르크스가 언급하지 않은 시점에 '현재 누리는 풍요의 바탕인 타인의 노동력 도둑질'은 멈추게 될 것이다.

왜냐하면 노동을 더는 착취할 수 없고, 그 결과 '개성의 자유로운 발전'이 가능하게 되면, 상품가치의 내용이자 규모인 노동시간은 그 의미를 잃기 때문이다. ─마르크스는『공산당 선언』에서 역사적 필연성에 의해 노동자 계급이 부르주아를 꺾고 반드시 승리하게 되어 있다고 말하면서도 그 승리를 사명으로 제시했다. 이 과정에서 나타난 모든 모순은 마치 자본에 의한 자본의 극복인 자동화 기계 속에서 저절로 제거되는 듯하다.

오늘날 잘못된 세상이 곧 끝나리라는 사실을 벌써부터 알고 있었다고 주장하는 마르크스주의자들이 다시 나타났다. 이를테면 『탈자본주의』를 쓴 폴 메이슨 같은 사람이다.[25] 그러나 이번에는 잘못된 세상을 끝내는 데 누구나 스스로 기여해야 한다는 이념은 그림자도 보이지 않는다. 물론 제조업 공장과 수공업 분야의 노동자 수는 감소했다. 적어도 과거의 공업국에서는 그러하다. 이러한 현상은 모든 경제 분야에 전산처리가 도입된 시기와 대략 같은 시기에 나타나기 시작했다. 또한 값싼 노동력 덕분에 산업화된 과거의 가난한 나라들이 놀라우리만치 빠른 속도로, 때로 한 세대도 안 지나서 최첨단 기술 산업의 본거지로 탈바꿈한 일도 사실이다.

그러나 전 세계 노동자의 수는 여전히 증가하고 있다. 방글라데시나 동 아프리카의 에리트레아에서는 공장노동이 컴퓨터로 조작하는 기계보다 여전히 더 싸다. 동시에 제품 향상, 생산 관리, 제품의 판매와 유통, 좁은 의미와 넓은 의미의 소통, 그리고 상품의 디자인과 프레젠테이션 등과 관련된 일에 종사하는 사람의 수도 증가하고 있다. 자동화 기계의 등장으로 물질적 생산이 그 의미를 잃는 만큼 넓은 의미의 정신적 생산은 증가하는 듯하다.

칼 마르크스는 교사와 의사의 노동도 의식했다. 제품을 생산하지 않고 개개인에게 '관여하는' 노동을 언급했다. 물류와 분배, 그리고 모든 '서비스'에 대해서도 고찰했고, '비물질적 생산'

이라는 말도 했다. 비물질적 생산은 판매할 수 있는 상품을 만들지만 이를테면 책의 형태로, 그 물건이 생산되고 시판되는 방식은 "애초의 자본주의적 생산방식과는 상관이 없다." 이런 식의 생산은 생산 행위와 분리될 수 없기 때문이다. 교사는 수업과 분리될 수 없고, 배우는 공연과 분리될 수 없으며, 저술가는 자신의 저술 작업과 분리될 수 없다고 마르크스는 설명했다. 여기에 이어지는 문장은 오늘날의 상황을 지적하는 듯해 보이는데, 사실은 19세기의 정신적, 예술적 노동과 마르크스 자신에 대한 이야기이다. "이와 같은 과도적 형태에서 노동의 착취가 가장 크게 나타나므로, 본질적으로 아무것도 달라지지 않는다."[26]

그러나 '비물질적' 생산의 범주에 책만 해당되지는 않는다. 기술적 재생산 가능성의 향상 및 새로운 매체의 발달 덕분에 모든 '비물질적' 생산 분야는 근본적으로 달라졌고, 추측컨대 오늘날의 경제에서 가장 큰 부문이자 결단코 가장 높은 수익을 올리는 부문이 되었다는 점은 굳이 말할 필요도 없다. 마르크스에 따르면, "자본주의 생산에서 나타나는 이 모든 현상들은 이 분야의 경우 생산 전체와 비교할 때 그 중요성이 매우 미미하므로, 무시해도 될 정도다." 마르크스는 이러한 대상을 다루려 하지 않았다. '중요성이 매우 미미하다'는 평가는 마르크스가 살던 당시 그의 주변에서는 아마도 전혀 부당하다고 여기지 않았던 모양이다.

『기계 조각』은 마르크스의 저서 가운데 가장 중요한 예외에 해당하는 글이다. 이 글에서 마르크스는 '발명'이 상품생산을 지배하고 이와 더불어 '학문'도 지배하는 상황에 대해 언급했다. 여기서 '학문'은 넓은 의미로 이해해야 할 것이다. 아니면 오늘날 다소간 '창의적인' 직업으로 이룬 업적들, 이를테면 소프트웨어의 발달, 디자인의 수준, 또는 의사소통 수단의 개발 등에서 확인되는 '일반 지능'의 의미로 해석될 수 있다. 이 모든 활동의 공통점은 활동에서 '발명'이 차지하는 비중이 너무도 크기 때문에, 여기에 제공된 노동력은 시간 단위로 측정할 경우 가치형성의 기준이 될 수 없다는 데 있다.

이렇게 생성된 물건은 노동생산물이라기보다는 작품의 성격을 띤다. 또는 수십 년이 지난 후 우연히 발생한 노동에 의해 작품이 되는 경우도 있다. 이러한 조건하에서 노동은 노동자와 사업가와 예술가의 특징을 모두 지닌 소자본가의 등장으로 그 성격이 바뀌었을 뿐만 아니라, 제품 또한 그 성격이 바뀌어 귀한 상품으로 취급된다. 이러한 상품의 가치는 사용된 노동시간을 반영하기보다는 그 가치가 사회적인 기능과 효용을 기준으로 측정된다는 사실을 반영한다. 이러한 가치 계산에는 종종 기술적 재생산 가능성에 근거를 둔 희망이 깔려 있다. 즉, 한 번 생산한 제품으로 거의 영원한 소득을 얻을 수 있으리라는 희망이다. 한때 대단히 성공한 어느 저술가의 희망이 이제 국민경제의 모든 부문으로 확산되었다.

제 10 장

평등

Die Gleichheit

불평등은 위협이다

귀족의 특권은 폐지되었다. 이제 높은 사람 옆을 지나갈 때 모자를 벗지 않아도 된다. 토지 소유와 선거권의 결합도 해체되었다. 빈털터리도, 그리고 이른바 우익 포퓰리스트도 투표를 할 수 있게 되었다. 무슨 투표든. 여성해방도 최소한 형식적으로는 완결되었고, 무엇이든 똑같다고 판단할 수 있는 일은 점점 똑같아졌다. [상황을 자세히 살펴보면 문제가 복잡해진다. 특히 동등한 권리와 동등한 대우를 구별하는 일은 더욱 어렵다. 동등한 권리는 선거의 자유 및 알려진 결과와 관련하여 똑같은 기회를 보장하는 일을 의미한다. 반면 동등한 대우는 동등한 결과를 의미하며, 경우에 따라 동등한 권리가 희생된다.

따라서 이 두 개념은 근본적으로 다르며, 서로 통합될 수 없다]

여전히 남아 있는 불평등 문제는 돌아가는 상황에 맡긴 채 가끔씩 만회하면 안 될까? 문제는 불평등이 줄어드는 것 같지 않다는 데 있다. 평등이 관철되면 될수록 더 많은 불평등이 나타난다. 재산 분배, 봉급 산정, 성(性)문제, 그리고 이민자 처리 문제 등에서 여전히 불평등이 확인된다. 평등은 수평선 위로 비추는 한 줄기 빛처럼 반짝이지만, 그 빛에 가까이 다가갈수록 빛은 더 멀리 달아난다.

민주주의와 복지와 평화가 찾아오고 수십 년이 지난 지금도 평등 문제는 여전히 심각한 실정이다. 사회학자 볼프강 슈트렉는 이와 관련하여 다음과 같이 말했다. 미미한 경제성장 및 높은 국가부채와 결부되어 증가하는 불평등 현상은 "그 성질조차 상상하기 어려운 체계적 위기"를 불러일으킬 것이다.[1] 반면 이러한 위협이 현실이 되는 일을 막을 제안은 얼마 되지도 않고 매우 불분명하지만, 그 제안들은 모두 더 평등했던 과거로 돌아가라는 권유들이다. 이를테면 세계화된 자본을 제어한다거나 새롭고 혁신적인 재산세를 도입하는 일이다. ─이 두 제안은 국가는 자본 형성을 위한 여건을 마련할 뿐만 아니라 자본의 적이기도 하다는 과거의 사상을 변용한 것이다.

따라서 평등의 실현을 위해 끊임없이 노력하지만, 평등은 결코 실현되지 않는다는 사실만 거듭 확인하지 말고, 오히려 사정이 더 악화되기만 한다는 사실만 확인하지 말고, 평등과 불평등은 서로 어떤 관계인지 자세히 살펴볼 필요가 있다.

모노폴리

〈모노폴리〉라는 보드 게임을 할 때, 참가자는 처음에 모두 같은 액수의 착수금을 받는다. 그리고 행운과 두뇌 작용에 의해 누가 궁궐 앞길에 호텔을 짓는지, 그리고 마지막에 부동산 매입 가격을 뛰어 넘는 임대 수입을 올리는지 정해진다.[2] 어떤 버전에서는 작은 남자 이미지가 달려온다. 이 남자는 오래 전에 유행했던 멋진 세미 정장을 하고 실크모자를 썼으며, 비비 꼬인 콧수염이 나 있다. 오른 손은 마치 사업 계약서에 서명을 촉구하듯 앞으로 뻗어 있고, 왼 손으로는 산책용 지팡이를 흔들어댄다. 이 사람은 의심의 여지없이 자유 시장경제의 한 시대에 속하는 인물이다. 이 인물을 진지하게 여길 필요는 없다. 알다시피 게임에 나오는 인물이니까. 한편 〈모노폴리〉는 〈화 내지 마요〉나 〈백가몬〉 같은 게임과는 다르다. 〈모노폴리〉는 자본주의와 그 내면의 야심, 즉 자본 증식을 사각형의 보드로 축소한 형태이다.

이 게임의 초기 버전은 20세기 초에 나왔다. 미국에서. 아니면 어디겠는가? 마르크스가 '이른바 원초적 축적'이라고 일컬은 부동산 매입으로 시작하는 규칙만 봐도 알 수 있다. 그리고 이 게임에는 철창 뒤의 슬픈 얼굴로 표현되는 감옥과 경찰이 있지만, 그 외에는 어떠한 공권력도 없다. 기껏해야 거친 서부의 보안관이 통치할 것 같지 않은가? 아니면 이 게임에 나오는 은행이 공권력인가? 〈모노폴리〉는 1935년 3월에 파커 브라더스 사(社)로 넘어간 후 가장 많이 팔린 오락 게임이 되었다. 이 게임이 그토록 잘 팔린 원인은 사업가적인 행동에 대해 보상을 해주기 때문이다. 물론 아끼고 모으는 사람은 용서를 받는다. 그러나 열정적인 쇼핑족은 벌을 받는다. 처음에 공산주의 국가에는 이 게임이 도입되지 않았으나, 2001년에 중국에서도 허용이 되었다.

이 게임에서는 토지 소유가 소유 그 자체이다. 시작할 때는 자유 시장경제 이론과 마찬가지로 모든 참가자가 평등하다. 누구나 같은 금액을 사용하며, 주사위 던지기는 어차피 운에 달린 문제다. 이 게임은 이런 식으로 진행되며 재산 증식의 법칙을 따른다. 전체적으로 볼 때, 게임에서 표시되는 가치는 한없이 오른다. 이때 수익 또는 손해는 요령과 우연에 달렸으며, 상황마다 매우 다르게 나타난다. 동등하게 출발한 참가자들은 주사위의 만행과 개인의 능력에 따라 불평등의 연속을 맛보기도 한다. 〈모노폴리〉에 나오는 '은행'은 그 이름이 잘못되었다. 이 은행은 게임 참가자 특유의 관심사에서 벗어나 있으므로 우리가 흔히 '은행'에서 연상하는 상업적인 기업이 아니다. 이 은행은 오히려 일종의 국가다. 은행이 국민들의 경쟁을 유도하고 관리하며, 모든 경제의 기반이 된다. 돈을 제공하고, 심지어 일종의 무조건적 부동산 수입을 야기한다. 은행이 게임을 지배하고 원칙적인 평등을 보증하는 기관이다.

교환은 평등을 요구한다

칼 마르크스는 1845년 여름 프리드리히 엥겔스와 함께 영국을 여행하던 중, 당시 인기 있던 얇은 책 한 권을 읽었다. 그 책은 미국의 인민헌장주의자이자 인쇄업자인 존 프랜시스 브레이가 쓴 『노동자의 잘못과 노동자의 개선』이었는데, 여기서 저자는 '권력의 시대'는 곧 끝이 나고 '정의의 시대'와 결별할 것이라고 선언했다. 왜냐하면 노동자와 자본가 사이의 "교환 체계는 한 계급에게는 호사스럽고 한가한 삶을 허용하는 반면, 다른 계급에게는 끝나지 않는 고생을 강요하기 때문이다."

그 당시 마르크스가 쓴 메모를 보면 '불평등한 교환'에 얼마나 몰두했는지 알 수 있다.[3] 마르크스는 브레이의 책에서 "노동자와 자본가의 합의는 단지 코미디일 뿐이다. 이는 사실상 수천가지 합법적인 도둑질 가운데 한 가지인 뻔뻔스러운 도둑질일 뿐이다."[4]라는 말을 발췌하고, '합법적인 도둑질'에는 밑줄을 쳤다. 옳은 말이라고 생각했기 때문이 아니라, 이 주장을 비판하기위해서였다.

'도둑질'을 완화하면, 또는 브레이가 제안한 대로 진정한 평등을 이룩하면 이러한 상황이 나아진다는 주장은 과거의 믿음을 나타내는 말만은 아니다. 오늘날 사회민주주의자들이 주장하는 내용도 본질적으로 이와 다르지 않다.

그런데 '공정한 교환'이라는 말이 나올 때마다 공정성이 무엇이고 어디서 비롯하는지는 밝히지 않은 채 넘어간다. 자연에서 비롯하는가? 인권에서? 그리고 어느 형법에 '불평등한' 교환이 '절도'로 규정되어 있는가? 노동시간은 생산에 든 모든 비용을 제한 금액으로 교환된다. 이와 같은 가치교환이 행해지는 상황 자체가 범죄 행위의 정황 증거가 될 수는 없다. 교환은 가격과는 무관하게 자본주의 생산방식의 기본 요소일 뿐이다. 여기서 공정성은 문제가 되지 않는다. 공정성은, 기존 상황과 그 특징을 '불공정'하다고 서술하기만 하면 실태를 비판하는 주장이 나온다고 믿는 이상주의자들이 끌어들인 문제다.

이와 같은 의미에서 마르크스는 다음과 같이 메모했다. "브레이 씨는 우직한 시민의 환상을 자신이 실현하고 싶은 이상으로 끌어올린다. 이 사람은 개별적인 교환이 순화되면 사회에 도입되어야 할 '균등한' 관계를 찾을 수 있다고 믿는다. 브레이 씨는 이 균등한 관계, 이 이상적인 개선이라는 것이…… 현실을 반사한 모습과 다르지 않다는 사실을 모르고, 따라서 현 사회의 그림자를 미화한 것일 뿐인 기초 위에 그 사회를 재건하는 일이란 전혀 불가능한 일이라는 사실도 모른다."[5] 모든 시장경제는 등가의 교환에 의해 존속한다. '순화'를 하기 위해서는 등가의 교환이 언제나 '공정하게' 진행되는 교환이라는 전제가 있어야 한다. 그러니까 교환을 하는 사람은 누구나 자신이 내놓은 상품의 가치에 합당한 가치를 얻는다는 말이다. 시장경제에 비판적인 이상주의자들은 여전히 이렇게 믿고 있다. 이와는 달리 마르크스는 노동시간과 돈의 교환은 줄곧 계급 간 대립의 표현이었다고 말한다. 계급 간 대립에는 완화할 것도, 좀 편안한 것으로 바꿀 것도 없다, 자본주의적 생산방식 없이 노동시간과 돈을 교환하는 일은 더더욱 있을 수 없다고 마르크스는 덧붙였다.[6]

마르크스가 한 말 가운데는, 그 중에서도 주로 젊은 시절엔 '공정한' 교환을 조금은 긍정적으로 생각하는 듯한 느낌이 드는 말도 있다. 특히 『공산당 선언』에서 이러한 느낌이 두드러진다. "사람들은 결코 노동생산물의 개인적인 취득을 폐지하려 하지 않는다. 다만 그 취득의 비참한 성격을 없애려 할 뿐이다. 노동자는 단지 자본을 불려주기 위해 그 비참한 성격을 참고 살아간다."[7] 마르크스의 공정한 교환에 대한 약간의 긍정적 관심을 전제할 때, 이 말은 비참한 상황이 발생하지 않는다면 노동력을 돈과 교환하여 개인의 평화를 구할 수도 있다는 말처럼 들리기까지 한다. 그리고 『자본론』 제1권에서는 아리스토텔레스를 인용하며 그 말에 동의한다. "교환은 평등 없이는 불가능하지만, 평등은 통약(通約) 가능성(같은 척도로 잴 수 있는 성질 - 옮긴이) 없이는 불가능하다."[8] 공정한 교환을 지지하는 사람들은 이 문장이 노동환경에 관한 글이 아니라 상품의 등가형태에 관한 글이라고 해석하며 이 문장을 인용한다.

실제로 마르크스는 노동을 돈으로 교환하는 일은 착취를 기반으로 세운 경제형태에 속하며, 이로부터 분리할 수 없다는 자신의 주장을 유지했다. "각각의 주체는 교환하는 사람이다. 즉, 각 주체는 다른 주체와 사회적으로 동일한 관계를 맺고 있다. 따라서 교환의 주체로서 맺은 관계는 평등의 관계다."[9] 『정치적 경세 비평 개요』에서 마르크스는 이와 같은 맥락에서 다음과 같이 주장하며 '사회주의자들의 유치한 생각'을 반박했다. "그들은 교환가치 등의 교환은 원래 또는 그 개념 상 모든 사람이 자유롭고 평등한 시스템인데 돈, 자본 등에 의해 부패되었다고 시위한다."[10] 마르크스가 비판한 사회주의자들은 프랑스 혁명으로 표출된 시민 사회의 이념이 구현된 체제가 바로 사회주의라는 주장을 증명하려는 프랑스 학자들이다.

칼 마르크스는 많은 추종자들의 견해와는 달리 다음과 같은 생각으로 거듭 되돌아온다. "평등과 자유는…… 교환가치에 기반을 둔 교환에서 존중된다. 그뿐만 아니라, 교환가치의 교환은 모든 평등과 자유가 설 수 있는 생산적이고 현실적인 기초이다. 순수 이념으로서의 평등과 자유는 단지 이 말을 이상적으로 표현한 말이다. 법적, 정치적, 사회적 관계에 나타난 평등과 자유는 다른 잠재력의 기초일 뿐이다."[11] 시장에서 상품교환은 줄곧 평등하게 진행된다. 따라서 평등에는 언제나 양면이 있다. 불평등과 반대 방향으로 돌려보면, 평등은 해방의 수단이다. 그리고 모든 사람이 법적으로 자유롭고 평등한 상황에 반하도록 돌릴 경우, 평등은 동등하지 않은 것을 동등하게 취급함으로써 불평등을 낳는다는 불만의 대상이 된다. 마르크스에 따르면, "법은 본질적으로 오로지 동일한 기준을 적용하는 경우에만 존재한다. 그러나 동등하지 않은 개개인은 그들이 한 가지 관점에서만 보고 특정한 측면만 이해할 때에 한해서만, 이를테면 한 개인을 오로지 노동자로만 보고 그 외에는 그 사람에게서 아무것도 보지 않을 때에 한해서만 한 가지 잣대로 측정될 수 있다."[12] 이것이 바로 평등으로 인해 더는 직접적인 폭력을 경쟁의 수단으로 사용할 수 없게 되었음에도 평등을 문명인의 승리라고 단적으로 말할 수 없는 이유이다.

평등은 자유에 모순된다

프랑스 혁명의 슬로건은 '자유' '평등' '박애' 세 가지 구호가 함께 전체를 이룬다.[13] 그러나 이 세 개념의 관계는 평화롭지 않다. 오히려 그 반대다. 자유를 지지하는 사람들은 '각자 자신에게 필요한 것'을 요구하는 반면, 평등주의자들은 '모두에게 같은 것'을 주장한다. 이 두 요구사항이 서로 배척하는 관계이기 때문에 세 번째 구호 '박애'가 추가된다. 결합될 수 없는 일도 박애의 의미에서 결합될 수 있다. 자유는 평등을 수용할 수 없다. 왜냐하면 자유는 다름이 없이는 있을 수 없기 때문이다('평등'에 해당하는 프랑스어 égalité와 독일어 Gleichheit는 '같음'을 나타내는 말이기도 하다 - 옮긴이). 그 반대도 마찬가지다. 이는 상품교환에도 해당하는 이치다. 젊은 날의 마르크스는 다음과 같이 말했다. "약탈의 의도는 항상 뻔하다. 사람은 누구나 자신의 이익을 위해 타인을 속이려 하기 때문이다." 그러나 '물리적 힘의 제국이 무너지면' 사람들은 상호 인정을 바탕으로 서로 협상한다.[14] 이 불분명하게 표현된 말은 약탈과 인정의 전제, 즉 사유재산과 거기에 포함된 경쟁을 함축적으로 나타낸다.

자유와 평등은 따라서 민주주의 사회의 기반이 되는 '가치'라기보다는 자본주의가 작동하기 위한 조건들이다. 크리스 크리스토퍼슨은 자유는 더는 잃을 것이 없는 상태를 나타내는 다른 표현이라고 말했다. 그러나 이 말은 틀린 말이다. [크리스 크리스토퍼슨과 프레드 포스터가 1969년에 쓴 노래 〈나와 보비 맥기〉에 나오는 가사 중 일부다. 이 부분은 인간이 자주적인 행동을 통해 즉시 취할 수 있는 위험한 자유를 암시하기 때문에 매우 인상적이다]

자유는 개개인이 자신의 이득을 추구하는 일은 다른 사람이 이득을 얻지 못하도록 방해해야만 가능한 사회적인 상황의 표현이다. 반발에 부딪히지 않는 곳에서라야 하고자 하는 일을 할 수 있는데, 이때 '자유'라는 말이 결코 떠오르지 않기 때문이다.

반대로 평등은 발전한 시민 사회의 표현이기보다는 자신의 이익을 추구할 때 다른 사람들을 존중해야 하는 의무의 표현이다. 이 의무는 국가의 서비스다. 국가는 가능한 모든 수단을 동원해 누구나 재산과 인권을 존중하고, 타인의 관심사를 인정하는 가운데 자신의 이익을 추구하도록 조치한다.

평등은 아직 익숙지 않은 개념이다

봉건 사회에서는 인간은 근본적으로 동등하지 않다고 생각했다. 평등의 개념은 계몽주의 및 그 뒤를 잇는 민주주의와 더불어 귀족과 수공업자, 자영농과 농노 사이의 차별에 반발하여 발생했다.

그러나 산업화된 서구의 여러 나라에서조차 19세기까지 또는 20세기까지도 인간은 근본적으로 동등하지 않았다. 사람들은 부르주아 계급이 통치하는 한 동등하지 않았다. 부르주아는 집과 토지, 무엇보다 생산수단을 소유하고 있었고, 직업과 교육과 태도와 인간관계에서 타 계급보다 월등했다. 많은 부르주아들이 귀족과 유착했고, 실제로 이들 중 많은 사람들이 귀족이 되었으며, 자본은 신고딕 양식으로 대궐 같은 저택을 짓고, 머지않아 공장을 퇴창과 성첩(城堞)으로 장식했다. 이런 일이 가능했던 원인은 새로운 정치 질서와 경제적, 정치적으로 성공한 국가의 새로운 지도층이 이를 문제 삼지 않았기 때문이다.[15]

하층민들이 부르주아 계급의 통치에 반발하여 일으킨 혁명은 평등에 대한 요구와 더불어 지속되었다. 이와 같은 계급 간 대립은 19세기에 그치지 않았다. 프랑스에서 모든 남자들이 선거권을 얻게 된 일은 1848년 혁명의 성과였다. 독일제국의 남자들은 1871년에야 선거권을 얻게 되었고, 영국에서는 1918년까지 기다려야 했다. 유럽의 여자들은 20세기 초에야 비로소 선거권을 얻을 수 있었다. 그 시대의 진보 세력과 보수 세력은 인민들과 도모할 수 있는 일이 별로 없었고, 하려고도 하지 않았다. 이 사람들 눈에는 인민이 지나치게 감성적이고, 지나치게 근시안적이며, 기존의 열악한 환경에 지나치게 얽매어 있는 비천한 사람으로만 보였다. 오늘날에도 자유와 평등을 국가의 원칙으로 삼는 경우, 이는 선거 때마다 나오는 국민의 뜻이 아니라 헌법에 보장된 기본권과 인권을 바탕으로 정한 일이다. 그리고 이상적 민주주의를 추구하는 사람들은 민주주의적인 선거를 통해 권력을 쥔 사람들에 대해서도 이들은 사실상 민주주의자가 아니라고 주장한다. 그 순간 사람들은 민주주의에 대해서도 회의에 빠지게 된다.

시민의 권리가 일반적으로 보장되었을 때에도 투표에 영향을 미칠 수 있는 자유와 평등은 대부분의 유권자들이 처한 삶의 여건을 반영하지 못한 상태였다. 귀족, 재력 그리고 교육에 의한 지배의 기억은 나치 시대 일부를 제외하고는 제 2차 세계대전이 끝난 후까지도 생생하게 남아 있었다. 지도층 대부분이 과거와 달라지지 않았고, 인구 대다수의 생활여건은 자유와 평등으로 어떤 일을 도모할 수 있는 개인주의의 기반을 제공하지 않았다.

이러한 상황은 1960년대에 서구 사회가 사회민주주의와 '평준화된 보통사람들의 사회'를 추구하면서 비로소 달라졌다.[16] 이러한 변화의 초석 가운데는 여성의 지위가 근본적으로 달라진 일도 포함된다. 여성들은 계급에 관계없이 자신의 돈을 스스로 벌 수 있게 되었다. 이러한 지위의 변화는 해방인 동시에 새로운 강요에 굴복하는 일이었다.

불평등은 실증을 요구한다

2013년에 프랑스의 경제학자 토마 피케티는 『21세기 자본』이라는 제목의 책을 출판했다.[17] 이 책은 세계적인 호응을 얻었는데, 피케티가 이 책으로 증명하고자 한 주제는 의외로 단순하다. 피케티에 따르면, 21세기 초의 사회적 부(富)의 분배는 100년 전 또는 200년 전과 다르지 않다. 그때나 지금이나 극소수의 사람들이 실존하는 수입가치 및 재산가치 중 어마어마한 부분을 차지하는 반면, 인류의 거의 대부분은 시장에 내다 팔 노동력 외에는 가진 것이 없거나 아주 조금 더 가지고 있을 뿐이다. 사회주의 체제, 사회적 격차의 대폭 완화, 중간계층의 신분 상승, 교육 및 경제 정책 등 민주주의 국가에서 부의 재분배를 위해 기울인 이 모든 노력에도 근본적인 상황은 별반 달라지지 않았으며, 달라졌다 하더라도 잠시 그러다 말았을 뿐이다. 피케티는 동기 부여를 위해서는 분명한 경제적 차이가 필요하다는 진보적인 이론도 맞지 않는다고 말했다. 부의 거의 대부분이 노동수입이 아니라 재산이기 때문이다. 오늘날 재산은 돈벌이로 형성되기보다 10년 전, 20년 전부터 19세기 때처럼 일부 상속된다. 그런데 이러한 변화 현상 아니, 정확히 말해 불변 현상은 어떤 위협과 결부되어 있다. 즉, 노동과 수입의 관계를 확인할 수 없는 곳에서는 사회의 평화적 결속이 무너진다.

마르크스의 『자본론』과 유사하게도 『21세기 자본』의 중심을 이루는 내용은 한 가지 공식이다. 즉, r > g라는 공식인데, 여기서 r는 자본에 의한 수익(return of capital)을 나타내고, g는 경제성장(economic growth)을 나타낸다. 이 공식의 의미는 부를 분배하는 '가위'를 어쩔 수 없이 더 크게 벌려야 한다는 사실이다. 그 이유는 첫째, 자본에 의한 수익은 지속적으로 축적되기 때문이고, 둘째, 오늘날과 같은 저성장의 시대에는 이러한 격차가 더욱 심각하게 나타나기 때문이다.

다시 말해, 자본에 의한 수익이 3퍼센트 또는 4퍼센트에 머물더라도 재산은 늘어나는 반면, 인플레이션은 아무리 그 정도가 경미하다 하더라도 수입으로 생계를 이어가는 대부분의 사람들에게는 세금 인상과도 같이 작용하기 때문이다. 게다가 지난 수십 년 동안에 매우 부유한 근로자 계층이 형성되었으며, 최소한 그 가운데 일부는 대를 이어 재산을 소유한 사람들과 어깨를 나란히 한다. 이는 대기업 CEO를 두고 하는 말인데, 피케티에 따르면 이 사람들이 그토록 많은 돈을 버는 이유는 무엇보다도 자신의 봉급을 스스로 결정할 수 있기 때문이다. 민주적 이상주의자들의 불편한 심기는 열심히 일하는 사람들이 부당한 대우를 받을 때가 아니라 이들 CEO에게서 우선적으로 비롯한다.

그러나 실증연구가 이론을 주도한다는 주장에는 다른 측면도 있다. 데이터에만 의존하여 결론을 내리려면, 다시 말해 소득세 및 재산세 관련 수치로만 이론을 전개하기 위해서는 이들 수치의 근원인 경제형태가 최소한 하위구조처럼 보이는 것이어야 한다. 세무서의 입장에서는 토지 임대료 수입이든, 국채 이자든, 어느 산업 부문에 대한 투자 수익이든, 금융 파생상품으로 투기를 해서 번 돈이든 아무 상관이 없다.

이러한 측면에서 토마 피케티의 입장은 세무서와 다를 바 없다. 피케티는 자본의 분배, 정확히 말해 사경제(私經濟) 차원의 금융자본 분배를 고찰했을 뿐, 자본주의를 체제로서 고찰하지는 않았다. 따라서 피케티의 이론은 토머스 맬서스, 데이비드 리카도, 혹은 칼 마르크스에 비해 약간은 주제넘은 주장이다. 이 세 학자들은 단순히 특정 경제형태의 결과만을 계산하는 데 그치지 않고, 적어도 해당 경제형태를 연구하고 설명하고자 노력했다. 반면 피케티의 태도는 자신의 실증연구가 더 우월하다는 착각 속에 이상향을 꿈꾸는 19세기 사회주의자와도 같다.

피케티는 사회적 불평등을 지적하고, 그 정도가 매우 심각하다는 사실을 확인한 후, 이는 철저히 규명되어야 한다는 결론에 도달한다. 피케티가 미국 재무부의 초대를 받은 이유는 아마도 국가에 대한 이 같이 무리한 요구 때문인 듯하다.

피케티가 아무리 사실에 대해서만 말하기를 고집할지라도 그가 한 모든 연구의 출발점인 불평등은 그 자체가 실증연구의 대상이 아니라, 어떤 상황에 대한 확인이다. 그의 저서를 보면 저자가 이로 인해 애를 먹었다는 사실이 드러난다. 원래 피케티는 자신이 선택한 실증적 연구의 조건을 충실히 따르고자 했으며, 사변을 자제하고 예측은 더더욱 삼가고자 했다.

그러나 책의 내용을 보면, 여기저기 위협적인 발언을 발견할 수 있다. 이를테면 능력 위주의 이상(理想)을 지나치게 멀리하면 사회적 결속이 위해를 받을 수 있다는 말이다. 일단 개인의 능력은 자본주의가 존중하는 요소에 속한다는 사실은 배제하고 보자. 자본주의에서는 운용, 사용 가능한 자본의 규모, 또는 냉정한 성격도 중요하게 작용하니까. 아무튼 부(富)의 공정한 분배가 자본주의 경제형태와 관련하여 다룰 문제인지는 의심스럽다. 물론 부의 '공정한' 분배라는 이상을 버리고 자본주의의 무관심을 선택하라는 말은 아니다. 그러나 자본주의의 불공정성 때문에 자본을 비난하기 전에 적어도 자본이 왜 불공정하게 작용하는지, 어떻게 그러는지, 그리고 자본의 입장에서 생각하지 못할 이유가 왜 생기는지도 생각해봐야 할 것이다.

평등은 리듬을 원한다

'박애'에는 노래가 헌정되었다. 그리고 평등은 그 노래에 확실하게 포함되었다. 프리드리히 실러가 1785년에 쓴 「환희의 송가」에는 '모든 사람은 형제가 되리라'라는 시구가 나오고, 머지 않아 '네 부드러운 날개가 머무는 곳에서 / 걸인은 왕의 형제가 되리라'라는 말로 이어진다.[18] 루트비히 반 베토벤은 9번 교향곡의 4악장에서 이 시에 멜로디를 붙였다. [칼 마르크스는 루트비히 반 베토벤에게 너무도 매료된 나머지 그 때문에 런던의 어느 술집에서 주먹다짐까지 할 뻔했다. 조나단 스퍼버의 『칼 마르크스. 그의 생애와 그의 세기』(뮌헨 2013 p. 497)를 참조하라] 이 곡은 대단히 유명한 작품이다. 로맹 롤랑은 이 곡을 '인류의 국가(國歌)'라고 일컬었다. 이 곡은 1938년 제국음악축제(나치 체제를 선전하기 위한 음악 축제 – 옮긴이)에서 마지막 곡으로 연주되었고, 1950년대와 60년대에 열린 올림픽에서 동, 서독 선수들이 메달을 받을 때에도 연주되었으며, 1972년부터는 연주곡 형태로 EU공식음악으로 사용되었다.

이 음악이 연주되면 적어도 독일어권의 청중들은 그 가사를 떠올릴 것이다. 이 송가의 웅장한 음은 다양한 행사에서 대중을 동원하기에 충분히 매력적이다. 그리고 '모든 사람은 형제가 되리라'라는 메시지는 이념적으로 적대적인 사람들도 눈앞에 영광스러운 장면을 그려볼 만큼 충분히 추상적이다. 물론 형제는 모두 같다는 말의 의미가 대단히 애매모호하다는 점은 빼고 하는 말이다.

프리드리히 실러의 「환희의 송가」는 작게는 의도와는 달리 우스꽝스럽게 들리는 부분부터 크게는 이 시의 주제에 이르기까지, 여러 부분에서 불협화음이 연상되는 세련되지 못한 시다. 이를테면 '형제들이여, 자리를 박차고 나아가라'와 '벌레들도 쾌락을 얻는다' 같은 시구는 입가에 옅은 웃음을 띠기에 충분하다 ('자리를 박차고 나아가라'에 해당되는 부분은 일상의 입말에서 '자리에서 떨어져라'로 해석될 수 있고, '벌레'는 남성의 성기를 상징하는 표현으로 쓰인다 - 옮긴이). 주제에 대해 살펴보자. 환희가 시킨다고 될 일인가? 즐거워하라고 강요받는 순간 모든 즐거움은 달아나지 않는가? 기쁨은 극도로 민감하고 사라지기 쉬운 감정이다. 어떠한 명령도 따르지 않으며, 쿵-따, 쿵-따, 쿵-따 하고 이어지는 이 시의 리듬과도 전혀 어울리지 않는다. 시가 전단이나 성명과 같이 사람들에게 한마음이 돼라고 지시한다면, 그 시는 예술성을 잃는다.

이러한 특징은 심포니 오케스트라가 연주하는 베토벤 9번 교향곡 4악장을 들으면 부정하기 어려우리만치 확연해진다. 힘차게 발을 구르듯 첫 음이 시작되면 강하고 긴 음절과 약하고 짧은 음절이 끊임없이 반복되며 망치질을 하는 듯 역동적인 분위기를 불러일으킨다. 으뜸화음에서 쿵! 다시 한 번 쿵! 또 다시쿵! 또 다시 쿵! 베토벤은 고전음악의 걸작이 아니라 슬로건을 작곡했다. [토마스 베른하르트도 이와 유사한 견해를 밝혔다. 베른하르트의 장편소설 『옛 거장들』에서 등장인물 레거는 "베토벤의 작품에서는 실제로 모든 것이 행진을 해."라고 말한다. 토마스 베른하르트의 『옛 거장들』(총서 제 8권. 프랑크푸르트 암 마인, 2008) 79쪽을 참조하라] 베토벤이 이 사실을 몰랐으리라고는 상상하기 어렵다. 상상하기 어려운 점은 그뿐이 아니다. 베토벤이 9번 교향곡 4악장에 쓴 웅장한 아니, 광포한 화음에서는 환희를 선동하는 실러의 시를 비꼬았거나 악평을 한 흔적을 찾아볼 수 없다. 낙원의 들판은 증기 기관차가 달리기에 좋은 장소가 아니다. 그렇다 하더라도 이 음악은 1962년에 발표된 안소니 버게스의 장편소설 『시계태엽 오렌지』에서 음악적 배경으로 사용되었듯이.[19] 성폭행 또는 고문이 자행되는 장면에나 어울릴 것이다.

특히 음악으로 들어보면, 계몽주의 시대를 그토록 희망 찬 시대로 만든 개인 감성의 문화나 자유와 주관의 정신은 흔적조차 찾아볼 수 없다. 오로지 헌신의 능력만을 요구하고, 그 외에는 모두 배척한다. '그러지 못한 사람은 / 울면서 무리를 떠나리라.' 이 송가는 긍정적인 의미에서 '국가에 대한 요구'로 간주되었다.

그러나 이 송가의 모티브는 뒤집어서 해석할 수도 있다. 베토벤 교향곡 9번의 4악장에 대해 주세페 베르디는 "형편없다."고 평했고, 루이스 슈포어는 "괴물 같고 멋대가리 없다."고 말했다. 이 악장은 구원의 가능성이라고는 없는 절망의 기록으로, 음악사 가운데 가장 슬픈 작품으로 연주되고 감상될 수 있다. 작품 끝 부분에서 합창단이 '아름다운 신들의 섬광' 부분을 마지막으로 부르고 나면, 이어서 오케스트라가 매우 빠른 속도로 날아가 듯 연주한다. 이 부분은 더는 환호가 아니라 거친 사냥의 고통이 다. 이와 같은 중의성을 인정할 경우 이 곡은 대단히 흥미로워진 다. 추후에 부여된 국가(國歌)의 기능보다 훨씬 '더 현대적'인 작 품으로 해석될 수 있다.

시인 프리드리히 실러는 훗날 자신이 과거에 쓴 서정시들을 상당히 냉정하게 평가했다. 이러한 사실로 미루어볼 때, 실러는 젊은 날에 쓴 이 시의 애매모호한 성격을 충분히 의식하고 있었 을 것이다. 한편, 이 시의 첫머리를 장식하는 과장된 표현은 작 가가 애초부터 희극적인 요소를 계산하고 의도적으로 썼을 가 능성도 완전히 배제할 수는 없다. 즉, 이중의 해석 가능성을 처 음부터 시에 도입했으며, 이 이중의 기반에 베토벤이 곡을 붙였 다고 해석할 수 있다. 그러나 이와 같은 토론은 19세기에 점차 시들해졌으며, 20세기에는 그 흔적조차 남지 않았다.

제 11 장

위기

Die Krise

이성의 힘

돈은 '감정이나 기분'이 아닌 이성을 요구한다. 이 말은 철학자 게오르크 짐멜이 19세기에서 20세기로 넘어가는 시기에 한 말이다. 짐멜은 돈에 걸맞은 정신은 '이론적 객관성'이라고 덧붙였다.[1] 그 후 이와 다른 덕목이 요구되는 상황을 보건대, 사정이 좀 달라진 듯하다. 2007년 7월 말 소우드 캐피탈의 창업자인 제프리 라슨은 헤지 펀드의 환매 중단을 발표했다. 라슨은 이 사업으로 20억 달러에 가까운 손해를 본 상태였다. 그는 투자자들을 축하하면서 그들의 객관성이 아닌 감성을 칭송했다. "오늘날과 같은 도전의 시대에 우리는 당신들의 인내심과 이해심을 높이 평가합니다." 이 말은 사실 확인이 아니라 호소이다.

비슷한 시기에 라슨의 동료이자 그 후 머지않아 문을 닫은 리먼 브라더스 투자은행의 경영자였던 매튜 로드먼은 어떤 계산을 사업 손실의 근거로 끌어들였는데, 수학보다는 점성술과 더 밀접한 관계가 있는 계산으로 보였다. "수요일은 사람들이 쉽게 잊을 수 없는 그런 일진이었다. 우리의 확률 계산에 의하면 천 년에 한 번 일어날 사건이 사흘에 걸쳐 매일 일어났다."

경제학자 폴 크루그먼의 보고서에 따르면, 미국에서는 위험성이 높은 부동산 담보 대출 유가증권, 즉 2006년 1월에 발행된 '서브프라임 모기지 담보 유가증권'의 90퍼센트 이상이 신용등급 'AAA'를 받았다.[2] 이 증권들은 경제위기가 발생하자 곧바로 휴지조각이 되었다. 세계에서 손꼽히는 투자회사인 핌코사(社)의 어느 증권 트레이더는 이 사건을 다음과 같이 묘사했다. "마치 보이지 않는 손이 술잔치를 벌였는데, 신용등급 회사에서 신분증을 잘못 발급하는 바람에 너도나도 와서 퍼마신 것 같다."[3]

2008년 9월 뉴욕 리먼 브라더스 투자은행이 파산하자, 50개가 넘는 은행이 사라지거나 국유화되었고, 수많은 회사들이 지급불능 상태로 전락했다. 이와 관련하여 요제프 포글은 리먼 브라더스의 몰락이 어떤 결정 때문이 아니라고 지적했다. "위험한 목표, 헛된 희망, 오판, 불리한 상황, 사업적 이해관계 및 공공기관과 정치권의 사정 봐주기, 이해 부족과 오기 등이 특수한 유형의 사건을 야기했다. 이러한 유형의 사건에서는 관계자들이 모든 계산에 대해 책임을 지는 것 같아 보이고, 사심도 없어 보인다. …… 칼 크라우스가 쓴 『인류 최후의 날들』의 마지막 장면에서는 어느 절망한 신(神)이 제 1차 세계대전의 재앙에 대해 '내가 원한 일이 아니야.'라고 말한다. 2008년 9월에 일어난 비극의 주인공 가운데 한 사람도 이와 유사한 대사로 대단원의 막을 내렸다. '어떻게 이런 일이 일어날 수 있었는지 모르겠다.'[4]

그러나 '기술적 유통형태'[5], 즉 신용대출의 대표적인 인물인 이 은행가는 자신이 객관적이고도 냉철하게 생각하며 몽상하지 않는다고 믿지만, 실제로는 이 이상적인 생각으로 파악한 상황과는 전혀 다른 양상으로 경제와 환상이 서로 결합했을 수도 있다.[6] "금융은 로맨스다(Finance ist romance)."라는 말처럼, 실제로 상황은 이상적인 객관성이 환상에 날개를 달아준 격이었다.

위기에 관한 지식

위기는 자본주의의 일부분이다. 위기는 자본주의가 정상적으로 돌아가고 있다는 뜻이다. 사업이 잘 풀리면 기업은 몸집을 불린다. 새 공장을 세우고, 기계에 투자하고, 직원을 채용한다. 그러면 더 많은 이윤을 얻을 수 있다. 더 싸게 생산해서 더 많이 팔수록 돈을 벌기는 더 쉽다. 그러다 언젠가는 시장이 상품을 다 수용하지 못하는 상황에 이른다. 왜냐하면 기업은 성장을 추구하는 반면, 사람들의 지불능력에는 한계가 있기 때문이다. "자본주의적 생산은 오직 사회의 절대적 소비능력만이 생산력의 한계라는 듯이 생산력을 무한히 늘리려 한다. 그러나 이러한 경향과 무관하게 실재하는 다중의 빈곤과 소비의 한계는 모든 실제적인 위기의 최종 원인이 된다."고 칼 마르크스는 설명했다.[7] 그러면 남아도는 상품을 제거한다. 때로는 거의 눈에 띄지 않게 제거하지만, 때로는 굉장히 놀라운 방식으로 제거하기도 하므로, 남는 상품을 좀 더 소비자를 위하는 방향으로 사용할 수도 있을 텐데 하는 생각이 들기도 한다. 그러나 경우에 따라서는 안 팔리고 남는 물량 때문에 사업 자체가 존폐 위기에 처하기도 한다. 마르크스에 의하면, "무서우리만치 과격한 공장의 확장과 세계시장의 공장 의존성은 필수적으로 열병과도 같은 생산으로 이어지고, 그 결과 시장은 상품으로 넘쳐나게 된다. 그러나 시장이 위축되면 산업은 마비된다. 산업의 생기는 정상 활력기, 호경기, 과잉생산기, 위기, 그리고 스태그네이션기의 순서에 따라 달라진다."[8]

이러한 과정을 겪으면서 관계자들이 위기에 대해 뭘 좀 배우는 것 같지는 않다. 오히려 위기의 책임을 경쟁에 떠넘기려 한다. 또는 정치인들이나 몇몇 욕심 많은 사업가들의 탓으로 돌린다. 마치 투기꾼들의 이른바 욕심은 그 직업에 사실상 필요한 요소와는 다른 것처럼 치부한다. "투기꾼들이 취급하는 물건은 돈, 즉 경제적 사용권의 양적 단위뿐이다. 투기꾼들이 중요하게 생각하는 사실은 오직 한 가지, 돈을 더 크게 키워야 한다는 사실이다. 바로 여기에 화폐라는 상품의 특징이 있다."[9] 따라서 위기는 자꾸만 반복되며, 심지어 6년 또는 8년이라는 어느 정도 일정한 주기에 따라 찾아온다.

자본의 진보

금융경제가 독자적으로 작동하는 조건하에서는 위기의 가능성이 증가한다. 금융자본은 기존 경제의 모든 특징을 동원한 것처럼 작용할 뿐만 아니라, 이 모든 특징에 해당하는 가능성들의 복제물로서도 작용하기 때문이다. 금융자본은 사업 활동을 체계적으로 검토하고, 그 잠재력을 찾으며, 사업의 구성 요소를 새로이 조합한다. 그리고 더 많은 이윤을 얻을 수 있다는 예상이 어느 정도 근거가 있으면 무엇이든 지원한다. 이리하여 사업가나 기업이 주거래 은행의 조언을 따랐더라면 엄두도 못 냈을, 상상을 초월하는 적극적인 시도가 발생한다. 지금까지 비현실적으로만 보였던 스케일의 투자 가능성, 새로운 시장정복, 세계 어딘가에 구축되는 회사의 새로운 입지, 얼마 전까지만 해도 생각조차 할 수 없었던 합리화 효과 등 모든 것이 가능해 보인다.

지위가 상승한 금융자본은 기업을 사태의 주체로서 대하지 않는 경향을 보인다. 이 자본의 입장에서 볼 때 은행, 공장, 무역

회사는 더는 상품을 생산하고 지속적으로 가치를 증대하는 기관이 아니다. 다시 말해, 장기적으로 이익을 얻기 위해 투자하는 기업이 아니다. 금융자본은 회사를 투기꾼의 눈으로 관찰한다. 그들의 눈에 회사는 수익 창출 가능성이 잠재되어 있는 대상이다. 이 대상은 많든 적든 이윤을 낳을 만한 부문으로 쪼갤 수 있고, 전체로서, 또는 부문별로, 또는 이렇게 저렇게 결합하여 미래에 더 많은 이익을 얻을 수 있다는 약속으로 팔아먹을 수 있는 것이어야 한다. 그러므로 현대의 투자자들은 엄밀하게 말하면 더는 투자하지 않는다. 그들은 생산 단위의 총체로 이해되는 사업 모델과 거래한다.

물건 또는 옵션에 특정 가격이 있다는 사실은 이로써 점차 불확실한 사안이 된다. 상품과 가격의 결합이 해제된다. 이에 대해 막스 베버는 일찍이 다음과 같이 설명한 바 있다. "이와 같은 사업은 현존하지 않는 상품, 아직 생산을 마치지 않은, 때때로 생산 예정인 상품에 대해 결정된다. 이때 구매자는 일반적으로 그 상품을 자신이 소유하지 않고 다른 사람에게 넘기려 하는데, 경우에 따라 상품을 인수하고 값을 치르는 과정을 밟기도 전에 넘기기도 한다. 또한 판매자는 일반적으로 상품을 소유하고 있지 않고, 대부분은 직접 생산하지도 않으며, 우선 이익부터 챙기려 한다."[10] 막스 베버의 설명은 19세기 말 이야기다. 그 후 이와 같은 거래의 가상적인 성격은 몇 배로 강화되었다. 이와 같이 진보한 금융경제의 조건은 기업을 통해 돈을 버는 다른 모든 경제

형태에 대해 발휘하는 독립성이다. 이 말은 금융경제가 스스로 부(富)를 생성한다는 뜻이 아니다. 오히려 금융경제는 자본주의가 제대로 작동하는 사회, 즉 필요한 모든 물건이 생산되고 판매되는 국가, 사회적으로 필요한 모든 상품을 생산하는 기업 등을 전제한다. 그럼에도 다른 모든 생산형태에 대해 금융경제가 행사하는 힘은 이 경제부문의 독립성에 의해 보장된다. 금융경제는 모든 것의 결합으로 나타나고, 모든 것을 지배하며, 모든 것이 돈으로 변환되도록 이끄는 가장 강한 추진력이다. 금융경제에서 돈은 독립된 형태를 띤다. 금융경제는 인간의 삶을 모든 측면에서 돈으로 지배한다.

상황이 어디서나 이러하고, 여기서 거래되는 돈의 액수는 가늠하기 어려울 정도로 크기 때문에, 경제위기가 발생하면 자연스럽게 국민경제 전체가 위태로워지고, 경우에 따라 실제로 무너지기도 한다. 1970년경까지만 해도 금융 파생 상품은 지극히 예외적인 경우를 제외하고는 찾아보기 어려웠다. 오늘날 금융 파생 상품은 세계에서 가장 큰 시장을 점유하고 있다. 그 규모는 금세기로 접어들 당시에 이미 약 100조 달러에 달했다. 이 액수는 전 세계 물품거래 매출의 약 세 배에 해당한다.[11] 금융 파생 상품은 더 많은 이익을 안겨 주겠다는 약속에 지나지 않는다. 이러한 상품이 근본적으로 신뢰를 잃으면 어떻게 되겠는가? 그러면 화폐경제의 축복에 대한 믿음이 일시적으로 흔들리지만, 그렇다고 사라지지는 않는다. 이리하여 자본의 위기는 자연재해의 성격을 띤다. 마치 악천후와도 같이 인간을 덮친다. 자본의 위기는 아무리 열심히 연구해도 한 가지 모델로 설명할 수 없는 끔찍이도 복잡한 시스템을 구축한다. 이 시스템은 종종 놀랍도록 오랜 기간에 걸쳐 변함없이 유지되며, 인간은 위기를 겪을 때마다 매번 똑같은 영향을 매번 똑같이 받는다. 그러나 이 시스템은 근본적으로 불안정한 시스템이다. 무슨 일이 일어날지 미리 예측하는 일은 불가능하다. 잘나가던 사업이 망하는 데에는 눈 깜빡할 시간이면 충분하다.

위기에서 살아 남은 부분을 새로이 정비하여 경제가 부흥하고 다시 성장하기까지는 시간이 걸린다. 때때로 수년이 걸리기도 한다. 물론 뒤처진 부분도 있다. 이와 같은 위기에서는 사유재산의 형태는 건드리지 않은 채 매번 대규모의 몰수가 일어나기 때문이다. 자본 괴멸이 계속 진행되는 동안에도 평범한 사업은 대부분 유지되는 점을 제외하면, 위기는 언제나 가치를 창출할 수 있는 매우 특별한 기회이기도 하다. 이때 어떤 막강한 힘이 작용하는지 위기로 인해 피해를 입은 사람들은 대부분 다 알고 있다. 그들은 자기 집이 불에 타면, 급속도의 산화작용이 일어난다는 사실을 알려고 하지는 않고, 그저 '운이 나쁘다'고만 생각한다.

욕심이 주는 교훈

지난 몇 년에 걸쳐 시장은 가상의 제국으로 점점 더 깊숙이 침투해 들어갔다. 이러한 현상과 더불어 이 시장을 표현하는 말들 가운데는 시(詩)에서 따온 듯한 표현들이 점점 증가하고 있다. '상어들' '메뚜기 떼' '낭떠러지' '지진' '뇌우' '폭풍' 등은 실존하는 경제 권력인 허구의 자본이 고삐 풀린 망아지처럼 행동하는 상황을 개념적으로 알기 쉽게 서술할 방도를 찾지 못해 할수 없이 선택한 표현들이다. 이들 낱말은 동시에 시적인 힘도 지니고 있다. 이 힘은 게임이나 내기 또는 예언의 경우와 마찬가지로 이러한 변화에 끊임없이 박차를 가한다. 다만 이때 발휘되는 그 시적인 힘은 어마어마한 재력을 동반하고, 따라서 실제로 세상을 바꾸기도 하는, 섬뜩하고 거대한 현실적 실체이다.

내 이럴 줄 벌써부터 알고 있었다고 잘난 척하는 사람들의 때늦은 경고는, 그러므로 허구의 감시인이 언짢은 기분으로 내뱉는 불평처럼 들린다. 이를테면, 수익을 사냥하는 투자자들이 미국 부동산 시장의 투기 거품이 꺼지리라는 경고를 모두 무시했다는 분석이다. 이런 말은 전문성을 나타내는 말이 아니라, 자본의 힘은 글자 그대로 기업 전체를 움직이는 힘이라는 사실을 인식하는 능력의 부재를 나타낼 뿐이다. 투자자들은 종국에는 많은 사람들이 곤궁에 처하리라는 사실 알고 있지만, 그럼에도 때가 되면, 그러니까 마지막 순간에 곤궁에서 벗어나리라는 간

259

절한 희망의 끈을 놓지 않는다. 이에 대해 마르크스는 "대홍수는 내가 죽은 다음에나 온다!'는 말은 모든 자본가의 선거구호다."라고 말했다.[12] 투기성 자본은 회사나 경제부분에서뿐만 아니라 사회 전체가 기동대라고 보고, 그 자본으로 표시되는 재산을 증식하는 데 필요한 재료로 취급한다. 이러한 자본이 어디에 정착하든, 그곳의 모든 국민은 평가에 의한 가치 창출에 또는 가치 파괴에 직면하게 된다.

상식적으로 생각하는 머리라면 위기의 원인에 대해 두 가지 동기를 발견할 수 있다. 그 하나는 개인적인 차원의 동기, 즉 '욕심'이다. 이 단어의 배후에는 조금만 더 현명하게, 조금만 더 신중하게, 조금만 더 냉철하게 생각했더라면 최악의 사태는 막을 수 있었으리라는 믿음이 깔려 있다.

다른 하나는 집단적으로 나타나는 '광기'다. 이 광기는 병적인 증상이 아니라, 돈이 더 많은 돈을 낳는 원천으로 작용하는 사업부문 전체에 깔린 기반이다. 마르크스는 이 자본을 '가상적'이라고 표현했다. 그러나 여기서 '가상적'이라는 말은 실존하지 않는다는 뜻이 아니다. 오히려 독립한 자본은 신용대출 사업에서 권력으로 떠올라, 다른 모든 사업이 나아갈 방향을 지시하고, 새로운 사업을 일으키며, 전망이 좋지 않은 기존의 사업을 폐지하는 등 모든 경제활동의 기준으로 작용한다는 뜻이다. 신용대출 사업에 한계는 없다. 신용대출의 안전성을 보장하고, 신용대출의 안전성 보장을 두고 투기를 하며, 보장목적 보장에 대한 투기를 독립된 사업으로 운영한다. 그러고도 모자라 새로운 사업 영역을 고안해낸다. 그럼에도 이 영업의 주요 내용은 돈 가치에 걸맞은 서비스이다.

이윤율 하락

칼 마르크스의 『자본론』 제3권에서 「이윤율의 점진적 하락」 장(章)은 그 제목만으로도 '논란의 대상'이 된다. 이 장은 생산 자본의 내적 모순에 관한 내용이다.[13] 마르크스의 이론에 의하면, 생산 과정에서 기계를 많이 사용하면 할수록 총 비용에서 기계사용으로 발생하는 비용이 차지하는 비율은 커지고, 총 생산비에서 인간의 노동이 차지하는 비율은 작아진다. 그러나 부가가치는 제공된 노동과 임금을 지불한 노동의 시간적 분량 차이에서 발생하므로, 장기적으로 볼 때 이윤율은 떨어진다.

유용자본이 많은 기업일수록 수많은 기업이 생존경쟁을 벌이는 세상에서 살아 남을 가능성은 더욱 커진다. 자본이 많다는 말은 생산을 합리화할 기회가 많다는 뜻이다. 돈이 많으므로 더 좋은 기계를 살 수 있고, 따라서 인건비 지출을 줄일 수 있다. 그러면 제품의 가격을 내릴 수 있으므로 매출이 오른다. 이러한 원리는 식을 줄 모르는 경쟁의 열기로 기계화와 자동화의 수준이 평준화되고, 이로 인해 기업이 가지고 있던 장점들이 무색해질 때까지만 적용된다. 끝없는 경쟁의 소용돌이가 계속될수록 비용과 수익의 비율은 더 나빠진다. 바로 이 비율을 칼 마르크스는 '이윤율'이라고 불렀다. 가격이 떨어질 때 살아남기 위해서는 생산력을 끌어올려야 하는데, 생산 효율을 높여주는 값비싼 신기술을 계속 도입하는 일은 대단히 힘든 일이다. 따라서 '이윤율'은 점차 하락하게 된다.

이 이론이 '논란의 대상'일지언정, 경쟁이 실제로 마르크스가 설명한 대로 작용하는 듯이 보이는 사례는 얼마든지 찾을 수 있다. 이를테면 자동차 산업에서 '집중화'가 완결되려면 아직도 멀었다는 사실은 누구나 다 알고 있으며, '보르크바르트', '란치아', '사브' 같은 회사의 '이윤율' 하락에 대해 아는 사람도 많이 있다. 마르크스는 이와 동시에 '이윤율' 하락을 저지하는 요인이 있다는 사실도 지적했다. 무엇보다도 시장이 팽창하면 경쟁사가 새로운 국면을 맞이할 때까지는 이윤율 하락이 둔화한다. 평범한 소비재 생산에서 명품 생산으로 품목을 전환할 때에도 이윤율의 하락세가 주춤한다. 특정 제품의 가치를 더 높이 평가하는 심리가 수익의 한계를 높이기 때문이다. 이는 특히 오늘날에 해당하는 이야기이다. 따라서 '이윤율 하락' 이론에 '점진적'이라는 말을 붙인 데에는 그럴 만한 이유가 있다.

최근에 이 이론은 디지털화의 발달로 인해 새로운 형태로 다시 등장했다. ['디지털화'라는 말을 들으면 흔히 해당 기술과 더불어 인류의 삶에 완전히 새로운 사건이 등장했다고 생각하지만, 이는 사실이 아니다. 디지털화는 단지 인간이 하던 활동을 기계가 대신한다는 뜻이다. 물론 그 속도는 엄청나게 빨라졌고, 텍스트 편집 프로그램에서 기계 설계 프로그램을 거쳐 3D프린트에 이르기까지 그 활동 영역도 매우 다양해졌다. 올리버 나흐트바이의 『쇠퇴 사회. 퇴행적 현대의 반항에 대하여』(베를린 2016. pp. 55)를 참조하라] 디지털화할 수 있는 것은 무엇이든 디지털화한다. 디지털화는 광범위하게 이루어지는데, 물리적 노동에 비해 비용면에서 유리하기 때문이다. 그래서 인간의 노동이 자동화 기계로 대체된다. 그뿐만 아니라 세계의 디지털화는 이미 오래전부터 진행되어 온 일이다. 디지털화는 표준을 형성한다. 경쟁에서 살아 남고 싶은 사람은 디지털화를 피할 수 없다. 인간의 노동이 공업국에서 저임금 국가로 수출된다면, 그 노동은 서방 여러 국가에는 더는 이해타산이 맞지 않는 단순한 공장노동과는 거리가 멀다.

이미 오래전부터 소프트웨어 개발과 같은 비물질적 노동이 대규모로 수출되고 있다. 이를테면 어느 회사의 개발부에서 만든 설계도가 눈 깜짝 할 사이에 중국으로 전송된다. 디지털화는 노동력 수출의 전제조건인 동시에 해당 노동력을 재수입한다. 인도에서 미국 기업을 위해 일하는 프로그래머들은 언젠가는 스스로 프로그램을 개발하는 프로그램을 개발해야 할 것이다. 다시 말해, 디지털화를 디지털화의 자동화를 통해 완성해야 할 것이다. 모두들 그렇게 해야 하고 다들 그렇게 한다면, 마지막에 가서 이윤율은 어떻게 되는가?

이제 자본을 어디에 투자해야 이익을 얻을지 모르는 경우가 이미 나타났다. 어떤 산업 분야도 이제 더는 투자할 만한 이익을 약속하지 않는 것 같고, 디지털화와 그로 인한 경쟁력의 평준화가 이에 한몫 하는 듯하다. 제조업이 자본의 관심을 끌지 못할수록 자본은 주식과 투기에 몰리고, 이로 인해 자본의 과잉은 더욱 심해진다.

프랑스의 철학자 베르나르 스티글러는 이러한 변화의 결과에 대해 다음과 같이 말했다. "자본은 체계적으로 지리적 한계를 탈피하는 동시에 투기성은 점차 심화되므로, 보유한 주식은 사라지기 쉽다. 따라서 본래 의미의 투자는 사라지는 경향을 보인다. 더불어 인간의 운명을 장기적으로 설계할 가능성과 집단의지를 형성할 가능성도 사라진다."[14] 따라서 신용대출 사업은 체계적 부문이 되는 동시에 체계적 위험이 된다.

그럼에도 어떤 사람들에게는 이러한 변화가 희망적으로 보이기도 한다. 그들에게 이 희망의 불빛은 과거의 관념, 즉 최후의 위기에 대한 생각이 예기치 않게 돌아올 가능성으로 비친다. 영국의 시사평론가 폴 메이슨은 자본주의는 디지털화로 인해 결국 자신의 무덤을 팔 사토장이를 낳고 스스로 제거된다고 주장했다. "경제는 이미 망으로 연결된 생활양식과 망으로 연결된 의식을 생산하고 재생산한다. 망으로 연결된 생활양식과 의식은 자본주의 위계질서에 적응하지 않는다."[15] 하지만 왜 그렇게 된다는 말인가? 오히려 디지털 기기의 자동화를 통해 많은 사람들이 잠재된 모든 계급투쟁에서 벗어나리라고 예상하기가 더 쉽지 않은가? 이제 개인의 노동력이 더는 필요 없는 시대가 아닌가? 미국의 예술가 겸 철학자 마이클 베탄코트가 말했듯이, 이러한 사태의 피해자는 '모든 교환에서 배제'된다. 그 결과 새 룸펜프롤레타리아나 흑인 또는 '화이트 트래시'의 수만 어마어마하게 늘어날 뿐, 자본주의가 끝나지는 않는다."[16] 이는 '무조건적 기초수입' 보장으로도 바꿀 수 없다. 왜냐하면 이 기초수입은 혁명자금이 아니라, 단지 지불능력의 소멸을 막고 고객을 잃지 않도록 챙기는 데 쓰일 뿐이기 때문이다.

'이윤율의 점진적 하락' 이론으로 칼 마르크스는 이러한 변화를 예고했다. 이러한 변화는 분명 국가 간 경쟁을 첨예화한다. 이제 각국은 자본 확대를 위한 투쟁을 그만두고, 자본의 효율성을 높이기 위해 싸운다. 따라서 속도와 예리한 분석이 요구된다. 생산성이 높은 국가와 생산성이 낮은 국가는 이 점에서 차이가 난다.

옛것과 새것

지난 수십 년에 걸쳐 이른바 새로운 사회형태가 적지 않게 등장하고 또 사라졌다. 물론 전 세계에 걸쳐 일어난 현상은 아니고, 서반구의 매우 부유한 나라 국민들 사이에서만 일어난 일이다. '탈산업화 사회' 또는 '포스트모던' 사회라는 말이 있었고, '정보사회'와 '지식사회', 그리고 '벤처(모험) 사회'라는 말도 흔히 나왔다. 그러나 한 사회가 땀과 오물과 피로를 지구상의 다른 지역으로 수출하는 경우는 말할 필요도 없고, 물리적 노동의 대부분을 자동화 기기로 처리한다면, 그 사회는 여전히 산업사회이다. '정보 및 지식 사회'는 생긴 지 오래다. 발달된 정보 전달 체계 없이는 원거리 무역이 불가능하다. 이는 14세기 이후의 이야기가 아니라, 기원전에도 해당하는 이야기다.[17]

현대사회에서 '벤처'는 일상의 특징이 되었다. 벤처와 위험의 차이는 무엇일까? 벤처는 이른바 보험통계에 의해 수학적으로 예측할 수 있다는 점에서 위험과 다르다.[18] 그러나 거대한 벤처조차도 특별한 시간과 특별한 상황을 나타내기에 적합한 표현이라고 보기 어려울 정도로 자본의 구조적 상관관계를 포괄적으로 나타낸다. 그리고 '포스트모던'은 어떤가? 우리가 '미래'를 생각할 때 떠올리는 각지고 뾰족한 디자인이 유행에서 사라지고, 웨딩드레스의 스커트가 다시 불룩해진다고 해서 덜 모던한 세상은 아니다.

새로운 시대가 시작되었다는 판단은 대중들 사이에 퍼져 센세이션을 일으킨다. 그러나 이러한 현상은 오히려 봉건사회가 사라진 후 나타난 사회의 항구성을 반증한다. 『공산당 선언』에는 이와 같은 항구성이 '생산방식의 끊임없는 변혁'에서 기인한다고 나와 있다.[19] 그러나 자본주의의 지배는 계속되고, 그 끝은 보이지 않는다. 한때 산업의 특징이었던 대량의 물리적 노동이 유독 이른바 산업화된 사회에서는 거의 자취를 감추었다. 어쩌면 근로자들은 자신들이 착취당하고 있다고 생각하지 않을지도 모른다. 오히려 돈을 잘 번다고 믿을 수도 있다. 심지어 초과 근무도, 초과 수당의 장점은 제외하고 볼 때, 개인적으로 이겨내야 할 과제라고 생각한다. 이러한 현상으로 인해 자본의 존재나 그 기능에 변화가 발생하지는 않는다. 누구는 자신의 노동력을 시장에 내다 팔고, 누구는 이 노동력으로 돈을 번다는 사실 또한 변함이 없기는 마찬가지다. 자본은 지금까지도 잘 알려져 있지 않은, 지구상의 가장 깊은 오지까지 진출하여 점점 더 깊이 파고들면서 원자재와 시장을 개발한다. 이와 같은 사태의 변화에 비례하여 해당 사회형태는 달리 어떤 예외를 찾아볼 수 없을 만큼 일반화된다. "이러한 사회형태는 힘의 규모가 확대되기만 하는, 그리고 세계시장에서 최종 결정권을 행사하는 기관에 복종한다."[20] 지구상 그 어느 곳에서도 하루는 똑같다. 이는 이탈리아의 어느 경제 일간지에 「태양 24시」라는 제목이 붙은 이유이기도 하다.

성장의 끝

'탈산업주의'부터 '정보사회'에 이르기까지, 장엄하게 그 등장을 알린 새로운 시대는 2008년에 발생한 위기로 인해 그 빛이 바랬다. 이 위기는 발생 후 거의 10년이 지난 지금까지도 완전히 극복되지 않았으며, 이를 계기로 사람들은 자본이 위력을 발휘하면 자신들이 어떤 손실을 보게 되는지 분명히 알게 되었다. 자본은 승자와 패자를 구분하고, 산업화된 국가의 공장을 빼앗는다. 이로써 그리스나 포르투갈뿐만 아니라 이탈리아 같은 나라도 점점 더 심한 곤궁에 빠진다. 한편 중동이나 북아프리카에서는 거대한 지역에 걸쳐 전 주민이 아무런 일거리도 찾지 못하는 사태가 벌어지고 있다.

이러한 사례는 얼마든지 더 들 수 있으나, 거기에서 나오는 결론은 언제나 똑같다.

마르크스에 따르면, 자본주의는 크고 작은 파괴를 통해 유지된다. 이러한 견해는 훗날 슘페터가 이어받았는데, 풍요의 파괴 없는 성장은 없다는 말이며, 이 말의 정당성은 조금도 훼손되지 않았다. 물론 파괴에는 다른 측면도 있지만, 그 측면은 때때로, 자본의 입장에서는 돈을 어떻게 벌든 상관이 없다는 사실을 은폐한다. 태양열이나 석탄이나 자본에게는 다를 바가 없다. 그럼에도 자본이 인간에게, 그리고 자연에게 가하는 파괴는 되돌릴 수 없는 만큼이나 간과할 수도 없다.

최근의 경제위기가 절정에 달했던 2008년과 2009년에는 이러한 파괴에 직면하여 상황이 이보다 더 나쁠 수는 없다는 인식하에, 금융경제의 투기로부터 자신을 보호하기 위해서는 성장

이데올로기를 포기해야 한다는 호소가 나왔다. 보수주의자들과 스스로 '자유 시장경제'의 신봉자임을 자처하는 사람들도 이러한 외침에 동참했다. 실제로 아무도 휴대전화기나 차선 변경 경고 시스템을 사용하지 않던 시절이 있었다. 이를테면 1973년에는 그랬다. 당시만 하더라도 휴대전화도 차선변경 경고 시스템도 없었기 때문이다. 그 시절에는 전축으로 음악을 들었고, 관리직 분야에서는 '창의성'을 직업적인 능력으로 인정하지도 않았지만, 서독에서는 특수 비닐 팩에 담은 '카프리 선' 주스가 시장에 선보였다. 그 시대는 당시로써는 가장 현대적인 시대였고, 당시에 누리던 풍요가 더 발달하지 않았더라도 아쉬울 게 별로 없었을 것이다.

그러나 자본의 계속적인 증식을 막을 수 있었고 또 막으려고 했던 사람이 있었는지는 몰라도, 신용대출을 받으면서 이자를 받지 말라고 요구하는 일이 현실적으로 가능한가? 물론이다. 현재 EU 중앙은행이 그와 같은 일을 하고 있다. 하지만 이는 이자가 붙는 신용대출을 다시 활성화하기 위한 정책일 뿐이다. 여기서 EU 중앙은행은 한 가지 문제에 봉착한다. 이자가 없다면 신용대출의 존재를 무엇으로 합리화할 것인가?

성장 없는 자본주의가 가능하다고 주장하는 사람은 경제에 대해 짐짓 아무것도 모르는 체 하는 사람이다. '시장'은 경쟁에서 살아 남는 일을 의미하고, 따라서 사회적 노동의 생산성은 전체적으로 점점 더 향상되어야 한다는 사실은 기업가라면 누구나 알고 있는 일상의 지식이다. 성장 없는 자본주의를 요구하는 사람은 이러한 지식에 대해 귀를 닫고 생각조차 하지 않는 사람이다. 이런 사람은 경제에 다른 주체를 세우고자 한다. 자동화 또는 정보화가 새로운 경제형태의 권위가 되어야 한다는 생각과 마찬가지로, 이제 경제보다 지위가 높은 신중한 살림꾼이 경세적 결정권을 지닌 주체가 되어야 한다는 말이다. 그리고 모든 매스컴을 동원해 성장의 부재는 경우에 따라 국민경제의 파국을 불러일으킬 수도 있으며, 성장을 축소하는 일만으로는 이러한 결과를 막을 수 없다는 사실을 대중에게 분명히 알려야 한다고 주장한다. 자본과 그 고유의 특징을 이토록 철저히 무시할 수 있다니, 신기할 따름이다.

제 12 장

혁명

Die Revolution

방향 전도

모든 사회 상황을 갑자기, 그리고 완전히 변화시키는 일, 익숙한 질서를 완전히 벗어난 사건이 혁명이 아니면 무엇이 혁명일까? 역사에 포함된, 과거와는 모든 것이 달라지는 현상이 아니라, 역사에서 뛰쳐나온 사건이 혁명이 아닐까? 칼 마르크스는 역사를 어떻게 이해해야 하는지 설명하면서 괴테의 『파우스트』를 인용했다. "존재하는 모든 것은 몰락할 만하다."[1] 아마도 짧은 기간에 일어난 분명히 규명할 수 있는 한 가지 사건을 통해 몰락한다는 말일 것이다. 혁명은 '몰려드는 계급이 단번에 오래된 오물을 모두 제거하는' 사건이다.[2] 혁명은 모든 역사는 계급투쟁의 역사라는 사상을 심각하게 다룬다. 이 사상은 『공산당 선언』에 나오는데, 자주 인용되는 사상이다. 물론 항상 그렇지는 않았다. 고대 로마는 멸망했지만, 새로운 계급이 투쟁을 통해 신분 상승을 이루지는 않았다. 아무튼 혁명은 위기 중의 위기이며, 모든 위기의 총합이다. 과격한 중단에 의한 최종적 완결이며, 세계사 내에서 내리는 최후의 결정이다. 최소한 혁명가들은 이렇게 생각한다. 혁명으로 몰락할 지배계급도 아마 이렇게 생각할 것이다.

한나 아렌트가 쓴 소책자 『혁명론』에는 다음과 같은 이야기가 나온다. 1789년 7월 14일 저녁에 바스티유 감옥이 습격당했다는 소식을 들은 루이 XVI세는 놀라며, 어쩌면 격분하며, "이것은 폭동이다!"라고 외쳤다. 왕은 이 사건이 기존의 폭동과 근본적으로 다르다는 사실을 알지 못했다. 그저 프랑스 왕권이 지배하는 동안 또는 봉건체제가 유지되는 동안 수없이 일어난 폭동 가운데 하나일 뿐이라고 생각했다.

그 순간 의복 담당 수석 비서가 이렇게 대답했다. "아닙니다, 전하. 이것은 혁명입니다." 아렌트에 의하면 이 말로써 민중의 봉기는 대도시 군중의 폭동과 결합되었고, 지금껏 그 존재를 무시당했던 사람의 무리가 세상의 빛을 보게 되었다. 그러나 동시에 이 말은 모든 대화에서 '하늘의 움직임이 땅으로 전이되었다'는 옛 비유의 의미로 정치적으로 또 한 번 사용되었다. 또한 "사람들의 말투는 지금까지와는 확연히 달라졌다. 완성된 순환의 법칙을 강조하던 어조가 이 순환운동을 멋대로 바꾸는 불가항력을 강조하는 어조로 바뀌었다."[3] - 여기서 혁명은 거의 자주성과 역동성을 계발하는 주체처럼 보인다. 실제로 그 후 몇 년이 지나지 않아 본인의 '사명'에 따라 행동한다는 혁명가들이 나타났다.

'하늘의 움직임'은 행성들의 공전을 의미하거나, 태양과 모든 별들이 지구 주위를 도는 운동을 의미하는데, 고정된 장소 또는 지구와 같이 고정되어 있다고 잘못 알려진 장소에서 관찰하면 그렇게 보인다. 간단히 말하면, 니콜라우스 코페르니쿠스가 자신의 저서 『천구의 회전에 관하여』에서 다룬 모든 사물과 현상을 의미한다. '혁명(revolution)'이라는 말이 정치적으로 사용될 때 이런 의미를 내포한다. 천구의 회전 운동과는 달리 혁명은 앞으로 나아간다.

그러나 별들의 움직임이 정해진 궤도를 결코 벗어나지 않듯이, 혁명의 움직임도 매우 엄격하게 진행된다. 이와 같은 낱말의 의미는 새로운 사회와 새로운 시대를 향해 과격하게 밀고 나아가는 행위와는 거리가 멀다. 철학자이자 역사가인 칼 마르크스가 이 단어의 이러한 의미를 몰랐을 리 없다. 동시에 'revolution'의 접두어 're - '에는 '뒤로'라는 뜻이 있다는 사실도 인식하고 있었을 것이다. 이 접두어를 통해 이 운동은 '안정된 질서 복원'이라는 또 다른 의미를 띠게 된다.[4] 모든 진정한 혁명가들이 'revolution'이라는 낱말이 갖는 의미 그대로의 혁명을 꿈꾸는 일도 우연은 아니다.

프롤레타리아 계급은 칼 마르크스의 저서에 등장하는 두 가지 혁명 세력 가운데 하나일 뿐이다. 마르크스에 따르면 프롤레타리아는 급진적 파괴를 원한다. 다른 세력은 모든 상황의 돌발적이고 최종적인 전복을 원하지 않는다. 그들은 기존의 상관관계에서 점진적인 전복을 꾀한다. 즉, 지속적인 혁명을 원한다. "정확히 말해 자본의 혁명은 단지 이전에 일어난 자본 혁명에 대한 반응일 뿐이다."[5] 『공산당 선언』에 나오는 모든 사회 상황의 지속적 전복에 대한 서술은 이러한 의미의 이야기다. 이러한 전복은 '원초적 축적'이라고도 부르는 생산수단과 생산자를 '피와 불'로써 갈라놓는 일에서 시작하여, 기존의 모든 경제적, 문화적, 정치적 질서를 넘어 앞으로 나아간다. 만약 프롤레타리아 혁명이 일어났었다면, 그 후 어떤 일이 벌어졌을지 아무도 모른다. 그러나 모든 상황을 자본을 통해 지속적으로 전복하는 일은 돌멩이 한 개 남겨 놓지 않는다는 사실만은 분명하다.

봉기와 그 관객

프랑스 혁명이 발발하자마자 브라운슈바이크의 저술가이자 학자인 요아힘 하인리히 캄페는 파리로 향했다. 캄페는 프랑스 혁명에 매료되었지만, 얼마 후 조금은 거리를 둔 채 장문의 편지를 써 고향에 보내기 시작했다. 이때 캄페가 보낸 편지들을 모두 모으면 1789년 여름에 일어난 사건을 보고하는 매우 유용한 목격담이 된다. 캄페는 다음과 같이 기록했다. "이 얼마나 놀라운 일인가! 파리의 천민들, 시골에서 몰려든 사람들, 가난하고 헐벗고 비쩍 마른 거지들의 무리가…… 약속도 없이 모여, 시민 해방의 위대한 과업을 실현하기 시작했다. 그들은 일치단결 했고, 계획에 따라 질서정연하게 행동했으며, 단지 용감할 뿐만 아니라, 대단히 능숙하고 규칙적이었다. 노련한 전쟁영웅이 지휘하는 훈련받은 민병대도 이보다 영리하고 질서정연하고 효과적으로 행동하지는 못 할 것이다."[6]

귀족과 종교인들이 하룻밤 회의 끝에 갑자기 수백 년 동안 유지해 온 특권을 잃었다. 왕은 그 후 감사 예배에 참석해야 했다. 이것이 이해할 수 있는 일인가? 그리고 이 사건이 거의 저절로 일어났다니, 이 얼마나 감격스러운 일인가? 여기서 '천민들'은 산업화된 사회의 노동자가 아니라 일용직 노동자들이었고, 가끔 하인과 매춘부, 그리고 소규모와 극소규모의 수공업을 영위하는 사람들도 섞여 있었다.

이 사람들만이 전복에 성공할 수 있었다. 그들만이 수적으로 많았고, 폭력을 각오했고, 결의를 충분히 다졌다. 그리고 그들만이 사회를 실제로 해방시킬 수 있었다. 일상의 사회적 기능을 지배하려는 그들의 의도에 맞는 것이면 무엇이든 동원했다. 세상을 이렇게 바꾸는 데 다른 주체는 없었다. 마르크스는 『자

본론』에서 혁명을 다음과 같이 묘사했다. "자본주의 사유재산의
시간이 온다. 몰수한 사람들의 재산이 몰수된다." 이 말에는 그
시간이 실제로 도래하도록 애써야 하는 사람은 재산이 없는 사
람들이라는 뜻이 깔려 있다.[7]

그러나 마지막 승리는 언제나 시민계급의 차지다. 시민계급
의 처지는 혁명을 통해 근본적으로 향상되었다. 시민계급이 승
리하는 이유는, 그들이 시민적 경제 질서가 점진적으로 확립되
어 가는 가운데 그 이전에 이미 권력을 쥐고 있었기 때문이다.
특히 프랑스에서 일어난 혁명들은 이러한 공식과 맞아떨어졌다.
1789년 혁명이 끝나자 집정내각이 들어섰고, 1830년 7월혁명으
로 왕을 축출한 뒤에는 '시민 왕' 루이 필리프가 왕위에 올랐으
며, 1848년의 혁명은 나폴레옹 III세의 즉위로 끝났다. 이리하여
프랑스는 유럽의 제국주의 국가로 복귀했으며, 파리 코뮌의 와
해는 제3공화국 수립으로 이어졌다. 18세기와 19세기에 일어난
이들 혁명 가운데 '천민들'의 승리로 끝난 혁명은 없었다.

혁명의 감정

1869년, 즉『자본론』제1권이 나오고 2년이 지났을 때, 1848
년 파리에서 일어난 혁명을 소재로 쓴 장편소설 한 편이 발표되
었다. 이야기는 연인과 함께 자고 있던 한 남자가 거리에서 울

리는 총성에 놀라 잠을 깨는 장면으로 시작한다. 소설에는 언급되어 있지 않지만, 이 날은 2월 24일이었다. 남자는 무슨 일인지 알아보기 위해 아래로 내려간 후, '튀일리 궁'을 습격하는 군중들에게 떠밀려 혁명의 현장 한가운데로 오게 된다. "포탄이 휘파람 소리를 내며 날아갔다. 우물의 담장은 무너졌고, 바닥에는 피와 섞인 물이 웅덩이를 이루었다. 배설물이 난무하는 거리에서 사람들은 무장한 군인들과 부딪쳤다. 프레데릭은 발아래 물렁한 물체를 느꼈다. 회색 제복을 입은 병사의 손이었다. 병사의 얼굴은 배수로 연석에 놓여 있었다."[8] 수십 년에 걸쳐 강력한 권력기구를 확립한 지배체제가 서너 차례 경련을 일으키더니 마침내 무너졌다.

혁명은 한 가지 정치적 목적을 추구하며 한 가지 방향으로 진전될 수 있다. 혁명의 목적이 단지 견디기 힘든 생활고에서 해방되고, 왕에게 개인과 사회의 불행에 대한 책임을 묻는 데 있다면 더더욱 그러하다. 그러나 귀스타브 플로베르가 쓴 『감정 교육』에서 몰락한 시골 귀족 출신의 청년이 장벽에 부딪쳤을 때, 혁명은 단순히 정치적 지배에 대한 공격이 아니다. 온 인민이 파리의 거리를 휩쓸 때 전근대적 사회는 와해된다.

이러한 인민의 단합된 행동에는 혁명에 성공하면 잘 살게 된다는 기대가 깔려 있다. "술집들은 영업을 하고 있었다. 사람들은 이따금 술집으로 들어가 파이프 담배를 피우고, 와인을 한잔 마신 후 다시 투쟁의 대열에 복귀했다."[9] 혁명이 낳은 독특한 도시 풍경은 민중축제의 성격을 띤다. "도시 전체가 카니발과 캠핑의 즐거움으로 가득 찼다. 이러한 분위기는 혁명이 일어난 후 며칠 동안 계속되었다. 파리는 그 어느 곳보다 유쾌했다."[10] 거리와 광장에서 일어난 일은 모든 권력과 모든 정치를 뛰어넘는, 무대와 객석의 구별이 사라진 한 편의 공연이었다. "상점들은 모두 평온했다. 놀란 사람들이 불안한 마음에 집 밖으로 나왔다. 너도나도 아무렇게나 하고 나선 옷차림에서 신분의 차이를 확인할 수는 없었다."[11] 여기서 혁명은 단지 그 끝에 새로운 세상이 열리거나 총체적 파국을 맞이하게 되는 사건이 아니었다. 혁명은 그 자체가 다가올 미래의 일부분이었다.

계급과 신분이 서로 섞이고 모든 차이점이 갑자기 사라진 현상이 단순히 옷차림에 차이가 없어졌다는 사실만을 나타내지는 않는다. 이는 너 나 할 것 없이 위기에, 즉 잠재적 전쟁 상황에 처했다는 사실의 표현이다. 이 상황은 당연히 잠재적인 적군도, 실제적인 적군도 포함하고 있다. 그뿐만 아니라 혁명을 관람하는 관객도 나타난다.

혁명은 첫 순간부터 장관을 연출한다. 궁전을 습격하든, 기념비를 파괴하든, 거리에서 일어나는 모든 일은 대중이 지켜보는 가운데 일어나며, 그 의미도 다양하다. 혁명에 참가한 사람들은 자신이 전대미문의 사건 한가운데 서 있는 모습을 확인하고, 멀리서 신문이나 편지 또는 목격담을 통해 사건을 알게 된 사람들은 이 사건의 비상한 특징을 파헤친다. 파리의 거리는 도살장인 동시에 무대였다. 정확히 말해 세상의 무대였으며, 이 무대를 보고 관객들이 몰려들었다. "관객이 있는 곳에 봉건사회의 신분 차별이 사라진다. 이곳에서 서로 신분이 다른 사람들이 무정형의 군중으로 합쳐진다. 수많은 농민들이 갑자기 노동자가 되었으므로, 이곳에는 현대적 동원의 기본 조건이 이미 갖추어져 있다."[12] 이 와중에 학자와 지식인들은 2등급의 관찰자로서 나름대로 이 상황을 분석한다.

거의 동년배인 칼 마르크스와 귀스타브 플로베르는 서로 알지 못했다. 마르크스의 딸인 엘리노어 마르크스가 『보바리 부인』을 1887년에야, 그러니까 작품이 발표되고 한참이 지난 뒤에야 영어로 번역한 일을 보더라도 마르크스가 『감정 교육』을 읽었으리라고는 추측하기는 어렵다.

그럼에도 1848년 봄부터 여름까지 일어난 사건들의 묘사에서 두 사람은 유사성을 보인다.[13] 이를테면 수학교사였던 세네칼이 봉기의 지도자 가운데 한 사람으로 등장하는 순간을 귀스타브 플로베르는 다음과 같이 묘사했다. "그 당시에는 누구나 롤 모델이 한 사람씩 있었다. 생쥐스트를 따라 하는 사람도 있었고, 당통을 따라 하는 사람도 있었으며, 마라를 따라 하는 사람도 있었다. 세네칼은 블랑키를 따라 했는데, 블랑키의 롤 모델은 로베스피에르였다."[14] 이 부분은 마치 마르크스의 『루이 보나파르트의 브뤼메르 18일』에 나오는 유명한 첫 문장을 이해하기 쉽게 풀어 쓴 듯하다. 1852년에 발표된 이 글에서 마르크스는 1848년 혁명에 대해 다음과 같이 말했다. "헤겔은 세계사에서 중요한 사건과 인물은 모두 두 번 일어난다고 어딘가에서 말했다. 그러나 헤겔은 한 번은 비극으로, 한 번은 소극(笑劇)으로 일어난다는 말을 빼먹었다." 이 문장은 두 번 인용해도 될 만큼 유명한 문장이다.[15] 마르크스는 이 주장에 다음과 같은 예를 들었다. 새로운 혁명가들 가운데는 낭통처럼 행동하는 사람도 있고, 로베르피에르처럼 행동하는 사람도 있다. "온 인민이 혁명을 통해 행동력에 가속도가 붙었다고 믿으면서도 갑자기 지난 시대로 되돌아갔다." -『루이 보나파르트의 브뤼메르 18일』에는 이와 같은 문장이 많이 나온다. 그 가운데 몇 개는 『감정 교육』 3부 첫 부분에 끼워 넣어도 전혀 이상하지 않을 것이다.

미국의 문학평론가 에드먼드 윌슨은 마르크스와 플로베르의 공통점을 혐오에서 찾았다. 윌슨은 프티부르주아 계급은 속속들이 부패했고, 두 사람의 글에서 일치하는 부분은 이 계급에 대한 두 사람의 반감이 드러난 부분이라고 분석했다.[16] 그러나 마르크스와 플로베르의 공통점은 소시민 사회의 실상에 대한 반감만은 아니다. 두 사람 모두 세계질서의 부조리에 저항하는 에너지가 충만했고, 학문적 냉철함을 열망했다. 동시에 분석을 열정적인 심판으로 돌연 뒤집는다는 점에서도, 즉 학술적 추론을 순수한 수다거리로 만들어버리는 점에서도 두 사람은 일치한다. 이러한 태도는, 학문은 누구나 자신의 관점을 발표할 수 있는 다양성의 행사라는 사실을 거부하는 행위다.

마르크스는 1848년 혁명이 프롤레타리아 혁명이고, 혁명의 대표적인 승자는 시민국가라고 말하며, 이 국가는 서로 다른 이해관계를 모두 통합해버리는 체제를 표방한다고 덧붙였다. "광적으로 질서를 추구하는 부르주아들이 자기 집 발코니에 모습을 드러내면, 술 취한 군인들이 이들을 모두 총살했다. 그들은 부르주아의 신성한 재산을 모독하고, 심심풀이로 그들의 집을 폭파했다. 자신을 위해, 가족을 위해, 종교와 질서의 이름으로."[17]

플로베르의 글에서는 국가에 대한 반란이 개별 사안에서는 새로운 프티부르주아 체제로 변질되는 과정을 읽을 수 있다. 어떤 사람은 식민지 무역의 사기성을 폭로하고자 하고, 어떤 사람들은 학위제도를 폐지하고자 한다. 그리고 갑자기 생겨난 예술가 길드는 파리 도처에 거대한 기념비를 세우는 일에 열을 올린다. 마르크스가 2월혁명을 두고 말했듯이, 그들은 모두 각자가 자신의 이익을 추구하는 '보편적 형제애의 속임수'에 빠져들었다.[18] 그들을 혁명의 주체로서 아우를 계급도, 공통의 관심사도 없었다.

플로베르가『감정 교육』에서 묘사한 1848년 혁명의 끝은 칼 마르크스가 파악한 흐름과 일치한다. 전직 수학교수이자 공화주의자이며 사회주의자인 세네칼은 국가권력에 귀의하여 경찰이 된다.[19] 대통령으로 선출된 루이 나폴레옹 보나파르트가 1851년 12월 초 반정부 쿠데타를 일으켰을 때, 문필가들의 카페 토르토니의 계단에서 "공화국 만세!"를 외치던 어느 노동자가 세네칼의 총에 맞아 죽는다. "그는 십자가에 못 박힌 사람처럼 두 팔을 벌린 채 뒤로 넘어졌다. 놀란 군중 사이에서 날카로운 비명이 터져 나왔다." 살해당한 노동자의 이름은 뒤사르디에였다. 뒤사르디에는 순수한 영혼이었다. 이 소설을 통틀어 순수한 영혼은 뒤사르디에뿐이다. 주변에서 일어나는 일을 보고 세상 돌아가는 이치를 파악할 능력이 없는, 그래서 '정의'를 믿는 사람이다. 소설은 주인공 프레데릭 모로가 현실과 타협하고 바보가 되는 장면으로 끝난다. 프레데릭은 이러한 선택을 결정할 필요조차 없었다. 어리석음과 비열함에 완전히 사로잡혀, 이에 승복할 뿐이었다.

혁명의 틀

귀스타브 플로베르의 『감정 교육』에서 루브르 궁전의 방을 습격하는 장면에는 좀 기이하지만 유명한 형상이 등장한다. "현관 앞 홀에 옷가지가 한 무더기 쌓여 있고, 그 위에 거리의 창녀가 자유의 여신과도 같은 자세를 취한 채 서 있었다. 눈을 부릅뜬 채 꼼짝 않고 서 있는 모습이 섬뜩한 기운마저 느끼게 만들었다."[20] 이 장면의 모델은 맨해튼 앞에 서 있는 동상이 아니라, 유진 들라크루아가 1830년 혁명을 묘사한 그림에서 자유의 상징으로 표현된 인물이다. ['자유의 여신상'은 1870년대부터 구상되어

1886년에야 완성되었다. (이하 독일어판의 오역에 관한 내용이므로 생략함-옮긴이)] 몽상적으로 묘사된 이 그림은 다양하고 심오한 의미를 나타낸다. 물론 가슴을 드러낸 채 자유를 향해 돌진하는 여인의 모습은 혁명에 대한 찬양으로 해석할 수 있다. 자유를 외설적인 육체에 비유했다면, 어떤 자유를 의미하는지는 분명하다. 마찬가지로 자유를 상징하는 인물에서 창녀를 발견할 수도 있다. 그 여인은 거부할 수 없는 매력을 발산하는, 품고 싶은 여인이지만, 이 여인의 관심은 많은 사람들에게 향하며, 자신의 목적을 달성하기 위해 시체를 넘어 다닌다. [하인리히 하이네가 1831년 「코타 조간신문」에 기고한 루브르 미술 전시회에 관한 글을 보면, 하이네도 이와 같은 생각을 했다는 사실을 알 수 있다. 이 글에서 하이네는 들라크루아의 그림에 대해 다음과 같이 평했다. "이 인물을 보면, 밤마다 파리의 대로를 헤매고 다니는 여성 철학자, 사랑이 헤픈 여인이 떠오른다고 말하지 않을 수 없다." 하인리히 하이네의 『총서』 제 5권(뮌헨 1976. pp. 39-41 중 p. 39)을 참조하라] 그 길에서 이 여인은 언제나 민중혁명과 공화체제를 상징하는 깃발을 들고 있다.

들라크루아가 표현한 혁명은 대상이 없다. 앞으로 돌진하지만, 누구를 향해, 또는 무엇을 향해 달려가는지는 이 그림에 나타나 있지 않다. 여기서 혁명은 기존의 현실을 함께 탈피하자는 약속이다. 현실은 실생활에서 겪는 빈곤과 억압이었고, 지식인들에게는 무조건적 권위에 굴복해야 하는 참기 힘든 상황이었다. 그러나 내 조국의 모습에서 이 약속은 오그라들었다. 1789년의 혁명은 프랑스에서 일어난 혁명이었지만, 혁명이 추구하는 이상으로 온 인류를 아우르고자 했다. '국민'은 18세기 말에 세계사의 주체가 되었다. 각 국의 국민은 '혁명'이라는 새로운 사건의 주인공이었으며, 따라서 이와 같은 사건은 모두 잠재적으로 전 인류에게 영향을 미쳤다.

그러나 1848년의 상황은 이와 반대였다. 비록 유럽의 50개 나라에서 혁명적인 운동이 벌어졌지만, 혁명의 불꽃은 각기 다른 연료에서 타올랐다. 프랑스에서는 계급갈등이었고, 폴란드나 이탈리아에서는 외부에서 온 통치자에 대한 저항이었다. 혁명은 인류를 향하고자 했으나, 실제로 도착한 곳은 민족국가였다. 그 국가는 모든 분업이 시작되는 기관이었고, 국민 한 사람 한 사람에게 보편적인 권력을 행사하는 기관이었으며, 모든 사회적 기능을 아우르는 기관이었다.

민족국가는 아직도 존재한다. 그리고 곧 사라질 것 같지도 않다. 그러나 오늘날의 민족국가는 1848년의 민족국가와는 성격이 다르다. 현대의 민족국가는 혁명을 불러일으킬 만 한 구조를 오래 방치하지 않는다.[21] 오늘날 민족국가의 형태를 띠는 사회에는 계급체계가 완비되어 있지 않다. 많은 부분의 육체노동이 과거의 제 3세계에서 이루어지고, 탈세의 낙원에서는 부(富)가 축적되므로, 사회구조는 과거와 달라진다. 봉기한 군중이 진격할 방향은 더는 아래에서 위로 직진이 아니다. 심지어 계급이 여러 나라에 분산된다. 노동자는 여기, 시민은 저기, 그리고 자본가는 또 어딘가 다른 곳에. 방글라데시의 노동자들이 혁명을 일으켰는데, 공장주는 런던이나 취리히에 있다면 어떻게 되겠는가? 아무 일도 일어나지 않는다. 혁명은 허공을 향해 돌진하기 때문이다.

그렇다고 이제 더는 혁명이 일어날 수 없다는 말은 아니다. 다만 앞으로 일어날 혁명은 18세기 말과 20세기 초 사이에 일어난 민족국가 혁명과는 그 성질이 전혀 다를 것이다.『자본론』에는 "사회적 빈곤은 현직 노동자를 위한 장애인 수용소와 산업 예비군의 주검과도 같은 무게를 형성한다."고 나와 있다. 이 말이 잘사는 나라에는 제한적으로만 적용되지만, 가난한 나라는 말할 필요도 없고, 이탈리아 같은 나라에는 그 제한이 적용되지 않는다. "사회적 빈곤의 생산은 인구의 과잉 생산에 포함되어 있고, 빈곤의 불가피성은 인구 과잉의 불가피성에 포함되어 있다. 사회적 빈곤은 그 불가피성과 더불어 자본주의적 생산과 풍요의 향상을 위한 필수 조건을 형성한다."[22] '세계화'라는 말은 과거에는 한 나라 안에서 해결되던 분업이 이제 지구상의 모든 나라로 그 무대를 확대한다는 뜻이 아니던가!

그 결과 전 세계를 아우르는 경쟁에서 패자가 되는 나라가 발생할 뿐만 아니라, 지역 전체가 경쟁에서 떨어져 나가는 현상이 발생한다. 그런 지역에 사는 사람들은 더는 먹을 것을 구할 수 없고, 제대로 된 의료 서비스도 받을 수 없다. 그곳에서는 약탈을 일삼는 무리와 광적인 민병대가 활개를 친다. 결국 수백만

명의 사람들이 그곳을 떠난다. 그들이 사는 곳에는 오로지 죽음과 사막화밖에 없다. 그들이 가고자 하는 곳은 이보다는 나을 테니까. 그들은 세계적 자본주의의 주변 지역에서 그 중심으로 이동한다. 그들이 사하라 사막을 지나고 지중해를 건너는 동안 엄청난 희생이 뒤따른다. 그들이 놀랄 일이 또 있을까?

폭동의 대가(代價)

지난 수십 년에 걸쳐 비교적 작은 목적의 혁명이 여러 차례 일어났다. 좀 더 정확히 말하자면, 성공한 폭동이 혁명으로 격상되는 일이 꽤 있었다. 봉기는 국민의 뜻이라고 선전하려면 폭동이 아니라 혁명이어야 했다. 혁명이 아닌데 혁명이 되어야 하는 일은 언제나 외국의 다수당인 다른 정당의 노선을 지지한다. 그러나 혁명은, 손에 꽃이나 촛불을 든 군중이 환호하며 중앙 광장으로 모여들고, 구체제의 상징들을 세계 언론의 카메라 앞에서 파괴하는 혁명적인 순간으로만 이어지지는 않는다.

이와 같은 이른바 혁명에는 화려한 만큼 혼란도 야기하는 이름과 수식어가 붙는다. 벨벳혁명, 오렌지혁명, 삼나무혁명 또는 무슨, 무슨 봄 등등. 이제는 아무도 이런 혁명 이야기를 하지 않는다. 이런 혁명의 목적은 정치체제의 전복이 아니라 부패 척결, 참정권 요구, 높은 물가에 대한 항의 또는 법치국가체제 요구 등이다.

이들 이른바 혁명은 처음 며칠 동안은 감격적인 상황이 펼쳐지지만, 전혀 혁명적이지 않은 결과를 낳고 실망만 남긴 채 씁쓸하게 끝난다. 권력은 다른 전제군주 또는 과두정부의 수장에게 이양되고, 누구의 재산도 몰수되지 않는다. 오히려 이른바 혁명을 통해 공장과 회사는 다른 재력가에게 넘어가고, 대부분의 사람들은 혁명 이전에 비해 나아진 점도 없이, 가진 것이라고는 여전히 자신의 노동력뿐이라는 사실을 확인한다.

동독 정권의 몰락도 혁명 세력에 의한 전복이 아니었다. 소련이 탱크 부대의 출동을 포기하는 바람에 스스로 무너진 사건이었다. 아마도 국민운동과 마르크스주의를 표방하는 정당이 촉매제 구실을 했을 것이다. 소비에트연방의 각국은 연방 체제를 유지하기 위한 권력을 발동하지 않았다. 그들은 사회주의 국가 체제가 그토록 순조롭게 다른 체제로 바뀌리라고는 상상도 하지 못한 것 같다.

반면, 혁명은 실제적인 권력 관계를 근본적으로 바꾼다. 따라서 혁명은 언제나 폭력과 결부되어 있다. 마르크스에 따르면 혁명 후 가장 먼저 맞닥뜨리게 되는 것은 "경제적, 관습적, 정신적, 모든 측면에서 여전히 구 사회의 반점으로 얼룩진 사회의 피와 땀이다."[23] 지난 30년 동안 혁명을 거쳤다는 국가들 가운데 이러한 특징의 일부만이라도 보여주는 국가는 하나도 없다.

혁명은 숨쉴 공기조차 남아 있지 않은 상황을 탈피하는 행위다. 현대인들에게 이러한 상황은 몇 사람을 제외하고는 상상조차 못 할 일일 것이다. "극도의 고난을 겪을지언정, 혁명은 그것이 추구하는 일, 즉 해방에 도달하지 못한다는 사실을 누구나 감지한다. 혁명이 유리창을 박살내지 않기 때문에 혁명에 반대한다는 말이 아니다. 혁명이 깨부순 창을 통해 들어오는 것은 상쾌한 바람이 아니라, 겨울밤의 칼바람이기 때문이다."[24]

비상 브레이크

마르크스는 "새 혁명은 새 위기의 결과로만 가능하다. 그러나 새 혁명은 새 위기만큼이나 확실하다."라고 말했다.[25] 여전히 혁명을 믿는 몇 안 되는 사람들 가운데는 『다가올 반란』의 저자들도 있다. 『다가올 반란』은 몇 년 전 '보이지 않는 위원회'가 출판한 소책자인데, 이 책의 저자들은 곧 반란이 일어나리라는 굳은 기대 하에 프랑스의 대도시 '근교' 주민들이 일으킨 폭력 사태를 환영한 바 있다.[26] 마르크스의 말 대로 된다면, 이미 제기한 바 있는 의문은 여전히 유효하다. 원하는 바가 저절로 이루어진다면 무엇 때문에 선동하고, 무엇 때문에 망명 생활의 고생을 감내하는가? 노동자들은 적정 임금의 절반도 받지 못하면서 왜 평생을 일하는가? 이 모순을 인식하기까지는 오랜 시간이 걸렸다. 이러한 인식에 처음 도달한 사람은 발터 벤야민이다. 벤야민은

1940년에 발표한 논문 「역사의 개념에 대하여」의 초고에서 혁명의 불가피성이라는 생각을 뒤집었다. "마르크스는 혁명은 세계사의 기관차라고 말했다. 그러나 그 말은 전적으로 틀렸다. 아마도 혁명은 그 기차에 타고 있는 인류가 비상 브레이크를 작동하는 행위일 것이다."[27] 벤야민은 이 생각을 1830년 혁명 때 몇몇 혁명가들이 시간을 멈추기 위해 시계탑에 총을 쏘았다는 이야기를 들어 설명했다. "'그렇게 계속' 된다면 이는 대참사다."라고 발터 벤야민은 말했다. 뒤집어 말하면, 시간이 멈추면 대참사도 끝나지 않을 것이고, 혁명을 멈추지 않는 한, 시간을 다시 재며 처음부터 다시 시작해야 한다.

　실제로 시민혁명이 성공하기까지는 수백 년은 아닐지언정 수십 년이 걸렸다. 자유와 평등이 관철되기까지, 토지 소유권과 사고의 추상적 가치가 판매 가능하게 되기까지, 자유의지와 보편적 경쟁이 실현되기까지는 이토록 오랜 세월이 필요했다. 이러한 관점에서 볼 때, 혁명이라는 행위는 단지 표면적인 것인 듯하다. 에너지가 하나로 뭉친 사건, 일반적으로 익명성을 띠며, 사람들과 함께 실현했다기보다는 사람들을 통해 실현된 사건일 것이다.

　그리고 혁명이 끝난 뒤에는 마치 과격한 만큼 폭력적이기도 했던 반란이 전혀 없었던 것처럼 느껴지기까지 한다. 그렇다면 이러한 행위 자체는 스스로 혁명가라고 착각하는 사람들이 따르는, 피 흘리는 우상과도 같은 것이리라. 이렇게 보면 혁명은 이미 오래전에 시작되어 되돌릴 수 없는 변화에 대한 정치적, 법적 적응이 가속화된 행위다. 이 말이 곧 사람들이 매번 혁명이 일어날 줄 알고 있다는 뜻은 아니다. 프랑스 혁명은 이를 꾀하고 추진한 사람들조차도 깜짝 놀란 사건이었다. 추측컨대, 사람들이 세상이 달라졌다는 사실을 어느 순간 집단적으로 알아챘을 것이다.

마르크스는 1872년 어느 연설에서 "미국과 영국을 포함한 몇몇 나라에서는 노동자들이 평화적인 방법으로 그들의 목적을 달성할 수 있다"고 말하고, 다음과 같이 덧붙였다. "그 말이 맞는다면, 대부분의 유럽 국가에서 혁명을 들어 올릴 지레는 폭력일 수밖에 없다는 사실을 우리도 인정해야 한다. 폭력은 노동에 의한 지배를 완성하기 위해 언젠가는 호소해야 할 대상이다."[28] 혁명의 모습은 파리 코뮌이 유혈 사태로 끝난 뒤인 1872년에도 여전히 이와 같았다. "파리 코뮌은 지배 계급의 한 파당에서 다른 파당으로 국가권력을 이양하기 위한 혁명이 아니었다. 그것은 계급 지배의 혐오스러운 기계를 스스로 파괴하기 위한 혁명이었다. ……따라서 파리의 운명이 무엇이든, 혁명은 온 세상에 퍼져나갈 것이다."[29]

이 문장을 읽으면 등골이 오싹해지지 않을 수 없다. 실제로 이 글이 발표되었을 때, 유럽 대륙의 절반에 해당하는 지역에서 마르크스는 유명 인사가 되었다. 슬픔과는 거리가 먼 인물. 패배와 죽음을 조금도 개의치 않는, 자기 자신에 대해서도 전혀 놀라지 않는 인물. 물론 모든 민주주의는 전쟁과 테러를 전제한다. 이 두 가지는 그 경계에서 여전히 존재한다. 혁명은 폭력적인 상황에서 일어난다. 그러나 이 폭력과 저 폭력이 상쇄되지는 않는다.

그런데, 마르크스가 『자본론』 제1권의 서문에서 한 말은 무슨 뜻일까? 영국에서는 '전복 과정이 손에 잡힐 듯 분명'하다니?[30] 혁명은 이미 시작되었고 계속 진행된다는 말인가?[31] 『자본론』 제1권이 출판된 1867년에 런던에서 열린 '폴란드인 대회'에서 마르크스는 연설 중 다음과 같이 말했다. "사회주의 혁명. 이것이 계급투쟁과 무엇이 다른가? 노동자와 자본가의 싸움이 영국과 프랑스의 봉건영주와 자본가 사이의 싸움보다 덜 잔인할 수 있고, 희생도 더 적을 수 있다. 우리는 그러기를 기대한다."[32] 그렇다면 '주식회사는 자본주의 생산방식 내에서 자본주의 생산방식을 제거하는 일'이라는 말은 또 무슨 뜻인가?[33] 진지하게 한 말일까?

사람들은 종종 마르크스의 내면에는 혁명가와 시민계급의 정치가가 들어 있다는 말을 한다.[34] 이 두 인물이 누구든, 이 둘은 서로 어울리지 않는다.

제 13 장

학문

Die Wissenschaft

도서관에 파묻힌 삶

1849년 7월 프랑스 정부는 칼 마르크스에게 파리를 떠나라
고 명령하며, 브르타뉴 남쪽의 모르비앙 성에 정착하기를 제안
했다. 마르크스는 유형지와도 같은 외딴 시골에서 외롭게 살아
가느니 런던으로 옮기는 편이 낫다고 생각했다. 런던에는 '공산
주의자 동맹'의 간부들 대부분이 망명해 있었고, 그들은 정보부
대의 감시를 받고 있었다.[1] 마르크스는 혁명 단체들로 구성된 이
조직의 활동에 계속 가담했었고, 1864년에는 '국제노동자협회'
를 결성하여 1872년 사실상 와해될 때까지 이 단체를 이끌었다.[2]
그러나 런던에서는 반란이 일어날 기색이 보이지 않았다.[3] 마르

크스는 혁명가이기를 포기하고 대부분의 시간을 학문 연구에 기울였다. 그 후의 삶은 1850년 6월 마르크스가 대영박물관의 열람실 이용권을 발급받았을 때 결정되었다. 당시 대영박물관의 열람실 이용권을 발급받기는 쉬운 일이 아니었다. 우선 마르크스는 3개월에 걸쳐 유럽의 '금융귀족'이 발간하는 「이코노미스트」 지(誌)를 모두 읽었다.[4] 「이코노미스트」는 1848년 9월에 첫 호가 발행되었는데, 마르크스는 이 잡지를 통해 경제 관련 사건에 대한 미흡하나마 꾸밈없는 보고서를 섭렵할 수 있었다. [칼 마르크스는 1872년 '국제노동자협회'가 와해된 후 정치에서 물러나 학문에 몰두하는 행보를 반복했다]

　대영박물관 도서관은 당시 40만 권이 넘는 책을 소장하고 있었고, 세계에서 가장 큰 도서관 가운데 하나로 꼽혔다. 여기에는 저작권에 관한 대영제국 법률이 한몫 했는데, 이 법이 효력을 발생한 후 대영제국에서 출판된 모든 책은 대영박물관 도서관에 비치되어야 했다. 약 20년 후, 그러니까 마르크스가 『자본론』 제1권을 출판했을 때, 대영박물관 도서관의 소장 목록에는 백만 건이 넘는 도서명이 기재되어 있었다. 1922년에 발표된 버지니아 울프의 장편소설 『제이콥의 방』에는 대영박물관 도서관이 다음과 같이 묘사되어 있다. "높은 돔 천장 아래 수백 명의 사람들이 서가 옆에 앉아 인쇄된 책들을 필사하고 있었다. 그들은 이따금 자리에서 일어나 목록을 살핀 후 조용히 제자리로 돌아갔다. 가끔은 말없이 남의 자리를 차지하고 앉은 사람도 있었다."

5 찰스 디킨스와 존 러스킨은 이곳에서 대영제국의회 공식 보고 서인 「블루 북」을 작성했다. 「블루 북」에는 공장의 노동 환경부 터 매춘에 이르기까지 대영제국에서 일어나는 정치적으로 중요 한 모든 사건이 기록되었다. [그 당시의 여타 중앙집권국가들과는 달리 영국 정부는 통계 자료를 공개했다. 이에 관해서는 스티븐 막스의 『정보 결 합. 르네상스에서 현재에 이르는 세계적 자본주의』(캠브리지 2016. p. 109) 를 참조하라] 마르크스는 이곳 열람실에 아침 9시부터 저녁 7시까 지 앉아 있었다고 말했다.**6** 1867년에 출판된『자본론』제1권이 그곳에서 탄생했고, 그로부터 수십 년 후 엥겔스가『자본론』제 2권과 제3권으로 집대성한 수많은 발췌문과 메모와 초고 등도 이곳에서 나왔다. 그 밖의 기록들은 훗날 칼 카우츠키가 챙겼다 (칼 카우츠키는 자신이 창간한 잡지 「새 시대」(1권, 1905/1906)에 마르크스가 남 긴 기록들을 바탕으로 쓴 「전진 투쟁의 낙수 효과」라는 글을 발표한 바 있다 – 옮 긴이).

마르크스가 이 열람실에서 보낸 33년의 세월 가운데 반 이 상은 집필이 아닌 독서를 하는 데 보낸 시간이었다. 마르크스는 대단히 집중적이고도 적극적으로 독서에 몰입했으며, 중요하다 고 생각되는 부분을 베끼고 자신의 생각을 적은 메모는 수천 쪽 에 달한다. 1857년에 시작된『자본론』집필 기간 중 마르크스가 읽은 책이 1,500권에 달한다고 하는데, 그 대부분을 대영박물관 도서관에서 읽었다. 그러나 이 어마어마한 분량의 독서가 완벽 을 추구하기 위한 노력이었는지, 참을 수 없는 호기심의 발로였는지, 또는 이해하기 좀 더 어려운 다른 동기가 발동했기 때문인지는 분명하지 않다.[7] 마르크스의 학문은 같은 시기에 미술과 문학에서 발달한 파노라마 기법과 매우 유사한 성격을 띤다. 파노라마는 빈틈을 남기려 하지 않으며, 모든 구성요소가 각자의 위치에서 각자의 기능을 발휘하는 어떤 세계를 체계적으로, 그리고 역사적으로 묘사한다. 그리고 전체를 위해 이야기가 주제에서 벗어나는 일도 얼마든지 허용된다.『루이 보나파르트의 브뤼메르 18일』에서 파괴적인 혁명가로 묘사된 '두더지'는 사실은 도서관에서 서가를 뒤지는 인물이다.[8]

도서관에서, 그것도 대형 도서관에서 작업을 한다는 말은 자신을 도서관에 바친다는 말이다. 도서관은 지식을 모아 놓은 곳이라기보다는 목록과 카드와 팸플릿으로 지식을 구성하는 곳이다. 이 체제에서 벗어나지 않고 버티기는 쉽지 않다. 취리히 출신 문예학자 필립 타이존에 의하면, 위대한 학문적 연구는 수많은 발췌와 반복적인 시행착오, 그리고 끝없는 독서를 전제한다. "읽은 책 중에 사실 '쓸모없는' 쪽의 수가 '핵심' 쪽의 몇 배가 넘는 일도 허다하다."[9] 훗날 완성된 저서에서 엿볼 수 있는 정신적 잠재력은 이렇게 생성된다. ─물론 이러한 방법은 오늘날의 기준과 방법에 비하면 비경제적이다. 경제학자인 마르크스도 도서관에서 학술서적만 읽지는 않았다. 셰익스피어, 밀턴, 데포, 디킨스 등 문학작품도 읽었다. 마르크스가 자신의 병에 대해 그 어떤 의사보다도 자신이 더 잘 안다고 주장할 수 있었던 이유는 『자본론』을 쓰느라 도서관에 파묻혀 지낸 세월 덕분이다. 마르크스는 1877년 11월에 도서관 이용권을 마지막으로 연장했다.[10]

단수의 학문

칼 마르크스의 저서에는 '학문'이라는 단어가 단수 형태로만 나오는데, 이는 그 시절의 사상가들에게서 흔히 볼 수 있는 현상이었다. 그 시절의 학문적 고찰이나 사고 및 체계는 자연과학이나 인문과학이나 다르지 않았다. 학문의 세부적 분류는 1차 세계대전 이후의 일이다. 그러나 '학문'이라는 단어가 단수로만 사용된 이유는 이뿐만이 아니었다. 단수 형태에는 학문에 대한 특별한 경의가 담겨 있다.

19세기만큼 학문에 대한 믿음이 강한 시대는 그 이전에도, 그 이후에도 없었다. 19세기의 관념에 따르면 학문은 세상에 대한 알려지지 않은 지식이며 절대적으로 우월한 지식이다. 다시 말해, 학문은 헌신적인 노력을 기울여야만 얻을 수 있는, 모든 사람을 위한 지식이었다. 그 시대의 학문은 사물의 불변적 요소를 나타내는 법칙에 따라 그 사물의 본질을 추정하는 일이었다.[11] 이러한 믿음은 오늘날까지도 완전히 사라지지 않았으나, 현대의 다양한 학문 형태를 통해 이러한 믿음이 일반적으로 그 효력을 잃었다는 사실을 알 수 있다. 우월하지만 알려지지 않은 지식에는 학문으로 들어가는 관문과 그 문지기도 포함된다. 그뿐만 아니라 지금까지 알려지지 않은 영역에 도전한다는 영웅심과, 자신을 추종하는 학자들을 옳은 길로 이끄는 지도자도 포함된다. 이러한 형태의 지식은 이제 거의 다 사라졌다. 아직 남아 있다면 혼란스러운 주변 분야에서나 작용할 뿐, 해당 학문의 중심에는 어떠한 영향도 미치지 않는다.

마르크스가 신봉했던 학문은 마르크스를 포함한 동시대 사람들이 볼 때, 처음에는 기독교가, 그 후 관념철학이 차지했던 지위를 얻게 되었다. 17세기부터 학문은 표면에 드러나 인지 가능한 다양한 현상들을 비교 가능한 개별 요소로 분석하고, 이를 바탕으로 세상의 다양한 현상을 하나의 체계로 이해할 줄 알게 되었다. 학문이 요구되는 곳에서는 현상의 세계가 내재된 동기와 법칙에 따라 분리되었고, 고찰 가능한 상태의 사건으로 분석되었으며, 인지할 수는 없지만 이들 사건을 야기하고 형성하는 동기에 따라 분류되었다.

법칙을 밝히는 노력은 경제학에 이어 몇 가지 다른 학문에서도 나타났다. 이를테면 생물학과 심리학이 이에 해당한다. 그러나 생명이 없는 연구대상에서 역사를 비롯한 살아 있는 연구대상으로 옮겨갈수록, 내재된 동기를 '법칙'으로 나타낼 수 있는지는 불분명해졌다. '법칙'이라고 말하기에는 좀 부족하고, 주먹구구나 경험에 의한 지식으로 보아 마땅하다면, '법칙'이 아니라 평균값 또는 예외라고 말해야 옳았다. 자연과학의 '법칙'은 근본적으로 어떤 경우에도 정확한 예측이 가능하다는 사실을 의미한다. 그러나 경제학의 법칙은 여전히 예측 불가능하고, 원래 가정으로 구성된 기후변화의 법칙과도 같아 보인다.

마르크스는 "사물의 형태와 본질이 직접적으로 일치한다면 어떠한 학문도 필요 없을 것이다."라고 말했다.[12] 마르크스가 당연하다고 여겼던 사실에 대해 그 당시에 의문이 제기되었더라면, 아마도 이 말은 하지 않았을 것이다. 다시 말해, 마르크스에게 학문은 임의의 대상들에서 보편성을 끌어내는 일, 즉 그 현상의 내재적 필연성을 밝히는 일이었다. 이와 같이 법칙에 기인하는 학문은 여전히 존재한다.

그러나 다른 형태의 학문도 있다. 새로운 형태의 학문은 모델을 바탕으로 접근한다. 좀 더 상세히 말하자면, 어떤 모델을 작성한 후, 실증적 현상과 비교를 통해 그 모델이 정확한지, 수정이 필요한지, 아니면 버려야 할지 결정한다. 이러한 연구방법은 특히 자연과학에서 활발히 채택된다. 찰스 다윈의 진화론도 이와 같은 모델 가운데 하나다. 그 외에 확률적으로밖에 예측할 수 없는 양자역학과 같은 이론도 있다.

19세기 학문의 발전을 높이 평가하는 데에는 분명한 근거가 있다. 감염성 질병 퇴치, 철도의 발전, 화학비료의 보급, 윤전기의 발명 등등. 마르크스도 이러한 학문적 업적을 높이 평가했으나, 원인 규명에 몰두하는, 원칙적으로 역사가 배제된 자연과학은 마르크스가 신봉하는 한 가지 형태의 학문에 포함되지 않았다. [자연과학은 역사적으로 접근하지 않지만, 진화론과 자연사는 역사를 증명하는 기능을 포함한다] 실제로 마르크스가 생각하는 학문은 세 가지 형태다. 마르크스는 '법칙의 학문'과 더불어 게오르크 빌헬름 프리드리히 헤겔이 『대논리학』에서 전개한 학문의 개념, 즉 논리적 또는 변증법적 추론의 학문을 인정했다. 세 번째 학문은 『독일 관념론』에 소개된 것과 같은, 역사의 재구성(再構成)에 헌신하는 학문이다. 『독일 관념론』에서 마르크스와 엥겔스는 "우리가 아는 학문은 오로지 역사의 학문이다."라고 선언하며 유물사관을 규명했다.[13] [이 두 사람은 학문과 역사의 관계에 대해서도 독특한 관념을 지니고 있었다. 이러한 특징은 『자본론』 제1권에도 잘 나타나 있다. 프리드리히 엥겔스는 학문과 역사의 관계에서 중요한 점은 우연이 배제된 역사라고 주장했다. 이에 관해서는 미하엘 하인리히의 『정치적 경제 비평. 입문서』(슈투트가르트 2005. p. 27)를 참조하라] 1880년 엥겔스는 『공상에서 과학으로』를 쓰면서, 마르크스가 '정치적 경제 비평'이라는 이름으로 행한 학문과 동시대의 다양한 자연과학 사이의 모든 차이점과 이론(異論)을 강력한 언어로써 피해갔다.

거대 둥지 속의 은둔자

19세기 중반의 서방 세계는 두 개의 거대도시가 지배했다.

그 하나는 파리였고, 다른 하나는 런던이었다. 파리는 여러모로 보아 정치의 도시였던 반면, 런던은 자본의 도시였다. 파리가 유럽의 관문이었다면, 런던은 세계의 관문이었다. "부르주아 계급은 이 나라를 런던의 지배에 내맡겼다."[14] 그 과정에서 이전에는 없었던 사생활 영역의 자유가 생겨났다. "대영박물관에 쌓여 있는 정치적 경제사에 관한 어마어마한 자료, 런던이 제공하는 시민사회 관찰에 유리한 입지조건"[15]이라는 말에서 알 수 있듯이, 칼 마르크스는 그 도시가 자신에게 무엇을 의미하는지 잘 알고 있었다. 현실적으로도, 이론적으로도. 마르크스는 런던에 오면 세계가 파노라마가 된다고 말했다. 페르디난트 라살의 전언에 따르면, 마르크스는 1860년 「신라인신문」을 다시 창간할 가능성이 보이자 베를린으로 갔으나, 다시 런던으로 돌아왔다. 마르크스는 1861년 5월 라살에게 보낸 편지에 "비록 나는 거대 둥지 속의 은둔자처럼 살아가지만, 런던은 내게 특별한 매력을 발산하는 곳이다."라고 썼다.[16]

칼 마르크스와 그의 동지들이 '현대적 로마'에서 누린 혜택에는 저술 작업을 위한 외적인 전제조건뿐만 아니라 작업의 내용도 포함된다.[17] 칼 마르크스는 그곳에서 마주치는 사물과 사건에 대해 깊이 생각했고, 이들 마주치는 대상을 대하는 마르크스의 태도는 찰스 디킨스가 런던을 대하는 태도와 본질적으로 다르지 않았다. 마르크스는 『자본론』 제1권에서 다음과 같이 말했다. "현대 사회에서 자본 축적을 연구하기에 지난 20년보다 더 유익한 시기는 없었다. 이 시기는 마치 행운의 여신에게서 마법의 자루를 받은 것 같다. 그러나 모든 나라 가운데 전형적인 표본을 보이는 나라는 영국이다. 영국은 세계 시장에서 최고의 위치를 확립했고, 자본주의 생산방식이 완전히 발달한 곳은 영국뿐이다."[18] 그러나 런던은 자본주의 역사상 가장 발달한 형태만을 의미하지는 않는다. 런던은 그 어느 곳보다 역사가 객관적으로 기록되는 곳이다. 그곳의 사회적 저력은 수백 년 이상 농축되었고, 그곳에서 과거는 분명하게 밝혀졌다. 때로는 인식의 형태로, 때로는 반성의 형태로. 영국의 경제학자와 프랑스의 이상주의자, 그리고 독일의 관념주의자들의 이론을 종합하여 마르크스는 어마어마한 업적을 완성했다. 그 공이 오로지 특정 장소에만 국한되어 있다고 주장할 생각은 없다.

그러나 당시 유일했던 세계적인 도서관, 다시 말해 공간적으로 유리한 조건에서 자료를 종합하여 학문을 선도할 수 있었던 가능성은 분명 마르크스의 업적에 크게 기여했을 것이다.

끝없는 발췌

칼 마르크스는 연구를 위해 대영 박물관으로 향할 때 한 가지 할 일을 정했다. 그 일로 한 인간이 할 수 있는 일이 대단히 많아지리라는 사실을 마르크스는 알고 있었을 것이다. 그 일이란 현대 세계의 외적 형태와 내부의 동기를 밝히는 일이었다. 그 작업을 하기 위해서는 독서와 발췌를 거듭해야 했다. [발터 벤야민도 19세기의 파리에 관한 책을 쓸 때 이 방법을 따라했다. 그 책은 1927년부터 1940년에 이르는, 대단히 읽기 어려운 전집으로 완성되었다. 벤야민도 다른 저자들의 책을 발췌하는 일만으로도 개념적 윤곽이 잡힌다고 생각했다] 마르크스는 자신이 읽는 책에서 대단히 많은 부분을 발췌했다. 발췌한 부분은 총서 제 IV/6권에서만 천여 쪽에 이르는데, 이 부분은 모두 구스타브 폰 귈리히의 『우리시대 주요 무역국들의 상업, 수공업 및 농업에 대한 역사적 기술』에서 따온 내용이다. 마르크스는 다소나마 자신의 목적과 관련이 있다면 다른 학문 분야도 연구하며, 또는 전혀 관련이 없는 학문 분야까지도 연구하며 철저하게 완벽을 꾀했다.

마르크스는 이 책 또는 저 책이, 그중에서도 특히 『자본론』이, 며칠 후에는 반드시 완성된다고 여러 번 밝혔지만, 실제로는 몇 달 또는 몇 년이 걸렸으며, 끝내 완성하지 못한 책도 있다. 이러한 사실로 미루어 보건대, 마르크스도 완벽을 향한 자신의 열망을 최소한 간헐적으로는 느꼈을 것이다. 마르크스의 이와 같은 노력은 역사적, 비평적 총서를 통해 처음으로 확인할 수 있었다. 마르크스는 이 작업을 1860년대 말에 시작했으나, 완성과는 거리가 멀어도 한참이나 먼 상태로 남겨 두었다.

발췌는 오랜 전통을 지니고 있다. 모르는 것이 없지만 나름의 소견은 없는 사람은 발췌의 전통을 보여주는 가장 좋은 예다. 마르크스도 이런 사람에 속하지만, 그런 모습은 체계를 세우려는 투철한 의지로 제거되었다. 마르크스의 학문적 연구는 다른 사람의 생각과 벌리는 끝없이 이어지는 논쟁을 바탕을 전개된다. 어쩌면 마르크스가 한때 동지였던 슈티르너에게 그토록 민감한 반응을 보인 이유 가운데 하나는 이러한 전통을 고수하는 태도에서 찾을 수 있을 것이다. 슈티르너는 학교에서 배운 지식은 반쯤은 잊었지만 남은 지식을 바탕으로 중대한 주제의 책을 쓸 수 있다고 주장한 바 있다. 다른 한편, 마르크스가 사용한 화려한 언어적 표현, 풍부한 은유, 그리고 거만한 문체는 발췌의 출처에서 거리를 두면서 출처에 관한 지식을 표현하려는 시도로 볼 수 있다.

발췌와 완벽성에 대한 열망은 발췌의 최종 목적이 완벽성일 때 하나가 된다. 그러나 발췌 과정에서는 행위와 목적이 반복적으로 상반되는 결과를 낳는다. 첫째, 발췌문은 참고자료와 저자의 의견 사이의 경계를 흐린다. 둘째, 발췌문은 본질에서 벗어나게 만드는 근본적인 요인이 된다. 끝으로 체계적 발췌는 완벽한 모든 것을 원칙적으로 일시적인 것으로 만든다. 따라서 기본적으로 과도한 작업이 요구되는 상황이 발생하며, 이러한 상황은 모든 작업을 처음부터 유동적인, 그리고 빠져나올 수 없는 일로 만들어버리므로, 아무리 소박한 목표를 가지고 시작한 일도 사방으로 이탈하는 단편(斷篇)으로 그칠 뿐, 완성된 단계에 도달하지 못한다. 동시에 발췌 행위는 발췌한 부분에서 저절로 하나의 이론이 형성된다는 생각의 지배를 받는다. 귀스타브 플로베르의 장편소설『부바르와 페퀴셰』의 두 주인공과 마찬가지로 마르크스도 이렇게 생각했다. 플로베르는 이 소설을 완성하지 못하고 삶을 마감했다. 발췌를 통해 세상이 열리리라고 항상 기대하지만, 연구를 계속하면 할수록 개별적인 문제에 깊이 빠지고 만다. 결국 한없이 시간을 잡아먹는 독서만 계속될 뿐이다.

발췌를 할 때에는 다른 사람의 지식을 이해하고 활용하는 일과 자신의 지식을 확립하는 일을 구별해야 한다. 발췌문은 종종 서로 다른 형태의 중간 형태를 띤다. 그 이유 가운데 하나는 베껴 쓰는 과정에서 처음 접하는 지식이나 표현이 자신의 것으로 둔갑한다는 사실이다.

이런 일은 칼 마르크스의 경우에도 발견된다. 물론 요한 하인리히 빙켈만의 경우만큼 심각하지는 않다. 빙켈만의『계통학』은 다른 사람의 글을 베낀 것이다. 반면 발췌한 글은 특히 언어적으로 자신의 작업에 포함된다. 종종 다른 사람의 작업을 문학적 표현으로서 직접 인용하거나, 반어, 과장, 풍자의 형태로 인용하기도 한다.

이를테면 마르크스가 1851년에 지대(地代) 이론을 연구하기 위해 읽은 책 가운데는 제임스 핀레이 위어 존스톤의『농화학 및 지질학 강의』도 있다.[19] 이 책에서 마르크스는 식물의 생장을 위한 지질학적 조건에 대한 서술과 지질 형성의 기본원리를 접했다. 그리고 몇 달 후 출판된『루이 보나파르트의 브뤼메르 18

일』에 '사회 형성'이라는 말이 처음으로 등장했다.[20]

칼 마르크스에 관한 유명한 에피소드 가운데 하나는 마르크스의 사위인 폴 라파르그가 들려준 이야기다. 인쇄를 앞둔 『자본론』 제1권은 오노레 드 발자크가 쓴 어떤 작품과 매우 유사한 상황을 맞이했다. 1831년에 「미지의 걸작」이라는 제목으로 발표된 단편소설이었는데, '완벽한 예술'을 창작하기 위해 수년에 걸쳐 노력을 아끼지 않는 어느 화가의 이야기다. 마침내 이 화가가 완성된 작품을 두 친구에게 공개했을 때, 친구들은 선과 색이 한없이 어지럽게 섞인 모습 외에는 아무것도 알아볼 수 없었다.

학계의 외톨이

요즘은 프리랜서 학자들을 찾아보기 어렵다. 그들은 언제나 주변적인 존재였으며, 연금 생활자이거나 굶주릴 만큼 가난한 사람들이었다. 그러나 19세기에 이들 프리랜서 학자들은 정신적, 학문적 발전에 커다란 족적을 남겼다. 아르투르 쇼펜하우어, 칼 마르크스, 자코모 레오파르디, 프리드리히 니체, 찰스 다윈, 하인리히 슐리만은 모두 프리랜서 학자로서 학계에 입문했으며, 잠시 대학교에 적을 두었던 프리드리히 니체를 제외하고는 모두 그 후에도 프리랜서로 남았다. 그들은 가끔 친구나 학문적 동지와 공동으로 연구하기도 했으나, 대부분은 자신의 연구

결과물에 대해 전적으로 혼자 책임을 졌다. 그들은 경쟁에 무관심했고, 학문 간의 경계를 중요시 하지 않았다. 마르크스는 초기에 쓴 글에서, 외톨이 학자도 '일반적인 문제'를 해결할 수 있다고 말하며 다음과 같이 덧붙였다. "그러나 그 문제가 개인의 차원을 넘어 사회적인 문제가 될 때 진정으로 일반화된다."[21]

이 말은 마르크스가 자신이 학자로서 살게 될 삶을 예상하고 한 말이지만, 대형 도서관의 이용권만 있으면 손쉽게 학술 자료를 구할 수 있었던 시기에 대해서만 맞는 말이다. 외적으로 볼 때, 마르크스와 그의 학문적 동지들, 청년헤겔학파들은 독일 대학의 보수성 때문에 학문적 경력을 쌓는 데 불이익을 당했다. 이들 가운데 그 누구도 교수직에 임용되지 않았다.[22] 이들은 프리랜서 학자라는 점에서도 대학교 때문에 불이익을 당했다. 대학교는 사회적으로 관련 영역을 점점 더 확대하는 동시에, 국가가 특허를 내주고 관리까지 하는 전문가 체제를 확립했다. 권위를 공인받지 못한 학자들은 생계유지나 진리의 이론 때문에 부딪치는 문제보다 시민국가의 기관에 의해 시행되고 보호 받는, 공공의 업무로서 진행되는 연구로 인해 더 많은 문제에 부딪치게 된다. 국가는 지성(知性)에게 직무를 부여할 뿐만 아니라 무엇보다 직책을 부여하므로, 자유로운 사상가들의 경우 단지 그들의 사회적인 위상만 떨어지지는 않는다. 제도권에 속한 학자들은 가르칠 특권을 얻음으로써 자율에 의한 삶을 허용 받는다.

프리랜서 학자들에게는 해당되지 않는 이야기이다. 산발적이기는 하지만 오늘날에도 우리는, 이를테면 전문지식이 중요하게 작용하는 예술사에서, 한 사람의 화가, 특정한 시기 또는 특정한 장소를 위한 열정에 힘입어 특별한 인물들과 마주친다. 요한 볼프강 괴테의 작품에서도 이러한 인물과 만날 수 있다. 프리랜서 학자들을 그들 자신의 이상형으로서 괴테를 좋아한 듯하다. 그들에게 괴테는 박학다식하고 경제적으로 안정적이며, 언어를 완벽하게 구사하는 사람이었고, 침착하고, 세상 사람들 눈치 안 보고 사는 사람이었다. 바이마르의 신학자 요하네스 팔크에 따르면, 괴테는 1808년경 자신과 독일 사람들과의 관계에 대해 이렇게 말했다고 한다. "그들은 나를 좋아하지 않아요! 사실입니다. 나도 그들을 좋아하지 않습니다!"[23]

프리랜서 학자들이 여전히 좋아하는 대상이 하나 더 있다. 바로 마르크스의 이론과 넓은 의미의 화폐 또는 자본이다. 이들 가운데 몇몇은 주로 60년대에 결성된 공산주의 전문가 단체에 남아 있는 사람들이다. 이들은 지금 프리랜서 학자로 또는 프리랜서 시사평론가로서 다소간 자유롭게 살고 있다. 그들이 좋아하는 대상은 화폐와 자본에 숨겨진 수수께끼인 듯하다. 그리고 그 수수께끼와 더불어, 세상이 자본의 동기를 자극하지만, 사회는 눈이 멀어 그 동기를 보지 못하는 상황에 대해서도 매력을 느끼는 듯하다.

지나친 의욕

마르크스는 욕설을 퍼부었다. 엥겔스를 제외하고, 마르크스와 부딪쳐 자존심이 상하지 않은 동료가 없었다. 당사자가 자리에 없을 때에는 더욱 더 흥분해서 비난했다. 마르크스는 넋두리도 했다. 연구 하느라 얼마나 많은 고생을 했는지, 그런데도 아직 할 일이 얼마나 많이 남았는지, 뜬 눈으로 지샌 밤들이며, 학문적 포부를 펼치려니 『자본론』은 말할 나위도 없고, 알아봐야 할 내용이 너무도 많다는 이야기 등등. "나는 내게 허용된 모든 순간을 책을 집필하는 데 투자했다. 그러느라 나는 건강과, 삶의 행복과 가족을 희생할 수밖에 없었다."[24] 이 말은 대충대충 사고하는 기회주의자 사상가와 자신을 구별하기 위해 한 말인 동시에, 자신에 대한 회의감을 나타내는 반어적인 표현이다. 다른 한편, 정신노동이 실제로 어떤 일인지 보여주는 말이기도 하다.

주제에서 벗어나는 내용을 발췌해야 하고, 쓰러지기 직전까지 쉬지 않고 연구해야 하며, 매번 마감 날짜를 미루는 가운데 어쩔 수 없이 완성에 대한 압박도 받게 되고, 그러다 나중에는 자신의 저서에 시큰둥해지고 만다. 그런데 죽음을 앞둔 마르크스가 『자본론』 제2권과 제3권을 위한 커다란 메모지 상자를 엥겔스의 손에 쥐어 준 일은 무엇을 의미하는가? 이러한 일들은 모두 발췌를 연구에 반드시 필요한 과정이라고 생각한 결과 일어나는 일들이다.

특히 엥겔스에게 보낸 편지는 넋두리로 가득하다. 그 넋두리에 그럴 만한 근거가 있다는 점에 대해서는 논란의 여지가 없다. 마르크스 이전에는 자본을 기반으로 확립된 경제 형태를 이토록 광범위하고 이토록 심오하게 다룬 사람이 아무도 없었다. 그리고 이를테면 화폐의 생성에 관한 문제 등 부분적으로 오늘날까지도 해결되지 않은 주제가 있을지언정, 이러한 점이 마르크스가 품었던 원대한 학문적 포부를 깎아내리지는 않는다. 더욱이 마르크스는 오늘날 더는 찾아볼 수 없는 사람, 이미 오래전에 사라진 신분, 즉 자신의 학문을 오롯이 혼자 추구하는 학자였다.

마르크스는 교편을 잡은 적이 없었지만, 그의 행동은 독일 교수 같았다. 마르크스는 관념철학의 양대 거장 이마누엘 칸트와 게오르크 빌헬름 프리드리히 헤겔의 전통을 직접 계승할 뿐만 아니라, 그 전통 속의 자기 자신도 고찰했다.[25] 마르크스는 자신의 머릿속에서 한 가지 학문뿐만 아니라 모든 학문이 간수된다는 생각을 멈추지 않았다. 그것도 이미 어떤 형태로든 확립된 기존 지식만이 아니라 새 것, 앞으로 생겨날 새로운 사상마저도 자신의 머릿속에 보관된다고 생각했다.

왜 그랬을까? 아무도 강요하는 사람이 없었는데? 어깨를 으쓱하며 이렇게 묻는 사람도 있을 것이다. 과도한 작업은 무한정의 자료를 바탕으로 하는 발췌 때문이고, 넋두리는 자신이 부족하다는 생각에서 나오는 말이다. 그러나 이 넋두리에는 자신이 감행한 작업의 가치를 알아주기 바라는 마음이 깔려 있다. "비평가가 자신이 하찮다는 생각에 깊이 빠지면 빠질수록, 철저하고 급진적인 몸짓으로 실용 저술가나 이상주의자들, 또는 확고한 나름의 소신이 없는 모든 사람들과 자신을 구별하려는 욕구는 더더욱 강해진다."[26] 넋두리를 하는 사람이 자신이 하찮다는 사실을 알기에, 넋두리야말로 차이점을 표시하기 위해 사용할 수 있는 유일한 수단이다. 칼 마르크스는 이 점에서도 소설가 귀스타브 플로베르와 닮았다.

자연의 역사에 등장하는 변증철학자

칼 마르크스는 『자본론』의 초판 머리말에서, 이 책은 사회의 경제적 형성을 자연의 역사로 보고 고찰한 책이라고 밝혔다. 그리고 "이 책의 최종적인 궁극의 목표는 이 사회에서 일어나는 경제적 움직임의 자연법칙을 밝히는 일이다."라고 덧붙였다.[27] 그러나 이와 같은 목표 설정은 잘못된 일이었다. 마르크스는 자신이 추구하는 학문의 성격뿐만 아니라, 자연과학의 성격도 착각했다. 무엇보다도 자연과학의 정확성을 학문적 노력의 기준으로 본 탓에, 『자본론』의 많은 부분을 공식과 계산으로 채웠다.

그러나 물리학, 천문학, 화학 분야에서 집중적으로 연구하는 대상과 달리, 역사는 예측이 불가능하다. 역사는 때로 반복되는 듯도 하고, 때로는 정해진 패턴에 따라 움직이는 듯도 하다. 그러나 실제로 일어난 사건은 과거의 사건과는 다른 사건이며, 기존의 사건이 나아간 방향과는 다른 방향으로 발전한다. 시간이 흐른 뒤에는 왜 그랬는지 규명할 수도 있지만, 미리 내다볼 수는 없다. "우리는 오직 한 가지 학문만 안다. 역사에 관한 학문이다." 이 말은 유물사관의 기본 입장을 나타낸 말이다. 그 아래 이어지는 온갖 설명은 마르크스 이전의, 고대까지 거슬러 올라가는 계몽적 유물론이 비역사적이었다는 주장을 내포한다. 이와 같은 상황에 비추어볼 때, 마르크스가 자연과학에 접근했을 가능성은 매우 낮다.

마르크스는 찰스 다윈이 쓴 자연사(自然史)에 관한 책을 읽고 매우 큰 감동을 받았다. 『종의 기원』은 1860년 12월에 출판되었는데, 마르크스는 이 책을 그 후 1년이 지난 뒤에 읽었다. 그리고 1862년 봄에 이 책을 다시 한 번 탐독했다. 마르크스는 여러 가지 이유로 이 책을 몇 개월에 걸쳐 탐구했다. 마르크스와 다윈 두 사람 다 선배 덕은 못 본 사람들이었다. 자신보다 앞서 연구한 사람이 없었던 탓에 이 두 사람은 자료를 수집, 정리하고 거기서 결론을 끌어내는 두 가지 일을 한 번에 처리해야 해다. 거꾸로 선 헤겔을 바로 세우라는 마르크스의 유명한 문장은 일반적으로 관념론을 뒤집어야 유물론이 나온다는 말로 이해된다. 그 문장은 비록 반어적이지만 매우 정확한 뜻을 품고 있다. 즉, 마르크스 자신은 경험적 지식을 배제하지 않겠다는 뜻이다. [이 말은 마르크스의 전형적인 반어적 표현 가운데 하나다. '거꾸로 산 헤겔을 바로 세우라'는 문장은 헤겔이 프랑스혁명에 대해 한 다음과 같은 말을 글자 그대로 뒤집은 표현이다. "하늘에 태양이 떠 있고 행성들이 태양 주위를 도는 한 인간이 머리로 서서, 즉 생각을 딛고 서서 그 생각에 따라 현실을 만드는 모습은 눈에 보이지 않았다." 게오르크 빌헬름 프리드리히 헤겔의 『역사 철학 강독』(1822~1831. 이론 총서 제12권. 프랑크푸르트 암 마인 1970. p. 529)을 참조하라] 이와 같은 의도에서도 다윈의 영향이 엿보인다. 그뿐만 아니라, 가능하면 오랫동안 이론을 완성하지 않으려 한 점에서도 마르크스는 다윈을 닮았다.

　다윈의 이론은 마르크스의 유물론에 합당해 보였다. 마르크스는 유물론적 경제사에 유물론적 자연사를 추가하면 자신의 이론이 그만큼 더 탄탄해지지라 기대한 듯하다. 그러나 새로운 가능성을 발견하고 좋아하는 가운데, 경제사를 자연사와 동일시하며 시작된 착각이 멈추지 않았다. 마르크스는 다윈의 이론에 나와 있는 가설을 알아채지도 못했고, 다윈이 변증철학자가 아니라는 사실도 깨닫지 못했다. 어쩌면 일부러 알려고 하지 않았는지도 모른다.

　생물학자인 다윈은 진화를 범주 내에서 생각한다. 다윈이 생각하는 진화는 정립과 반정립의 대립을 통해 일어나는 현상이 아니다. 진화는 기존 환경에 적응함으로써 완성된다. 다윈도 변화의 움직임을 결정하는 요인이 무엇인지는 알지만, 그 요인 자체에는 어떠한 원칙도, 반대도, 목표도 없다.

　『자본론』에는 다윈과 관련된 각주가 두 개 나온다. 그뿐만 아니라 마르크스는 1880년 가을에 『자본론』의 영역본을 다윈에게 헌정하고자 했다. 다윈은 정중하지만 단호하게 거절했는데, 자신도 신을 믿지 않지만, 가족을 생각해서 무신론적 저서에 공개적으로 연루되고 싶지 않다고 그 이유를 밝혔다.[28] 자연과학자인 다윈과 경제학자인 마르크스의 결합은 마르크스 사후 엥겔스의 추도문을 통해 비로소 이루어졌다. "찰스 다윈이 지구상의 생물이 진화하는 법칙을 발견했다면, 칼 마르크스는 인류 역사의 흐름과 발전을 결정하는 기본 법칙을 발견했다. 그 법칙은 밝히는 동시에 인정하게 될 만큼 간단하고 이해하기 쉬운 법칙이다."[29]

이 주장으로 마르크스는 기존의 지위를 넘어 창시자와도 같은 신화적인 인물로 승격하게 되었다. 기 드보르는 "결정론적 측면이야말로 마르크스가 자신의 사상을 '이데올로기화'하기 위해 평생을 파고 든 돌파구였다. 그만큼 노동운동이 계승한 이론적 유산에는 더 깊이 파고들었다."고 말했다.[30] 비록 현존하는 변용 사상을 비롯하여 마르크스주의는 이 주장에 한없이 큰 의미를 부여하지만, 『자본론』은 다윈의 진화론과 비교할 대상이 아니다.

제 14 장

신문

Die Zeitung

저널리스트 활동

칼 마르크스의 사상을 알고 싶은 사람은 누구나 제일 먼저 『자본론』을 읽으려 할 것이다.『자본론』제1권. 마르크스 생전에 출판된 책이니까. 어쩌면 이 책을 다 읽지는 않을지도 모르겠다. 특히 뒷부분은 19세기와 다양하게 관련된 경험적 지식을 다룬 부분이기 때문이다. 아무튼 처음에 나오는 4개의 장(章)과 뒷부분에서 이론에 해당하는 장은 읽어볼 가치가 있다. 이 부분을 읽으면 여기에 공부할 내용이 얼마나 많은지 알게 된다. 그러나 마르크스가 이룩한 업적을 통틀어 가장 방대한 업적은『자본론』이 아니다. 마르크스는 크고 작은 세상일에 비평을 멈추지 않았다. 그 원고를 다 합치면『자본론』의 몇 배에 달하는 방대한 기록이 될 것이다.

실제로 마르크스와 엥겔스가 쓴 저서의 구 판본, 즉 MEW(마르크스-엥겔스 저서)의 청색전집은 대부분 시사평론이 차지한다. 그리고 비평 총서에서도 1편의 절반인 스물세 권이 시사평론집이다.

마르크스가 1841년과 42년에 쾰른에서 「라인신문」에 기고한 글부터 1848년 6월 1일부터 1849년 5월 19일까지 「신라인신문」의 창간인이자 편집장으로 일하면서 쓴 글을 포함하여, 1852년부터 「뉴욕 트리뷴」 특파원으로 활동하면서 쓴 거의 500건에 달하는 기사까지. 그 중 100건 이상은 엥겔스가 작성했다. 그 밖에도 몇몇 계간지에 단기적, 장기적으로 기고했고, 신문을 창간하려고 여러모로 애쓰는 과정에서도 대단히 많은 글을 남겼다. 마르크스는 철학과 고문헌학(古文獻學)을 공부했지만 경제학자가 천직인 사람이었고, 실생활 측면에서는 저널리스트였다.

마르크스가 한 것이라 전해지는 말 가운데는 저널리스트 활동이 힘든 작업이며, 정통 이론가에게 걸맞지 않는다는 내용도 있다. 1843년에 벌써 "이리저리 구부리고 배배 꼬고, 그날그날 글쓰기와 함께 시작되는 단어 찾기를 하느라 피곤하다."고 토로한 바 있다.[1] 그리고 10년 후 목수이자 건축가인 아돌프 클루스에게 쓴 편지에도 저널리스트 활동에 대한 불만이 나타나 있다. 클루스는 한때 '정의동맹' 회원이었는데 훗날 뉴욕으로 이주했다. "끊임없이 신문을 만드느라 지켜워. 이 일은 시간을 너무 많이 빼앗고, 조각내고, 그런데 결국 남는 게 아무것도 없어. 순수하게 학문적인 작업은 이런 일이 아니지……."[2] 그러나 마르크스는 저널리스트로 활동하는 동안 조금은 다른 문제, 즉 신문은 무엇이며, 어떻게 다루어야 하는가와 같은 좀 더 진지한 문제에 생각을 집중하게 되었다. 마르크스는 1842년 여름에 아르놀트 루게에게 보낸 편지에 아래와 같이 썼다. 훗날 마르크스는 루게와 공동으로 「독일 – 프랑스 연감」을 발행한 바 있다.[3] "공산주의적이며 사회주의적인 도그마를 밀반입하기에 신문은 적합하지 않아. 신문은 정확한 것을 원해. 구체적인 상황에 대한 상세한 내용, 더 많은 전문적 지식을 요구하지."[4]

1857년부터 1859년까지 한 차례 중단하기는 했지만, 마르크스는 1862년까지 거의 10년 동안 「뉴욕 트리뷴」의 특파원으로 활동했다. 미국의 대표적인 신문이었던 「뉴욕 트리뷴」은 1841년 호러스 그릴리가 창간했는데, 그릴리는 공화당 창당 멤버 가운데 한 사람이기도 하다. 이 신문은 20만 부가 팔렸으며, 아마도 미국에서 가장 잘 팔린 신문이었을 뿐만 아니라, 세계에서 가장 현대적인 신문이었을 것이다. 「뉴욕 트리뷴」이 최고의 호황을 누릴 때에는 특파원이 18명이나 되었으며, 그 가운데 한 사람이 런던에서 활동했다. 이 신문은 문학평론을 위한 난이 따로 마련된 최초의 신문이었다.

칼 마르크스 생전에 그의 글을 읽는 독자들은 오로지 신문과 잡지에 난 글을 읽는 사람들이었을 것이다. 몇몇 알려진 소책자들도 원래는 한시적으로 연재할 목적으로 쓴 글들이었다. 이를테면 소책자『루이 보나파르트의 브뤼메르 18일』도 1852년에 전직 프로이센 장교였던 요제프 바이데마이어가 뉴욕에서 독일어로 발행한 잡지 「혁명」 제 1호에 실렸던 글이다. 독일어권에서 마르크스는 거의 신문 기사를 통해서만 알려져 있었는데, 영어권에서는 더했다. 마르크스는 공중(公衆)을 위해 일했지만, 그 공중은 일차적으로 신문의 독자들이었다.

신문의 의미

우리가 일반적으로 알고 있는 형태의 일간지는 19세기 초 서방세계의 여러 중심지에서 처음 생겨났다. 7월혁명은 매체 사건으로 시작되었고, 신문 역사상 2월혁명 다음으로 큰 정치적 사건이었다. 샤를 X세는 1830년 7월에 4개의 칙령을 발표하며 언론의 자유를 제한하고자 했다. 그로 인해 「르 나쇼날」, 「르 탕」 「르 글로브」와 같은 진보 성향의 파리 신문들은 발행 허가를 받지 못하고 압수되었다. 신문을 발행하는 일뿐만 아니라 읽는 일 자체도 혁명적인 행동이었다. 「르 나쇼날」의 편집장 아돌프 티에르는 그 후 머지않아 추밀원 고문관이 되었고, 장관도 되었다. 그 당시 신문이 의미하는 바는 시민 해방의 표현이자 효시로 해

석되었고, 더 살기 좋은 사회를 만들기 위한 근본적인 변화로 이
해되었다.

그로부터 10년 후, 하인리히 하이네는 헬골란트 섬에서 보
낸 상쾌한 여름을 추억하며 다음과 같이 이야기했다. "묵직한
신문 꾸러미가 육지의 새 소식을 안고 도착했다. 따듯한, 빛나도
록 뜨거운 소식들. 그것은 인쇄지로 싼 햇살이었다. 그 빛은 내
영혼에 불을 붙였고, 그 불은 활활 타올랐다. ……해수욕을 즐기
러 온 관광객들도 파리의 햇빛을, 때로는 베를린의 햇빛을 맞이
했다. ……가난한 헬골란트 섬 주민들은 사건을 본능적으로만
이해했지만, 그럼에도 즐거움에 환호했다."[5]

신문의 역사는 훨씬 더 먼 과거로 거슬러 올라간다. 그러나
과거의 신문들은 높은 발행부수를 올리지 못했다. 독자층은 소
수의 선택된 사람들이었다. 그들은 아직, 많은 사람들이 참여하
고, 참여한 사람들 모두가 지켜보는 가운데 국가가 어떤 결정을
내려야 옳은지 토론할 만큼 성숙하지 않았다.

이러한 사정은 1830년경에 급격하고도 근본적으로 변했다.
즉, 판매부수가 올라가고, 신문은 과거에는 없었던 여론에 열중
했다. 신문값은 과거에 비하면 빙산의 일각 수준으로 내렸다. 이
러한 성공을 거둘 수 있었던 원인은 공장에서 종이를 대량 생산
하고, 신문과 광고가 손을 맞잡은 데 있었다. 이러한 변화가 신
문의 영웅적인 이미지를 해치지는 않았다. 당시 신문은 가장 빠
른 매체였다. 신문은 사람들의 시선이 향하는 정치적 대립의 극

단에 서 있다. 이러한 위치에서는 마르크스 같은 고문헌학자든, 아돌프 클루스 같은 건축가든, 아돌프 티에르 같은 법률가든, 현재 일어나고 있는 세상사에 관심이 있는 사람이라면 자연스럽게 시사평론을 하는 수순을 밟게 된다.

모든 매체는 사건을 소개하고 전달한다. 신문이 시민사회의 지배적인 매체로 발돋움하자 뉴스가 생성되었다. 나날이 변해가는 세상에서 새로이 일어나는 중요한 일을 요약해 전달하는 일. 뉴스와 더불어 정치적 공중이 형성되었다. 이들은 신문을 읽는 시민들이었다. 뉴스는 독자들에게 가장 최근에 발생한 사건을 전해준다. 그 사건들은 잠재적으로 누구와도 관련이 있을 수 있다. 그리고 뉴스와 더불어 여론도 형성되었다. 여론은 곰곰이 생각하고, 힘주어 말하고, 민중이 취할 합당한 결론을 끌어낸다.[6] 뉴스와 시대정신이 동일한 발전의 두 가지 측면을 나타내듯이, 뉴스와 공중은 서로 떼려야 뗄 수 없는 두 가지 사회적 특징을 대변한다.[7]

결론적으로 신문은 뉴스와 공중과 시대정신을 형성하고 발전시키는 기관이다. 신문은 한 시민이 관계하는 공중을 대변한다. 그리고 신문은 이러한 사명을 상세한 텍스트의 형태로, 경우에 따라 문학성도 띠면서, 광범위하게 실천한다. 신문의 사명인 전달과 기록은 사회가 존속하기 위해 꼭 필요한 행위다. 마르크스는 "자유 언론은 국민들의 정신적인 눈이다. 국민들은 어디서나 이 눈을 뜨고 있다. 국민이 자신들에게 보내는 신뢰의 화신이고, 개개인을 국가 또는 세계와 연결하는, 말하는 종이 묶음이며, 체계화된 문화이다……."라고 말했다.[8]

오늘날의 신문은 이미 오래 전에 이와 같은 의미를 잃었다. 그러나 다른 매체가 신문의 자리를 차지할지는 몰라도 그 가운데 라디오나 텔레비전이 발명되기 이전에 유수 신문이 보유했던 의미와 견줄 만한 의미를 지닌 매체는 하나도 없을 것이다. [트위터는 신문이 지니는 보편성과 반대되는 뉴스를 소개한다. 트위터는 전달하지 않는다. 다만 확인하고 지시한다] 칼 마르크스가 저널리스트였다는 말에서 오늘날의 신문을 생각한다면, 특히 마르크스의 저널리스트 활동을 단지 밥벌이 수단으로만 생각한다면, 이와 같은 신문의 의미는 너무도 쉽게 잊히고 말 것이다.

신문의 정기 간행 방식은 인쇄소와 우편국의 연계 덕분이다. 이러한 연계에는 인쇄된 신문보다 더 오래된 매체에 의한 뉴스와 비평의 전파가 포함되어 있었다. 바로 19세기의 입소문이다. 신문은 술집, 카페, 독서클럽과 공생하며 집단의 읽을거리이자 개인의 읽을거리가 된다. 글을 읽지 못하는 사람도 다른 사람의 낭독을 통해 새로운 소식을 알고 싶은 욕망을 달랬다. 신문이 자극이 되어 말로 진행된 토론은 처음부터 독자층의 범위를 벗어나 확산되었다. 신문은 새 소식에 대한 관심을 사회의 모세혈관에 주입했지만, 19세기 초에 신문이 대중매체로 급격히 부상하기 전까지는 판매부수만으로 대중의 관심도를 가늠할 수는 없었다.

마르크스는 신문을 철저히 평가했다. 그러나 이러한 평가는 그 당시 정보 전달을 둘러싼 과격한 연설과 글쓰기와 출판의 힘없는 메아리에 지나지 않았다. 더구나 글쓰기와 출판은 다른 어떤 정치적 분파보다 더 강하게 사회주의 운동을 추진했다. 수많은 저널리스트, 저술가 및 프리랜서 학자들이 다가올 반란을 주제로 끊임없이 책을 출판했고, 놀라우리만치 많은 수의 식자공, 책 판매상, 그리고 도서관 사서들이 이러한 운동을 전파하는 데 기여했다.[9] 그들은 모두 자유에 대한 약속으로 하나가 되었다. 그 약속은 아직 확립된 지 얼마 안 된 시민사회의 눈앞에 현실의 부자유를 똑똑히 보여주고, 논쟁을 불러일으키기에 충분할 만큼 생생했다.

신문을 비롯한 정기 간행물과 더불어 당시 사람들은 세상을 세속적으로 인지하기 시작했다. 헤겔은 "아침에 신문을 읽는 일은 일종의 현실적인 아침 축복이다."라고 말했다.[10] 이렇게 인지하고 보면 '세상'은 원칙적으로 변화 가능한 영역이라는 사실이 점차 뚜렷해진다. 세상은 변화의 효과를 확인할 수 있는 무대가 되며, 사람들은 그 원인이 무엇인지 가설을 세우고, 토론하고, 결론을 내린다. 마르크스에 따르면 "신문의 가장 큰 관심사는 매일 이 운동에 관여하는 일과 그 운동에서 직접 나온 말, 일상의 온갖 사건을 모두 비춰 보이는 일, 국민과 국민의 대표적인 일간지 사이의 계속되는 상호작용이다."[11] 국가의 감시와 경제적 제약을 넘어 '운동에서 직접 나온 말'을 담는 일이 가능했던 이유는 신문과 결부된 격정 덕분만은 아니었다. 신문이 품고 있는 희망, 신문이 있다는 사실만으로 전달되는 희망이 있었기에 가능한 일이었다. 신문은 국가의 검열로부터 해방되기 위해 필요한 도구였다. 다시 말해, 지식과 논리와 의견을 다소나마 자유롭게 교환할 수 있는 기관을 조직할 때 필요한 도구였다. 비록 독일에서는 정보 전달의 출발점도, 신문 소비의 중심지도 궁중이었지만, 언론의 독립은 시민계급의 해방이라고 부를 만한 발전의 또 한 가지 측면이었다.

시민사회

마르크스가 「뉴욕 트리뷴」에 기고한 글은 대부분 사건의 배경에 대한 보고와 자신의 의견으로 구성되어 있는데, 그 출처로 대영박물관의 열람실을 빼놓을 수는 없다. 칼 마르크스에게 기자란 완전히 낯선 직업이었다. 기자는 마르크스가 본분으로 생각하는 일과도 먼 존재였다. "마르크스가 쓴 기사 내용과 전통적인 시사평의 중요한 차이점은, 마르크스는 높은 지위에 있는 정보 제공자를 이용하지 않는다는 점이다."[12] 마르크스는 가능하면 최신 뉴스를 전하려고 노력했다. 그러나 신문기사가 기선을 타고 뉴욕에 도착하는 데까지는 15일이 걸렸다.

마르크스가 쓴 기사 가운데 특히 분량이 많고 분석적으로 쓴 기사를 보면, 주제가 자신이 이론적, 정치적으로 관심을 쏟는 내용일수록 그 대상에 더더욱 몰입했다는 사실을 분명히 알 수 있다. 무장 투쟁, 봉기, 그리고 선거는 근본적인 문제를 제기할 계기가 되었다. 1953년 9월 마르크스는 영국 산업단지의 파업을 계기로 파업이 정치적 이슈로 발전하는 과정을 알렸고, 1855년 여름에는 일요일 거래 금지에 대한 공식적인 반대 속에 혁명이 공표되는 순간을 느꼈다고 믿었다.[13] 세계로 눈을 돌리면, 2차 아편전쟁을 계기로 이와 유사한 일이 발생했고, 미국에서 남북전쟁이 일어날 때에도 그랬다. 그뿐만 아니라 자유무역은 아마도 마르크스가 기회 있을 때마다 다룬 주제였을 것이다. 그는 자유무역을 노동자를 더 많이 착취하는 데 유익한, 시간과 관련된 현상으로 보았다.

마르크스의 기사에서는 종종 위기를 예상하는 조바심이 느껴졌다. 마르크스는 곡물 가격 인상이나 그리스에서 발생한 정치적 논쟁이 각기 혁명에 불을 지피는 섬광이 될 수 있었으리라 생각했다. 이러한 기사를 읽는 독자는 오늘날까지도, 마르크스가 저널리스트로 활동한 목적이 돈을 벌기 위해서도, 다른 사람들에게 자신의 생각을 알리기 위해서도 아니라는 사실을 확인할 수 있다. 나아가 마르크스는 어떤 공중(公衆)이 자신의 기사나 책과 잘 맞는지 파악하고 있었다는 사실도 알 수 있다. 1849년 2월 「신라인신문」에 대한 첫 재판에서 마르크스는 언론을 두고 '공공의 감시자', '권력자를 지치지도 않고 밀고하는 기관', '자신의 자유를 열심히 감시하는 국민정신의 편재한 눈과 입'이라고 말했는데 이로써 마르크스는 '제4의 권력'이라는, 논란의 대상이 될 만한 이데올로기를 전략적으로 전개하려 했다. 그런데 마르크스가 자신이 정신적인 삶을 이어가는 이유와 수단을 시민사회에서 발견하지 못했는데도 이렇게 말했을까? 그랬으리라고 상상하기는 대단히 어렵다.[14] 이 공중이 노동자들로 구성된 공중이 아닐 수 있다는 사실, 혁명을 이끌 수 있는 사람들이라는 사실을 마르크스는 예견하고 있었을 것이다.

마르크스가 쓰는 글로 미루어 보아 시민사회에 그가 설 자리는 없으리라는 생각은 정작 이들 공중은 하지 못했던 것 같다. 또는 이 사회에서 마르크스의 자리는 그를 좋아하지 않는 독자는 모두 빼버린 자리라는 생각, 이를테면 자코뱅파와 같은 급진적인 내용의 글에 호감을 느끼지 않는 독자는 모두 빼버린 자리라는 생각도 당시 시민들에게 만연된 생각은 아니었을 것이다. 검열은 정치적 사안이다. 인간은 누구나 공중 속에서 자신의 목소리를 낼 수 있고, 그 과정에서 자신이 지지하는 정파를 밝히더라도 그로 인해 자신의 주장이 보편성을 잃지는 않는다. 이러한 성격의 정파는 대규모 정당 및 당 소속 언론의 형성과 더불어 발생한다. 실제로 19세기 말에야 비로소 발생했다.

공통된 교양

하인리히 하이네는 그 어떤 이성적인 기준보다도 신문을 더 믿었다. 하이네가 쓴『프랑스 사정』을 보더라도 이러한 사실을 알 수 있다. "우리가 수많은 대중에게 현실을 이해시킬 수 있다면, 귀족들의 임금 필경사로 일하는 각국의 국민들에게 더는 증오심을 불러일으키며 전쟁을 하라고 선동할 수 없을 것이다. 신성동맹(1815년 러시아, 오스트리아, 프로이센이 맺은 동맹－옮긴이)과 같은 대규모의 국제적 동맹이 성사될 것이고, 우리는 서로에 대한 불신 때문에 수십만의 살인자 부대를 먹여 살릴 필요가 없어진다. 우리는 칼과 말을 쟁기로 밭을 가는 데 이용할 것이며, 평화와 번영과 자유를 이룩할 것이다."[15] 이 글을 쓴 하인리히 하이네는 일종의 해외 특파원이었다. 「프랑스 사정」은 시사평론의 어투와 자료를 이용해 쓴 장문의 보고서인데, 독일의 사정밖에 모르는 고국의 동포들이 혁명에 익숙해지기를 바라며 쓴 글이다.

마르크스는 하이네를 대단히 좋게 평가했다. 1845년 봄 파리를 떠나 브뤼셀로 갈 때, '짐 속에 넣어' 가고 싶다고 말할 정도였다.[16] 늦어도 마르크스가 파리에서 망명생활을 하던 1843년 12월에는 두 사람이 서로 알게 되었을 것이다. 둘은 서로 마음에 들었고, 서로 왕래했으며, 마르크스는 하이네의 시 두 편을 「독일－프랑스 연감」과 「전진」에 각각 실리도록 주선해주었다. 마르크스가 한 말이라고 전해지는 말 가운데 하이네에 대한 험담은 거의 없다. 이는 매우 예외적이다. 마르크스는 뒤에서 험담하기를 서슴지 않았고, 상대가 정치적 동지인 경우에는 더더욱 철저하게 비난했다.

그런데 마르크스의 눈에 비친 하이네는 정치적 동지이기는 하나, 그 의미가 매우 약하고 모호했다. 마르크스가 하이네를 두고 한 험담은 '늙은 개'였다.[17] 하이네가 가벼운 스캔들에 연루되었을 때 마르크스가 도와주려 했는데, 하이네가 이 사실을 자신에게 유리한 에피소드로 바꾸어버리자 한 말이었다. 따라서 '늙은 개'는 진심이 아닌, 우정을 바탕으로 한 표현이었다. 아무튼 엥겔스는 1844년에 쓴 글에서 하이네와 관련하여 다음과 같이 말했다. "살아 있는 모든 독일 시인 가운데 가장 위대한 시인이 우리와 한 편이 되었다."[18]

그런데 이 말은 전용(轉用)된 말이다. 하이네는 자신의 삶을 성찰한 글을 「루테티아」라는 제목으로 발표한 바 있다. 하이네는 이 글에서 '공산주의 최고의 원칙은 기독교의 기본 교리와도 같은 것'이라고 간략하게 설명했는데, 엥겔스가 하이네를 두고 한 말은 이 글과 관련하여 한 말이었다.[19] 하이네가 '독일 공산주의자들의 은밀한 지도자'와 '혁명의 박사들'을 헤겔학파에서 인정받는 '위대한 논리학자'라고 생각할지언정,[20] 이 책의 프랑스어판 머리말 초고에는 다음과 같은 글이 나와 있다. "공산주의자는 미래의 존재라는 이 고백을 나는 극도의 두려움과 걱정에 사로잡힌 어조로 말했다. 아! 그 어투는 결코 가면이 아니었다!

사실 나는 성상(聖像) 파괴 운동가들이 집권하는 순간을 생각하면 무섭고 끔찍할 따름이다. 그들은 맨주먹으로 성상들을 파괴하고, 내가 사랑하는 미술의 세계에서 대리석 조각상을 모두 없애고, 내가 그토록 좋아했던 골동품을 모두 박살낼 것이다. 그리고 내 월계수 숲을 갈아엎어 거기에 감자를 심을 것이다."[21] 마르크스는 한때 친구였던 전직 교사, 교양이 좀 모자란 듯한 극단주의자 막스 슈티르너를 철두철미 박살내기 위해 얼마나 많은 수고를 했던가? 얼마나 잘난 척하며, 얼마나 우쭐하며 슈티르너의 지적 처형을 추진했던가? 모제스 헤스에 대한 태도도 이와 다르지 않았다. 헤스는 마르크스의 젊은 시절 동료이자, 엥겔스에게 처음으로 사회주의 사상을 소개해준 사람으로 짐작되는 사람이다.

그런데 하이네만은 보호해주려고 한다. 마르크스가 편지에서 하이네에 대해 언급한 글은 몇 안 되지만, 그 글을 보면 마르크스는 프로이센의 정치에 비판적으로 거리를 두는 하이네의 태도와 그의 이해하기 쉽고 극단적인 글쓰기 스타일을 하이네의 최대 장점으로 꼽는 것 같다.

하이네는 생전에 인기를 누린 시인이었으며, 오늘날까지도 많은 사람들의 사랑을 받고 있다. 하이네의 시가 특히 기억에 남는 이유는 빼어난 반어적 표현 때문이다. 하이네는 가장 나쁜 것을 선택해 시로 쓴다. 막강한 인물을 우스꽝스럽게 변모시키고, 상투적 표현으로 마음껏 조롱한다. "꿈은 끝났다 / 아침은 잿빛으로 물든다"[22] 이 상투어는 파괴되기는커녕 사라지지도 않았다. 오히려 이와 같은 기법 덕분에 감성적인 요소가 유지되는 동시에 거기서부터의 거리도 유지된다.

독어독문학자 만프레트 슈나이더는, 하이네가 '자신이 겪는 고통의 조건들'을 고발하지만, 그것을 전복하려 하지는 않는다고 설명한다. "그 조건들 속에 자신이 하는 말의 조건이 들어 있기 때문이다."[23] 마르크스에게 이러한 감상주의는 극단적 비유 등으로 즐기는 언어유희와 마찬가지로 결코 낯설지 않았을 것이다. 마르크스는 하이네의 언어를 이를테면 1843년과 44년에 나온 『헤겔 법철학 비평』에 이용했고, 『자본론』에서는 하이네의 극단적 위트를 반어적으로 시사하며 영국 철학자 제러미 벤담을 '부르주아적 어리석음을 지닌 천재'라고 불렀다.[24]

하이네는 신랄한 비평가이자 정치적 두뇌로 인정받는다. 하이네는 독일의 봉건 영주들에 대한 비평에서, 그리고 '프랑스의 사정'에 대한 비평에서 통상적인 기준을 벗어난 듯하지만, 그의 책과 시를 읽어 보면 비더마이어(愚直者) 양식을 추구하며 소박하게 살았다는 사실을 믿을 수 있을 것 같다.

하이네는 1844년 9월 마르크스에게 보낸 편지에 "우리가 서로 이해하는 데는 많은 기호가 필요 없다."고 썼다. 이 두 사람의 우정에서 가장 중요한 요소는 아마도 정치적 출판물을 통해 확보되는 커다란 공감지대에 몇 안 되는 기호를 퍼뜨리는 일이었던 것 같다.

하이네의 시에서는 서정시가 신문에 접근했다. 그리고 『독일. 겨울 동화』나 『프랑스 사정』과 같은 대형 출판물에서는 보고서가 시와 유사해졌다. 심지어 이로 인해 새로운 서사형식이 나올 정도였다. 보고서를 작성하는 사람은 겉으로 냉담한 체하지만, 그 마음속에는 또 한 사람이 한숨을 쉬며 밖으로 나오기를 갈망하는 그런 형식. 시민계급 출신인 마르크스도 청년기에 배운 교양을 포기한 적이 없지 않은가? 하이네는 마르크스가 찾은, 대화를 나누고 싶은 상대였다.

공중(公衆)의 사명

책이든, 신문이든, 또는 텔레비전이든, 고전적인 매체는 보편성을 추구한다. 매체가 세상에 무엇을 내어놓든, 그것은 모두를 생각해서 하는 일이다. 따라서 매체는 진정한 의미의 진실 없이는 일을 해나갈 수 없다. 보편성이 이를테면 일간지를 읽는 독자들과 같이 실제로는 특수하게 나타나는 경우도 마찬가지이다. 반대로 매체가 있어야 보편성도 생긴다. 매체는 급변하는 세계의 뉴스들이 모이는 장소만은 아니다. 이 세상과 결부된, 그리고 이 세상에서 일어나는 사건과 결부된 온갖 주장과 견해도 이곳으로 모인다. 주장과 견해가 공개되면 대화와 토론과 논쟁으로 이어진다. 그렇다고 신문이 이성과 상식의 본향이라는 말은 절대 아니다. 시민사회의 기관들은 무너지기 쉬운 구조이다. 다시 말해, 특수한 의견들을 일반적인 생각으로 승화할 수 있는 매체는 이성과 상식에 따른 일처리가 비교적 쉽다.

그러기 위해서는 공개된 의견들이 정신적으로 존재해야 한다. 독자적인 현실성을 지녀야 하므로 외적으로 확고한 형태를 띠어야 한다. 어떤 의미에서는 익명성을 띠어야 하는데, 이는 과거의 신문에서 기자 이름을 밝히지 않은 이유이기도 하다. 칼 마르크스가 좋아했던 「이코노미스트」의 경우 오늘날까지도 기사 아래 기자 이름을 적지 않는다. 독자적이고 정신적인 형태는 집중을 요할 뿐만 아니라, 어쩔 수 없이 제한을 받고, 그 결과 우선순위에 따라 그 가치가 달라질 수밖에 없다.

마르크스주의에 관한 기사와 비평과 소논문은 디지털 네트워크에 셀 수도 없이 올라와 있다. 그렇다고 좌익의 소형 출판사, 서점, 잡지들이 다 사라지지는 않는다. 그 영향력 범위가 아무리 작을지언정 이들은 존속한다. 그 이유는 이런 형태의 정파적인 글은 전통적 의미의 공중, 즉 국민과 결합되어 있기 때문이다. 이런 글들은 '말 많은 공중'이 필요하며, 이 점에서는 마르크스주의자들도 마르크스나 1848년 봄 특수한 수단으로 전체를 장악하려 모반을 시도했던 동지들과 원칙적으로 다르지 않다.

전통적인 공중매체가 점차 그 가치를 잃어가고 있는 반면, 공동체 차원의 사회적 매체는 그 영향력 범위를 늘려가고 있다. 이러한 현상에 발맞추어 국민적 공공성과 소문 및 선동 간의 대립도 누그러진다. 어떤 의견이나 주장의 정확성과 진실성을 검토하는 일은 보편성을 옹호하는 사람들의 사명이자 자기주장이나, 이런 사람들도 정확성이나 진실성과 같은 덕목이 더는 관건이 아니라는 사실을 경험으로 알게 된다. 결정적인 요인은 덕목이 아니라 개인의 관심사다. 그리고 개인의 관심사를 관철하기만 하면 그 수단이 무엇이든 상관없다. 현 미국 대통령 도널드 트럼프가 언론의 '사실확인 팀'에게 화를 내는 일은 이 세상을 오로지 자신의 관심사 측면에서만 바라보는 사람으로서 분노하는 행위다. 그 관심사에 우주적으로는 아닐지언정 세계적으로 작용하는 새로운 매체가 이용된다. 디지털 환경에서 지식 사회의 네트워크는 더 복잡해지고, 정보와 통신의 통합은 순식간에 폐지된다.

사회가 보완적 작용을 하지 않는다면 이와 같은 일반성의 해체도 없을 것이다. 전통적인 매체들이 장악하고자 하는 공중에는 여론이 포함되어 있다. 여론은 공중의 일부로 이해되며 이에 걸맞게 작용한다. 따라서 여론은 보편성의 관점에서 생각하고, 불평하고, 의사를 표시한다. 민중은 여론을 통해 무엇보다도 개인의 관심사를 일반 혹은 다른 민중의 뜻을 거슬러 관철하고, 그러기 위해 주장하고 투쟁한다. 사회가 곧 시장인 곳에서는 모든 전달 내용이 상품들의 상관관계다. 이런 곳에서는 공중도 곧 시장이 되고, 종국에는 공공의 시민사회가 제대로 작동한다고 믿는 사람은 혁명가뿐인 세상이 온다.

제 15 장

주물신

Die Fetisch

상품의 혼

19세기 초에 어떤 사상이 유행했다. 부르주아적인 삶의 잔재가 많이 묻어 있지 않았더라면 그 사상은 대단히 널리 알려졌을 것이고, 실효성을 인정받았을 것이다. "현실적인 문제가 정신적인 요소를 강요하면 그 정신적인 요소가 현실적인 것을 먹어치우고, 나중에는 자기 자신도 먹어치운다."[1] 이 말은 요한 볼프강 괴테가 1810년 여름 프리드리히 빌헬름 리머와 나눈 대화에서 한 말이다. 15년 후 헤겔은 똑같은 사상을 다음과 같이 표현했다. "현실에 추상적인 요소를 도입하는 일은 현실을 파괴하는 일이다."[2] 헤겔의 저서 중 적어도 『미학』은 읽었을 것이고, 괴테의 작품은 거의 모두 읽었을 프랑스의 작가 귀스타브 플로베르는 이 사상이 나타내는 현실을 1856년에 바람둥이 루돌프의 입을 통해 전했다. "세상은 잔혹해요, 엠마."[3] 이 말은 중의적이다. 손에 넣을 수 없는 상품이 엠마에게 휘두르는 폭력과 이 상품들 때문에 엠마가 자기 가족에게 휘두르는 폭력을 동시에 나타내는 말이다.

엠마는 플로베르가 쓴 소설의 제목이자 주인공인 보바리 부인이다. 『보바리 부인』은 부르주아적 이상을 추구하다 그로 인해 파괴되는 삶을 다룬 플로베르의 초기 작품들 가운데 한 편이다. 세상은 '잔혹하다'. 엠마 보바리가 상상 속의 멋진 삶을 현실에서 그대로 구현하고자 할 때 극도로 냉정한 태도를 보이기 때문이다. 문제는 낭만적인 연애다. 엠마는 자신에게 행복을 안겨줄 사람이 분명 따로 있다고 광적으로 믿는다. 그 다음에는 이 행복의 인테리어가 문제다. 즉, 삶을 장식하는 물질적 액세서리다. 엠마는 자신이 누구와도 비교할 수 없는 소중한 존재라고 믿으며, 물질적으로 더 수준 높은 삶을 추구하기로 결심하고 자축한다. 옷, 말(馬), 담배 케이스, 값비싼 채찍, 피아노 레슨, 그리고 도시에서 살 권리.

그러나 그 어떤 것도 엠마의 열망을 충족시켜주지 못한다. 결국 엠마 보바리는 자신의 삶뿐만 아니라 남편과 자식의 삶도 파괴한다. 그뿐만 아니라 몇몇 무고한 사람들까지도 이 무자비한 '행복 추적'의 길에서 크게 손실을 입고 낙오한다.

보바리 부인이 멋지다고 생각하는 물건들은 대부분 살 수 있는 물건들이다. 불행한 의사 사모님께서 그 물건을 탐내는 이유는 특별히 유용해 보이기 때문이 아니다. 그 물건들에 정신적 또는 상징적 가치가 있기 때문이다.

다시 말해, 비싸기 때문이다. 그리고 물건의 가치를 결정하는 데에는 엠마 주변에서 그 물건에게 지정해주는 위신도 작용하기 때문이다. 엠마가 그 물건을 지니고 있으면, 주변 사람들은 엠마 보바리가 선택받은 행복한 사람이라고 생각한다. 위신은 당연히 물건에 있는 자연스러운 성질이 아니다. 위신은 어여쁜 의사 부인의 물건에 대한 의식에 있다.

그럼에도 이런 물건들은 마치 그 물건 자체에 어떤 특권이 있는 것 같은 착각을 불러일으킨다. 담배 케이스는 단순한 담배 케이스가 아니라 꿈을 실현하는 기계인 것 같다. 이 기계는 사건들로 얽힌 이야기를 만들어내는 동시에, 각 사건에 대한 말 없는 목격자이기도 하다. 정사(情事), 파리 산책 등. 담배 케이스는 '의미가 내포된 체계의 지분'이다. 그 체계 안에서는 무생물에도 혼이 깃든 듯하다.[4] 그뿐이 아니다. 그런 물건을 구입하여 그 물건의 매력, 그 물건에 내재된 이상적인 특징을 소유하고자 하는 열망은 그 물건 자체에 포함되어 있는 일인 것 같다.

테이블과 기행

칼 마르크스는 『자본론』 제1권 중 「상품의 주물신적 성격」 장(章) 첫 부분에서 테이블 이야기를 한다. "테이블은 그것 자체로만 보면 감각적으로 정상적인 물건이다. 그러나 그 테이블이 상품이 되는 순간 테이블은 초감각적인 물건으로 변한다. 테이블은 다리로 바닥을 딛고 설 뿐만 아니라, 다른 모든 상품들 앞에서 물구나무서기를 하고, 나무로 된 머리로 기행(奇行)을 보인다. 자유 의지로 춤을 추는 일보다 더 신기한 노릇이 아닌가!"[5] 여기서 마르크스가 얼마나 많은 '기행'을 생각했는지는 알 수 없다. 분명한 사실은 테이블이 시장에 나올 때에는 가치를 지닌 물건으로 나온다는 점이다. 그리고 비록 테이블이 그 가치를 스스로 창출하지는 않았을지언정, 그 가치는 그 물건의 성질을 나타낸다. 마르크스에 따르면, 이 테이블이 지니는 가치는 시장에 팔려고 내놓은 다른 모든 상품에 상대적인 가치이고, 그 테이블이 생산된 사회 상황을 통해, 즉 시간으로 측정되는 노동을 통해 생기는 가치다.

사람들이 제공한 노동의 사회적 성격이 노동생산물 자체의 성격으로 보이는 상황, 물건의 사회적 천성으로 보이는 상황을 나타내는 말이 있다. 종교역사에서 쓰이는 용어인데, '주물신'이라는 말이다.[6] 얼핏 이 단어는 마르크스가 '경건하게 열광하는 신성한 구경꾼에게 이기적인 계산의 찬물을 뿌린 사회'라고 묘사한 사회에는 맞지 않는 말 같다.[7] 게다가 보바리 부인이 파리 패션 잡지에 나오는 옷에 '열광'하듯이 모든 사람이 특정 상품에 열광하지는 않는다. 그러나 엄밀히 말해 인간은 '어떤 물건에 대한 환영(幻影)'을 믿을 뿐만 아니라, 상품이라는 관점에서 보면 이 물건들이 독립된 형태로 등장한다는 사실도 믿는다.[8] 마르크스는 여기에 적합한 표현을 찾기 위해서는 '종교적 세계의 안개 지역으로 달아나야' 한다고 말했다.[9] 1850년에 쓴, 곧 열릴 런던 세계박람회에 대한 기사에서 마르크스는 다음과 같은 말로 이 세계를 설명한 듯하다. "세계의 부르주아 계급이 이 박람회를 통해 현대적 로마에 판테온을 짓는다. 거기서 그들은 자신들이 만든 신들을 자랑스럽게 전시한다."[10]

『자본론』을 통틀어 칼 마르크스가 상품을 주물신이라 일컬은 곳은 단 한 군데도 없다. 마르크스는 이 단어에 매우 조심스럽게 접근했다. 상품경제와 관련하여 인류역사의 초기를 떠올리는 개념을 사용하는 일은 절대적으로 부적합하다는 듯이, 주물신이라는 말 대신 '유추' 또는 '주물신적 성격'이라는 표현을 썼다. '유추'의 불분명한 의미로 인해 마르크스의 추종자들은 이론적인 애로사항을 겪고 있으며, 여전히 끝나지 않는 토론을 이어가고 있다. '유추'는 환유(換喩)인가? 아니면 『자본론』에 사용된, 의도한 의미와 무관하게 독자적으로 쓰일 수 있는 수많은 은유 가운데 하나인가? '주물신적 성격'은 무슨 뜻일까? 상품이 주물신이라는 말인가? 아니면 상품이 주물신과도 같다는 말인가?[11]

상품은 주물신인 동시에 주물신과도 같을 수는 없을까? 마르크스에 따르면 상품은 분명 사람의 손으로 만든 것이므로 만든 사람에게 친밀감 같은 감정을 불러일으키는데, 생산이 완성된 후에는 이와 전혀 다른, 이른바 형이상학적인 성격을 띠게 된다. 주물신이라는 개념에는 생산자가 자기 손으로 만든 작품을 알아보지 못할 때 느끼는 놀라움도 포함된다. 주물신, 이 표현은 너무도 정확하고 적합해 보이므로, 은유로 쓰이며 듣는 사람을 미궁으로 이끌더라도 전혀 알아채지 못할 정도이다.

'주물신'이라는 개념이 마르크스를 만나기까지는 먼 길을 지나왔다. 신성시하기 전에는 아무 의미도 없었던 물건과 더불어 계몽주의가 시작되었다. 계몽주의 사상에 입각해서 볼 때 주물신은 낯설고 동떨어진 종교에서나 등장한다. 마르크스가 처음 접한 주물신의 개념도 이와 같았다.

백과사전파의 한 사람인 샤를 드 브로스의 글을 헤겔이 자신의 책에 인용했는데, 마르크스는 아마도 이 헤겔의 책을 통해 주물신을 알게 되었을 것이다. 드 브로스는 1760년에 출판한 『주물신 숭배에 관하여』에서 중앙아프리카의 종교를 이집트의 마술 숭배와 비교하면서, 인간이 만들고 초자연적인 힘을 부여한 물건을 소개했다. 이 책은 1780년대에 독일어로 번역되었으며, 프리드리히 멜히오르 그림, 이마누엘 칸트, 프리드리히 셸링 등이 인용했다.

마르크스도 본 대학교에 재학 중이던 1842년에 이 책에서 발췌 작업을 했다.[12] 이를 계기로 관련 분야의 책을 계속 읽었는데, 이를테면 칼 아우구스트 뵈티거의 신화와 예술에 관한 글과 뱅자맹 콩스탕이 1824년부터 1830년에 걸쳐 네 권으로 발표한 『종교의 근원, 형태 및 발달에 대한 고찰』을 들 수 있다.

헤겔은 『역사철학 강독』에서 주물숭배를 '어린이 나라 아프리카'의 현상으로 보고, 영속적인 존재를 내세우지 않으므로 주물신은 거듭 버릴 수 있는 수준이 낮은 종교 형태라고 단정했다.[13] 이 개념에 흥미를 느낀 사람은 결코 마르크스만이 아니었다. 이를테면 리하르트 바그너는 1849년에 다음과 같이 말했다. "주물신 공급자가 자기 손으로 만든 우상을 숭배하듯이, 노동자는 지금까지 기계를 숭배해왔다. '인공의 노예'에게 무릎을 꿇은 일이었다."[14]

크리스토프 튀르케는 주물신 이야기는 실제로 중의적이라고 말했다. 즉, 은유적으로도, 직설적으로도 이해할 수 있다는 말이다. 상품은 소격을 통해 그 속에 사회가 표현되는 만큼 주물신과 동일하다. 상품의 이상적인 특징이 사회가 부여한 것이 아니라 자연적인 성질로 나타나는 만큼, 상품도 주물신과 같다. 실제로 상품이 고상하고 독립적이고, 심지어 가치 있는 존재로 보인다면 그 상품은 주물신과 같다. "상품을 생산하는 사회에서 상품은 전이된 뜻으로나 직접적인 뜻으로나 주물신의 성격을 가지고 있다. 어느 것이 원래의 의미이고 어느 것이 추가된 의미인지는 알 수 없다."[15]

이를테면 보바리 부인의 경우 주물신은 더는 비유가 아니라 대상 그 자체를 나타낸다. 옷 또는 담배 케이스 생산을 의미하는 것은 모두 그녀가 그토록 갈망했던 상품 속에 녹아들어 보이지 않는다. 이 상품 각각은 처음부터 사용가치보다 더 많은 의미를 지닌다. 이것들은 가치 있는 물건들이다. 이 물건들 속에 종교적 환상이 나타나는데, '말하자면' 그렇다는 말이 아니라 실제로 나타난다. 이런 종류의 환상들은 언제나 매우 사실적인 효과를 불러일으키지 않는가.

상품경제에서 주물신은 그 사실적인 특징이 은유적인 특징을 누르고 두드러진 만큼 역사의 발전을 따르는 것 같다. 마르크스는 "노동생산물이 상품으로 생산되는 순간 거기에 주물신의 성격이 들러붙는다."고 말했다. 그것이 바로 기행을 펼치고 춤을 추기 시작하는 테이블이다.[16] 보바리 부인이 남편에게 더 큰 빚을 안기고는 파리의 어느 공장에서 특별한 테이블을 고르고, 이 테이블과 더불어 자신의 사회적, 문화적 가치가 상승하기 시작하리라 기대했더라면, 이 테이블의 '주물신적 성격'은 마법으로 아니, 더 정확히 말해 애니미즘으로 승격되었을 것이다.

이와 같은 변화에서 정신적 소비가 시작된다. 즉, 상품이 팔리는 이유는 단지 그 상품이 구매자에게 실제로 유용하기 때문만은 아니다. 구매자는 자신이 상품을 구매하는 순간 상품에 포함되어 있는 정신적 잠재력이 자신에게 넘어온다고 확신하기 때문에 상품이 팔리기도 한다. "노동생산물은 때로는 이런 얼굴

을 보였다가 때로는 저런 얼굴을 보인다. 두 얼굴을 동시에 보여
주는 일은 불가능하다. 노동생산물의 이와 같은 이중성이 마르
크스가 말한 상품의 '주물신적 성격'이다."[17] 마르크스가 주물신
을 상품경제의 범주로 연구한 결과가 말해주듯이, 주물신은 이
러한 상관관계에서 비로소 자신이 원래 가지고 있는, 설명하는
잠재력을 발휘한다.

상품과 쇼윈도

물건은 시장에 나오면 그 성격이 변한다. 이때 처음으로 일
어나는 변화는 물건이 개별화하는 현상이다. 이 변화는 기초적
인 현상이므로 대부분은 인지되지도 않는다. 이전까지 연속체의
일부였던 물건이, 말하자면 어떤 설치, 어떤 습관, 또는 어떤 건
축의 일부였던 물건이 다른 물건과 분명하게 구별된 특별한 물
건이 된다. 물건은 개별적으로 인지된다. 물건에는 나름의 가격
이 붙는다. 왜냐하면 장부, 계산, 전시와 관련된 모든 요소를 포
함하여 개별적으로 판매되어야 하기 때문이다. 물건이 겪는 두
번째 변화는 물건이 말하자면 '뒤집혀서' 밖을 향하는 현상이다.
물건은 개별적인 대상으로 사람들의 눈에 띄기 위해 꾸며야 한
다. 표면을 가꾸고, 각각 멋진 모습을 연출해야 한다. 상품은 무
엇이든 전시를 열망한다.

산업사회 이전에는 상품을 대목장터에 내놓았다. 특정 장소에 한정된 기간 동안 전시했으며, 구매자 그룹도 한정되어 있었다. 자본주의 체제가 확립되면서 상품 전시는 그 영역을 넓혀, 도시를 장악하고 시골로 뻗어나간 후 나라 전체로 퍼졌다. 과거에 1주일에 그쳤던 전시는 이제 1년 내내 매일, 매 시간 계속된다. 그뿐이 아니다. 이제 모든 장소는 잠재적인 광고 장소이다. 매대, 쇼윈도 그리고 카탈로그가 과거 판매원만이 지키던 자리로 점점 더 깊숙이 밀고 들어온다.

최초의 주간지인 「수다쟁이」는 1709년에 런던의 어느 상점을 '완벽하게 도금한 극장'이라고 표현했다.[18] 고가품을 취급하는 이 상점의 인테리어를 이토록 화려하게 꾸민 이유는 사용가치를 전시하기 위한 일이 아니라, 상품의 이상적인 특징을 연출하는 데 있다. 상품의 이미지는 사회적인 의식에 침투되어, '사용가치와 결합해 새로운 특징을 형성한다.'[19] 그 후 "이 어두운 구멍 또는 빛으로 채워진 구멍 속에 / 삶이 살고, 꿈꾸고, 고생한다."[20] 이 글은 샤를 보들레르가 1863년에 「창」이라는 제목의 산문시에 쓴 시구다. 여기서 '창'이 유리 진열장인지, 쇼윈도인지는 분명하지 않다.

발터 벤야민은 다음과 같이 말했다. "오늘날 물건의 심장을 찌르는, 상업적으로 가장 중요한 시선은 광고다. 광고는 자유롭게 관찰할 권리를 짓밟고, 영화관 스크린을 가득 채우는 자동차를 우리 눈앞에서 흔들어 보이듯이, 물건을 우리 코앞에 위험할 정도로 가까이 들이민다."[21] 물건의 심장은 그 내부가 아니라 표면에 있다. 광고의 원리는 이제 사회의 모든 분야에 손을 뻗친다. 그 속도에 발맞추어 광고도 하나의 상품으로 독립한다. 여기에는 노동력을 팔 목적으로 또는 어차피 시장에 적응해야 하므로 자신을 광고하는 사람도 포함된다. 광고는 모든 상관관계를 결정하는 요인이 된다. 이탈리아 철학자 조르지오 아감벤은 광고가 만드는 상품을 '절대적 상품'이라고 일컬었다. 그 상품의 쓸모는 손에 닿지 않는 성질에 있다.[22]

이때 쇼윈도는 특별한 변증법을 따른다. 쇼윈도는 상품을 오랫동안 보여주지만, 그만큼 해당 상품의 유통을 저지한다. 쇼윈도에 보이는 것은 교환가치다. 구경꾼들이 동경하는 대상은 바로 이 교환가치일 뿐이다. 사용가치는 모두 한참 뒤로 물러난다. "물건이 제대로 보이도록 조치하는 단순한 노력은 시장에서 소리소리 지르며 들이대는 행위에서 여러 가지 물건들을 함께 배열하여 새로운 아름다움을 부여하는 대단히 흥미로운 시도로 정화된다."[23]

쇼윈도에 놓인 상품은 눈에 띈다. 이 가시성이 정신적 가치에 대한 약속과 결합한다. 정신적 가치는 해당 상품을 구매함으로써 교환될 수 있는 가치이다. 상품은 쇼윈도에 전시되기만 해도 값비싸 보인다. 상품은 미래의 꿈같은 현실, 상상 속의 현실을 보장하는 도구로 작용한다. 이러한 현실은 반드시 실현되지 않더라도 그 효과를 발휘한다. 시장이 확장하면 할수록 상품의 쇼윈도 전시는 더더욱 중요해진다. 쇼윈도에서 볼 수 없는 상품은 유통 과정에서 배척당하고 허접한 쓰레기로 전락한다. 이로써 디자인의 필요성, 즉 상품에 그 가치를 연출해야 하는 필요성은 시장에서 살아 남는 데 필요한 기본 전제조건이 된다.

하인츠 디터 키트슈타이너는 헤르만 우제너의 '순간의 신'을 빌려 이러한 상관관계를 설명했다. "상품은 순간의 신이다. 동시에 상품은 액(厄)을 막는 주물신이기도 하다."[24] 주물신이 액을 막아주지는 못한다. 따라서 키트슈타이너의 설명에서 주물신은 은유적으로 쓰였다. 전시 장소에서 꺼낸 상품이 계산대를 통과하고 그 소유권이 고객에게 넘어가는 순간, 상품의 관념적인 성격은 빛이 바란다. 상품의 상징적 의미 뒤에 숨어 있던 사용가치가 차츰 그 모습을 드러내고, 상품은 구매자의 일상에 개입한다. 상품은 사용되고, 사용 흔적을 남긴다. 하지만 이때 벌써 다음 순간의 신이 기다리고 있다. [순간의 신의 의미는 상표가 특징인 문학 작품에 반영되어 나타난다. 그 효시는 플로리안 일리스의『골프 세대』(2000) 또는 브렛 이스턴 엘리스의『아메리칸 사이코』(1991)가 아니다. 훨씬 더 과거로 거슬러 올라가, 맥주 상표 '뢰벤브로이'가 나오는 테오도르 폰타네의 장편소설『예니 트라이벨 부인』을 그 시초로 볼 수 있다. 이에 관해서는 비외른 바이안드의『상표의 시학. 소비문화와 문학. 1900 – 2000』(베를린 2013, p. 7. ff.)을 참조하라]

사물의 이름

칼 마르크스가 이해하는 상품은 일단 상품의 한 측면인 교
환가치가 다른 측면인 사용가치보다 우세해지는 과정을 거친다.
상품의 쓸모는 점차 교환가치 쪽으로 치우친다. 상품숭배는 근
본적으로 화폐의 형태로 물질의 세계로부터 독립하고, 나중에는
자본으로 그 세계를 지배하는 일이므로, 결국 독점적 상품의 형
태로 그 이데올로기의 극단까지 치닫게 된다. 다시 말해, 상품숭
배는 자기 자신을 경쟁의 주체로 보는 한 인간이 자신을 표현하
고 이해시키는 도구이거나, 유일 제품으로 인식되는 상품을 시
장에 내놓으려는 생산자의 시도다.

이러한 변화는 익명의 상품에서 개념 차원의 상품으로, 또
는 '표시가 되어 있는' 상품, 겉보기에 독립된 것처럼 보이는 상
품으로 발전하는 과정이다. 이름이 없는 물건은 의미가 없는 물
건이다. 영국의 도자기 제조회사 웨지우드는 그 이름을 상표로
만든 최초의 기업 가운데 하나다. 그때가 18세기 말이었는데, 그
로부터 50년 후 샴페인 제조사들끼리 경쟁이 붙었다. 이 경쟁은
이름과 상표로 구현되었다. 모엣 샹동, 뵈브 클리코, 크룩. 빌헬
름 부쉬가 1872년에 발표한 그림 시(시구 사이사이 단어나 음절을 글
자 대신 그것을 연상시키는 그림으로 나타내는 시. 이를테면 이별 → 이★-옮긴
이)「경건한 헬레네」에는 '과부 클리코의 잔에 아롱지는 / 귀엽
고 시원한 진주 방울'이라는 시구가 나온다(샴페인 상표인 뵈브 클리

코(Veuve Cliquot)는 '과부 클리코'라는 뜻이다 – 옮긴이). 그리고 지식 상품도 공장 제품에서 나타나는 경우 상표가 붙는다. 1831년에 나온 발자크의 장편소설 『나귀 가죽』에는 저술 공장에 글쓰기를 맡기는 어느 저자에 대해 다음과 같이 말하는 부분이 나온다. "그는 사람이 아니야. 이름이고, 제목이고, 독자에게 익숙한 상표야."[25] 그러나 소비재의 대량생산이 시작되자 이 공장 물건이나 저 공장 물건이나 본질적으로 그 차이가 점점 더 줄어들었고, 상품이 뒤바뀔 가능성은 그만큼 더 커졌다. 이러한 상황에서 상표는 상품을 구별하기 위한 수단으로써 그 수가 대폭 증가했다. 물론 지금도 이름이 없는 상품이 있다. 그 상품들은 주로 가격이 저렴한 편이다. 이런 상품이 적어도 소비재로서 시장을 점유하는 비율은 줄곧 줄어들고 있다.

상표 붙은 상품이 지니고 있다는 독특한 성질은 두 가지 측면에서 상품에 나타난다. 즉, 상품의 이름과 형태로 나타나는데, 이름은 대부분 어떤 그림이나 특별한 인쇄술과 결합된다. 이름으로 독특한 성질을 나타내는 대표적인 예로 '퍼실'과 '네스프레소'를 들 수 있다. 퍼실(Persil)은 표백제인 과붕산염(perborat)과 때를 제거하는 규산염(silikat)의 앞부분을 따서 만든 이름이다. 네스프레소(Nespresso)는 네슬레(Nestlé)와 에스프레소(Espresso)의 합성어로, 1976년에 특허를 받았다. 이러한 이름을 통해 상품은 남다른 존재가 된다.

이렇게 남다른 특징을 물질로 형상화하는 시도는 형태를 통해 나타난다. 기본적으로 기존 상품과 구별되는 형태가 있다. '퍼실'은 최초로 개별 포장으로 시판된 세제이다. 나아가 포장 또는 내용물 자체를 다른 상품과 혼동할 수 없도록 예술적으로 형상화하기도 한다. 상품의 형태는 이리하여 그 자체가 해당 상품을 위한 광고가 된다.

상표의 역사는 발전의 역사다. 처음에는 단지 품질을 유지하겠다는 약속의 표지였으므로 주로 재료의 차이를 거의 구별할 수 없는 제품에 붙었다. 이를테면 세제, 담배, 구두약 또는 피부관리 용품 등이다.[26] 소비자에게 이상적인 품질 약속은 정직성이다. 동시에 어떤 상품과 독점적 표시가 결합하면 상품의 중요도가 상승한다. 즉, 특정 상표의 상품은 동일한 종류의 다른 상품들과 구별되는 배타적인 모습을 띨 뿐만 아니라, 정체성과 개성도 보유한다. 어떤 제품이 그 이름으로 시장 독점에 성공한다면, 그 제품은 정체성과 개성을 지닌 존재로서 발전 과정에서 가장 높은 단계에 도달한다. 이를테면 '템포(독일 최초의 휴대용 화장지 상표 - 옮긴이)'라는 이름이 '휴지'의 동의어로 쓰이는 현상에서 적어도 그럴 가능성을 점칠 수 있다.

'상표 문화'가 점점 더 확대되고 복잡해지면서 제품의 물질적 특수성에 대한 관심은 점차 사라진다. 이에 반해 정직성은 점점 더 의식의 중심으로 밀고 들어온다. 급기야 상품의 사용가치와 상표는 주객이 전도되어, 상표의 이름이나 로고 또는 레테르에 걸맞은 제품을 떠올리는 상황도 가능해진다. "현대적 환경에서 부딪치는 일마다 내가 관계할 사람이 누구인가라는 질문에 대한 답은, 겉은 화려하지만 빈곤한 생활로 인해 사소한 문제에 까지 파고드는 것 같고, 그 사소한 문제가 모든 일을 결정하는 것 같다. 집 내부를 수리할 때에는 옷과 자동차 등 집 밖에 내놓은 소유물에서 나오는 신호가 낱낱이 확인된다. 이 모든 것의 총합은…… 현대적 삶의 예술을 보여주는 피곤한 프로그램이다."[27] 이러한 환경 조건에 상응하여 상표도 이미 오래 전에 집중적으로 자본화되었고, 물질적 상품 생산만으로는 불가능했을 수준에 도달했다. 이와 같은 발전은 어쩔 수 없이 상표 위조라는 부작용을 동반한다.

마르크스는 상품을 '신학적 변덕'과 '형이상학적 궤변'이 가득한 '얽히고 설킨' 물건이라고 표현하며, 상품의 성격은 유령 같고 마법 같다고 말했다. 상품의 이와 같은 성격은 상품의 세계가 어디에서 시작되어 어떻게 구축되었는지 더는 기억하지 못하는 사회에서 완성된다.

상품은 상품경제가 실제로 지배하고, 모든 것이 상품이 되어야 하는 압박에서 그 누구도, 그 무엇도 더는 벗어날 수 없는 사회에서 비로소 "자신의 삶에 유익한 재능을 갖춘, 상품끼리 그리고 사람들과 관계를 유지하는 독립된 형태가 된다."[28] 이런 사회에서 상품은 독립적인 환영(幻影)으로서 스스로 행동하는 듯하다. 미국의 예술사학자 윌리엄 존 토머스 미첼은 "상품숭배의 가장 강한 마법은 그 속에 마법이 있다고 인정하기를 거부할

창의성과 광고

적어도 서방의 산업국에서는 '창의성'을 발휘하라는 요구를 거부하는 사람이 별로 없다. 창의성은 매니저나 편집자뿐만 아니라 비서나 빌딩 관리인에게도 요구된다. 그들은 모두 이 요구의 속뜻을 잘 알고 있다. 회사의 일을 자신의 일이라 생각하고, 이에 상응하게 기업가처럼 행동하라는 요구다. 그들은 기업의 발전을 위해 그 요구에 부응해야 한다. 마치 그 결정이 자신을 위한 일이라는 듯이. 자본에 팔리는 노동시간은 이로써 그 의미가 확대된다. 이제 시간이 처분됨으로써 삶도 처분되고, 삶이 처분됨으로써 인간이 일을 하지 않으면 문제가 되는 모든 것이 처분된다. 이때 오롯이 자기 자신만 의지하며 '기회를 찾는 사람'이 나타나는데, 사회학자들은 이런 사람을 '경쟁 인격'이라고 부른다.[30] 이들은 인물가면이 아니다. 단지 강한 의지와 투철한 의식으로 자신의 근무환경에 집착할 뿐만 아니라 자기 자신에게까지 집착하는 사람일 뿐이다.

자기 자신을 위한 결정권과 이에 바탕을 둔 생계 가능성은 원래 모든 비독립 고용인의 특권이었다. 예술가들의 경우 16세기에 '독립' 예술 제작자로 부상하면서 그 특권을 누리게 되었다. "의뢰받을 권리가 동업조합에 의해 더는 제한되거나 통제되지 않는다면, 가히 가늠할 수 없는 행운과 우연의 조화가 그 권리에 추가된다." 예술가는 자신의 운명에 영향을 미치기 위해 선물이나 증정품 등을 주거나 특별한 등장을 꾀하는 등의 노력을 기울이는데, 예술가가 대표하는 상품의 가격이 합리적으로 책정되지 않는 만큼 이러한 행위는 불가피했다.[31] 이리하여 예술가들은 자신의 삶을 더는 저울질 할 수 없게 되었을 뿐만 아니라 새로운 의존관계도 맺게 되었지만, 이와 동시에 새로운 자유도 얻는다. 자유가 주는 가능성은 귀족 출신이 아닌 사람이 자신을 위해 요구할 수 있는 모든 것을 능가했다. 이러한 자유를 누린다는 점에서 예술가는, 그 모습은 안티 부르주아적이었지만, 부르주아적 생활양식의 모델을 제공했다.[32]

예술가는 자신의 작품으로 인정받지만, 르네상스 시대부터 인격체로서도 인정받았다. 작품은 '자율적'이기 때문에 설명이 필요했다. 그런 설명은 대부분 공식적인 학문적 기본 요건을 모두 무시한 채 예술가를 재수용하여 해결했다. 이를 계기로 예술가는 천재로 추앙받는데, 의심스러운 경우 실패 경력이 보증서가 되었다.

그러나 이와 같은 은혜로운 상황은 경제적 기반 위에서 펼쳐진다. 예술가는 자신의 작품을 팔아야 할 뿐만 아니라, 자기 자신도 팔아야 한다. 그리하여 예술가는 자기 상품화의 선구자가 되었다. 예술가는 자신의 제품만 취급하지 않고 자기 자신도 상품으로 취급하는데, 그 상품은 특수한 형태의 소개가 필요하다.

근대 초기의 예술가는 처음에는 기업가적인 자아를 키웠고, 20세기 말에는 비독립 고용인의 모델이 되었으며,[33] 지난 30년 혹은 40년 동안에는 사회화의 모델이 되었다. 이러한 변화를 사회학자 안드레아스 레크비츠는 다음과 같이 정리했다. "아우라 넘치는 예술가의 모방할 수 없는 이상적인 '나'는 모방할 수 있는 이상적 '나'로, 창의적 자아를 지닌 '나'로 뒤바뀌었다."[34]

근대 초기 예술가들은 작품과 여전히 밀접한 관계를 맺고 있었던 반면, 19세기 서방 세계의 몇몇 대도시에서는 생활양식이 처음으로 예술로 부상했는데, 이러한 변화의 주역은 소규모의 그룹을 형성하는 '보헤미안(시민사회의 규범에 얽매이지 않는 예술가-옮긴이)'들이었다. 이러한 개념은 19세기 말 마침내 일반 상식이 되어, 영화배우와 록 뮤지션을 모델로 삼은, 작품 없는 예술가들을 양산했으며, 어느 나라든, 도시든 시골이든, 걸핏하면 놀라운 모습을 연출하곤 하는 '예술가'들로 가득했다. 오늘날 사회의 모든 분야에서 자신에 대한 광고, 예술가를 모델로 만든 광고를 찾아볼 수 있다.

이러한 현상은 통제완화의 결과다. 즉, 공공 부문이 민영화된 결과인데, 이러한 변화는 서양에서는 1980년대에 거의 완성되었고, 소련 제국이 와해된 후 그 나머지 세계에서도 진행되었다. 학계에서는 보헤미안 생활양식을 사회의 중심으로 끌고나오는 난처한 일자리가 늘어나거나, 지적인 활동 가운데 많은 부분이 '프로젝트' 형식으로 변형되었다. 무엇보다도 예술가는 예상되는 모든 활동의 모델이 된다. 작업의 종류를 불문하고 '창의력'이 기본 자질로써 요구되는 사회에서는 누구도 자신을 위한 광고의 필요성을 무시할 수 없기 때문이다. 따라서 누구나 자신을 위한 큐레이터가 되고, 자신의 외관에도 주의를 기울이다. 패션은 창의력 산업이 되고, 광고는 '제품을 소개하는 행위에서 한 가지 생활양식을 체험의 양식으로 연출하는 일'로 그 개념이 바뀐다. 이력서는 양식에 관한 보고서가 되고, 양식 문제는 생존의 문제가 된다.[35]

동시에 모든 사람이 자신이 추구하는 프로젝트 자체가 된다. 기존의 상품경제는 성인을 원하지 않는다. 다시 말해, 세상 이치와 자기 자신에 대해 좀 아는 사람, 심지어 자신의 삶을 주도하는 사람은 필요 없다. 그보다는 청년들, 젊은이들이 필요하다. 그들 한 사람 한 사람이 약속이자 투자 가치다. 그들 한 사람 한 사람이 끝없는 변화의 가능성을 지니고 있다. 이리하여 비교적 나이가 든 사람들 중에 매우 많은 사람들이 이른바 청춘으로 변신하여, 과거에 한 번도 시도한 적이 없는 일을 감행한다.

이때 자신의 일생에서 언제든 스스로 선택할 수 있는 자유, 또는 새로이 만들 수 있는 자유가 무한정 제공되어 있는 듯이 보일지언정, 그 자유는 허상이다. 이 자유는 그것을 선택하지 않을 자유를 허용하지 않기 때문이다. 칼 마르크스는 자유 경쟁 사회의 삶에 대해 다음과 같이 말했다. "이런 종류의 자유는 개인적 자유를 완전히 폐지하는 일이자 개인의 인격을 사회적 환경조건에 완전히 예속시키는 일이다. 사회적 환경조건은 매우 막강한, 관련된 개인에게조차 얽매이지 않는 객관적인 권력의 형태를 띤다."[36]

당연히, 성공을 하더라도 그것은 꿈꾸어 온 성공이 아니다. 여기서 성공은 단지 외적인 특징으로만 나타난다. 경력, 재산, 완벽한 몸매 등. 그러나 프로젝트가 끝나면 완성된 최종 단계에 도달하리라 생각했듯이, 내가 생각했던 나의 성공은 나 자신에게 도달하는 일이다. 프로젝트는 '혁신'의 의무가 있고 혁신에 익숙해지는 반면, '진보'는 동일한 시대에 공적인 언어에서 사라졌다.

그러나 실제로는 때때로 프로젝트가 중단된다. 일이 빗나가고, 프로젝트의 종착지는 대부분 새 프로젝트가 된다. 그러므로 지인 네트워크 또는 기능적 친구관계는 모든 프로젝트의 필수적 구성요소가 된다. 뤽 볼탕스키와 이브 치아펠로는 "관계망의 확장은 삶과 같은 뜻이다. 반면 관계망의 정지는 죽음을 뜻한다."라고 말했다.[37] 관계망에서 오래 버티기는 쉽지 않다. 프랑스의 사회학자 알랭 에렝베르가 『지친 자신』을 써서 세계적인 성공을 거둔 이유도 여기에 있다.[38] 그러나 최종적으로 지친 존재는 '자신'이 아니다. '자신'이 이용하는 유기적 조직이다.

칼 마르크스는 한 가지 직업에 고착되는 현상을 자본주의 생산방식의 해악이라고 선언했는데, 한 가지 직업에 고착되지 않는 일은 '프로젝트'의 본질 가운데 하나다. 『독일 관념론』에 나와 있듯이, '사회적 활동의 확정'은 고루하다.[39] 반대로 창의성을 보이는 가운데 많은 사람들이 많은 일을 할 수 있고, '평생 교육'의 필요성을 인지하고 시도하는 사람은 적어도 여러 가지 직업을 거치리라는 사실을 예상한다. 그러나 이와 같은 유연성이 곧 진보인지는 확실하지 않다.

물건에 대한 소격(疏隔)

『자본론』에는 두 가지 대상에 대한 비판이 나오는데, 그 가운데 어느 것이 분석이고 어느 것이 판단인지 불분명하다. 한 가지는 노동자에 대한 착취다. 착취란, 자본이 자유와 평등이라는 시민계급의 이상에 반대하지 않고, 이 이상을 기반으로 노동 생산물을 취하는 일이다. 그러므로 마르크스의 착취에 대한 비판은 매우 객관적이다. 착취에 맞서는 이상은 착취를 촉진하는 이상과 같은 것들이다. 다른 한 가지의 경우도 도덕적인 동기가 중요하게 작용하는데, 여기서는 사정이 좀 다르다.

마르크스의 초기 사상 가운데 『자본론』에 수용된 내용은 상품숭배에 대한 비판이 유일하다. 즉, 1844년에 나온 마르크스의 청년기 저서 『경제학 – 철학 초고』에서 소격 및 물화(物化)에 대한 낭만적 한탄이 유일하게 인용되었다. 그러나 마르크스가 상품숭배에서 사회적 관계는 물건들 사이에 형성되는 환상적인 관계와 같은 형태를 띤다고 쓴 점으로 보아, 분명 예의 소격 또는 물화를 의미했다고 추정할 수 있다.

소격의 범주는 첫눈에 분명하게 나타난다. 소격이 일어난다는 점에는 추호의 의심도 없기 때문이다. 소격은 모든 의존 형태에서 발생한다. 어떤 일을 하고 싶지 않으나 억지로 하는 사람은 소격을 경험한다. 그 사람이 하는 일은 자신에게 낯선 일이다. 노예는 자신의 존재 자체가 타인의 의지에 달려 있으므로, 가장 높은 수준의 소격을 경험하는 사람이다. 마르크스는 소격의 범주를 철학적 전통에 따라 정하고 경제적 존재와 결부시켰다. 철학적 전통에서 소격은 그것을 경험하는 인간에게 신이나 자연 또는 우주와 자신의 관계처럼 작용한다. 그리고 모든 노동자는 자본의 관심사에 굴복하여, 자신의 시간과 노동력을 애초에 남의 재산인 물건을 생산하는 데 사용한다.

노동자가 타인의 관심사에 굴복할수록 그것을 아예 자신의 관심사로 만들어버리는데, 그럴수록 그 노동자에게 작용하는 소격의 수준은 더욱 높아진다. 마르크스 학습의 전통은 오로지 이 사상과 그 변용에 몰두할 뿐이다. 루카치 죄르지의 1923년도 저서 『역사와 계급의식』부터 후기 프랑크푸르트 학파에 이르기까지.[40]

그러나 이러한 상관관계에서, 소격이 없었다면 소격되지 않은 '구체적인' 삶이 가능했으리라는 결론은 나오지 않는다. 소격이 없었다면 누구도 타인의 의지에 따라 움직일 필요 없고, 자신만 의식하면 되는 영원한 조화가 나타났으리라고 단정할 수는 없다.[41] 이런 일이 언제 어디서 있었는가? 휴가 때? 낙원에서? 어머니의 자궁 속에서? 그리고 공장에 오기 전 노동자들은 어떤 사람들이었는가? 점차 자본화하는 농업으로 생계 수단을 박탈당한 농촌의 일용직 노동자인가? 생존 가능성을 빼앗긴 자급자족 농부인가? 구걸, 도둑질, 간헐적인 노동으로 버텨온 도시의 빈민인가? 자본에 고용되어 자신과의 일치를 박탈당한 '구체적인' 인간을 이와 같은 형상들에게서 알아보기는 쉽지 않다.

'주물신'은 인간의 입장에서 볼 때 '소격'이라고 부르는 현상이 상품의 측면에 반영된 것 같다. 착취와 소격에 격분하는 사람은 삶의 조건과 인간의 욕구를 의식한다. 그런데, 노동의 측면에서 삶의 상관관계를 형성하고도 자신이 한 일로 인식하지 않는 행동이 물건의 측면에서는 어떤 행위에 해당하는가? 물건에서 교환가치를 지우고 순전히 사용가치만 남기는 일인가? 이러한 시도에서도 주물숭배는 다분히 확인되지 않는가?

주물숭배는 물건에 대해 존재론적 고유형태를 주장하는 이념이다. 베를린의 철학자 라헬 예기는 "소격으로 끝나는 자기 활동의 결과로 '세상'을 이해하는 일은 불가능하다."고 말했다. 예기는 지난 몇 년간 디지털된 세계경제의 환경조건에서 소격 개념에 다시 활기를 불어넣었다. 소격의 사회적 성격에만 고집한 마르크스와는 달리, 예기의 소격은 세상 또는 사회에서 적절하게 처신하지 못하는 주체 쪽에 일어난다.[42] 예기에 따르면, 소격되지 않은 인간은 자기 삶에서 스스로 선택하고 결정한 프로젝트를 진행하고, 그 프로젝트를 자신의 것으로 취할 수 있으며, 그 프로젝트로 자신의 정체성을 정서적으로 확인할 수 있다.[43] 소격되지 않은 삶과 프로젝트 문제는 기본적인 모순을 형성한다. 이 점은 논외로 치더라도, 시민계급의 주체와 그가 좋아하는 주물신의 관계 또한 소격되지 않은 인간과 프로젝트의 관계와 똑같이 나타낼 수 있을 것이다.

상품숭배의 도덕적 비판에 대해 예기가 제시하는 소격의 표본에 따라 계속 생각하다 보면 장 자크 루소의 천성적으로 선한, 소격되지 않은 인간에 도달하거나, 라이너 마리아 릴케의 소격되지 않은 물건에 도달한다. "가까이 다가오지 마라! 나는 항상 경고하고 막으리라. / 물건들이 부르는 노래는 너무도 듣기 좋다. / 너희가 만지면, 딱딱하고 뻣뻣하다. / 너희들은 모두 내 물건을 죽인다."[44]

따라서 이제 상품숭배도 시민사회의 공생을 위한 이상을 다룰 때와 같은 시각으로 다루어야 할 것이다. 상품숭배는 겉으로는 상품의 상관관계를 초월하는 듯이 보이지만, 끊임없이 그 상관관계의 기반을 재생하는 하나의 형태로 인식되어야 할 것이다. 마치 살아 있는 것 같은 물건들 사이의 환상적인 관계는 특수한 사회적 생산 방식의 표시로써 실제로 존재하기 때문이다.

제 16 장

실패

Das Scheitem

명성의 비극

1873년 화가 귀스타브 쿠르베는 파리를 떠나 스위스로 갔
다. 쿠르베에게는 30만 프랑이 넘는 빚이 있었는데, 바로 얼마
전 프랑스 공화국의 대통령이 된 파트리스 드 마크마옹 원수
가 플라스 방돔 광장에 서 있던 전승기념탑의 재건 비용으로 요
구한 돈이었다. 전승기념탑은 2년 전 파리 코뮌 집권 기간에 파
괴되었는데, 여기에 퀴스타브 쿠르베가 적극적으로 가담했었
다. 이 사건에 대해 마르크스는 다음과 같이 서술했다. "역사적
인 새 시대의 시작을 의식하고 있던 파리 코뮌은 이를 분명히 표
시하기 위해 전쟁의 명예를 상징하는 거대한 방돔 탑을 여기 승

리에 들뜬 프로이센 군 앞에, 저기 보나파르트의 장군들이 이끄는 보나파르트 부대 앞에 쓰러뜨렸다."[1] 망명 중 쿠르베는 작품 의뢰를 받아 겨우겨우 연명하며 언젠가는 부채를 탕감하리라는 희망을 버리지 않았으나, 거기서 멈추지 않고 술주정뱅이가 되었다. 쿠르베는 1877년 12월에 몽트뢰 부근에서 사망했다. 부채를 갚지는 못했다. 쿠르베의 사후 명성에는 이 슬픈 종말이 결정적인 의미를 지닌다.

파리 코뮌은 1871년 3월 18일부터 5월 28일까지 두 달 남짓 집권했다. 프랑스 정부군은 스당 전투에서 패배한 뒤 붕괴되었고, 독일 군대가 파리를 포위했다. 원래 굶주림과 절망 때문에 일어난 반란은 이렇다 할 저항을 받지 않았다. 그 후 일어난 일은 전대미문의 일이었으며, 그 영향력 범위도 어마어마했다. 세계의 수도였던 파리가 기존 체제를 모두 포기하고, 국민이 직접 법을 세웠다.

1871년 4월 17일에 발표된 「프랑스 국민에 대한 선언」에는 다음과 같이 명시되어 있다. "정부, 성직자, 군부, 관료, 착취, 독점, 특혜로 인해 프롤레타리아는 굴욕적인 처지에 처하게 되었고, 조국은 지금과 같은 고통 받는다. 파리 코뮌은 이러한 요소로 구성된 구시대의 종말을 의미한다." 며칠 후 쿠르베는 부모님께 보내는 편지에 파리는 프랑스의 수도이기를 포기했다고 썼다.[2] 이 말은 과거에는 파리에서 일어나는 모든 일이 조만간 지방에도 전해졌으나, 이 경우 이러한 전달이 불가능하다는 뜻이기도 했다. 파리와 지방 사이를 포위군이 점령하고 있었기 때문이다.

마르크스는 국제노동자협회의 동지들에게 파리에서 일어난 반란에 가담하지 말라고 조언했다. 그런 시도는 기껏해야 '절망적인 바보짓'이라고 전했다.[3] 이 말은 코뮌의 주도적 세력이 국제노동자협회와 별로 관계가 없었으므로 더욱 더 맞는 말이었다. 쿠르베는 피에르 조제프 프루동을 지지했고, 코뮌 참가자 가운데 많은 사람들이 사회주의자 루이 오귀스트 블랑키의 추종자였으며, 다른 사람들은 프리메이슨이었다. 그리고 진보좌파 시민계급이 참여했고, 프랑스 정부의 보호를 받지 못한 국경수비대에서도 많은 사람들이 참여했다.

그럼에도 마르크스는 코뮌이 파리에서 집권하자 자신의 뜻이 실현되었다고 보았다. 마르크스는 1871년 4월 중순 하노버에 있는 친구 루이스 쿠겔만에게 보내는 편지에 다음과 같이 썼다. "이 파리 사람들은 얼마나 유연하고, 얼마나 역사를 주도하며, 얼마나 희생정신이 강한가! 역사에서 이와 비슷한 규모의 비슷한 사례가 일어난 적은 없었다! 6월 혁명 후 우리 당에서 일어난 가장 영광스러운 일이다."[4] 이 시기에 코뮌은 이미 수천 명의 목숨을 희생시켰다. 그 중 많은 사람이 구체제의 대표들이거나 그렇다고 오인 받은 사람들이었다. 그러나 이보다 더 끔찍한 일이 기다리고 있었는데, 코뮌 참가자에 대한 정부군의 복수였다. 5월에 수만 명이 처형되었다.

마르크스가 '우리 당'을 믿었듯이 다른 사람들은 국제노동 자협회를 믿었다. 그들은 다만 크게 감격하지는 않았다. 『공산당 선언』에서 엄청나게 많은 간청을 들었어야 했을 유령이 정치적 권력이 되었는데, 크지는 않았을지언정 인지될 만큼은 되었다. 당시 많은 유럽 신문에서는 국제노동자협회가 하나의 적을 무 찌르기 위한 목적으로 코뮌의 탄생과 추이에 상당히 관여했으 리라고 추측했다.

마르크스는 코뮌 붕괴 후「프랑스 시민전쟁」이라는 제목의 긴 글을 발표하며 이러한 상황에 직접 부딪쳤다. 눈앞에 피로 얼 룩진 코뮌의 패배를 보며 마르크스는 코뮌을 프롤레타리아가 압제자들을 상대로 치른 첫 전쟁이라고 공표했다. "코뮌은 마침 내 발견한, 노동의 경제적 해방이 완성될 수 있었던 정치 형태 다."[5] 코뮌 사건에 대한 그의 보고는 역사적으로 항상 정확하지 는 않았다. 그 원인의 일부는 마르크스가 신문보도와 소설을 이 용했다는 점에서 찾을 수 있다.[6] 그러나 보고서를 쓰면서 코뮌을 마르크스 자신의 정치적 비전에 맞게 끌어올리려는 의지가 작 용하지 않았더라면 이 글은 발표되기 어려웠을 것이다. 더구나 단순한 코뮌(자치 단체)이 아니라 정당에 대한 묘사였다.[7]

프랑스 정부군에 코뮌 구성원 한 사람이 체포당했을 때, 마 르크스의 편지 한 장이 정부군 병사들의 손에 들어갔다.[8] 베르사 이유 언론이 이 상황을 부풀렸는데, 당시 프랑스 정부는 베르사 이유로 도피해 있었다. 베르사이유 언론은 희생양이 필요했다.[9]

마르크스가 '국제노동자협회의 대지도자'로서 쌓은 경력은 이렇게 시작되었다고 한다. 그러는 가운데 마르크스는 영국 언론이 자신에게 쏟는 관심을 즐겼다. 마르크스는 '런던에서 가장 많은 비방과 위협을 받는 사람'으로 유명했다. 이런 상황은 마르크스가 '20년 동안 늪지대에서 지루하게 지낸 후 맞이하는…… 정말 행복한' 시간이었다.[10] 그리고 마르크스는 '신문쟁이들'이 '유령'에 대해 이야기하기 위해 문을 밀치고 들어오는 모습에 흡족했다.[11] 마르크스는 이때 유령의 존재가 정치적, 사회적 권력이 이를 인정했다는 사실과 결부되어 있는 한,『공산당 선언』에 발표한 사상을 반복했다.

마르크스는 「프랑스 시민전쟁」에서 이 봉기를 '부르주아 계급에게 대단히 어려운 문제를 낸 스핑크스'라고 표현했다.[12] '스핑크스'는 연설, 벽보, 대표 파견 또는 생필품 배급량 등에 대해 자유롭게 협상하는 자율기구를 의미한다. 이와 동시에 마르크스는 자신이 코뮌을 생각할 때 가장 큰 감동을 불러일으키는 일이 무엇인지 발표했다. 그것은 봉기의 정치적 내용이 아니라 반항의 방법이었다. 그 혁명은 한 장소에서 집중적으로, 그리고 즉각적으로 권력이 이양된 사건이었다.

이 글이 사회주의 운동에 의미하는 바는 대단히 컸다. 이 글을 통해 이 혁명은 엄청난 규모의 비극이자 잊을 수 없는 기억으로써 역사적으로 가장 큰 의미를 얻었다. 코뮌을 무너뜨린 잔혹성의 진상은 마르크스가 추억 속에 터뜨리는 환호의 이면이었다. "파리. 일하며, 생각하며, 싸우며, 피 흘리며, 새로운 사회를 준비하느라 성문 앞 축제는 거의 잊은, 그 역사적 관점에 열광하며 빛나는 도시."[13]

국제노동자협회는 코뮌과 결속을 선언했고, 코뮌의 행동에 대해 추후 책임을 떠맡기로 결정했는데, 이러한 결정은 끔찍한 후폭풍을 몰고 왔다. 숨어서 행동하던 혁명 추진 세력의 몸통으로 부상하면서 국제노동자협회는 거의 모든 유럽 정부가 심하게 박해하는 대상이 되었다. "사실상 1872년 헤이그 회담 후 진행된 사실상의 협회 해체는 본질적으로 코뮌 붕괴 후 시작된 몰이사냥의 결과로 보아야 한다."[14] 코뮌은 심지어 부정적인 방법으로 프랑스 민족국가 체제의 강화에도 기여했다. 코뮌은 이제 외국인들의 행사로 간주되었기 때문이다.

코뮌이 사회주의자들 사이에서 얻은 명성은 이로 인해 더 커졌다. 이는 마르크스가 학문 연구를 하면서『자본론』작업을 다소간 외면한 일보다 더 특기할 만한 일이었다. 마르크스는『자본론』작업 중 종종 다른 일을 더 급하다거나 더 흥미롭게 여긴 적이 있었는데, 그 가운데는 러시아의 시골 공동체를 천연자원을 적절히 접할 수 있는 모델로 보고 연구한 일도 있었다. 이러한 관심을 가지고 있으면서 자신이 그토록 오래 매달린 보편적 목적을 적어도 신중하게 상대적으로 인식하지 않았다는 사실은 납득하기 어렵다. 마르크스는 자신의 입장을 완화하면서 혁명을 하겠다고 선언한다.

귀스타브 쿠르베는 결코 정치적 예술가가 아니었다. 정치적 비유로 이해될 만한 것은 무엇이든 쿠르베에게는 기껏해야 암시일 뿐이었다. 에밀 졸라는 그의 갑작스러운 정치 참여를 비웃었다. 그럼에도 쿠르베는 그 시절 프랑스 예술가들 가운데 혁명가로서 오늘날까지도 알려진 사람들 가운데 한 사람이다.[15]

끝나지 않는 일

실패는 철학자가 생각할 수 있는 범주가 아니다. '실패'라는 말 뒤에는 어떤 '관념'을 현실에 적용하기 시작한다는 생각이 숨어 있다. 그 관념이 현실에서 성공을 거두지 못할 때 비로소 '실패'를 논할 수 있다. 그러나 미국의 모든 실용주의 철학이 주장하는 바와 달리 철학자는 '관념'이 없다. 이 철학자가 아는 것은 기껏해야 현실과 벌린 논쟁에서 힘들게 쟁취한 사실이다. 따라서 철학자가 알고 있는 사실은 온갖 방법으로 현실과 결부되어 있는데, 여기서 무슨 일이든 일어날 수 있지만, 어떤 '관념'이 현실을 나타내는 또 다른 형태가 되지는 못한다.

마르크스는 초기에 자신의 저서와 관련하여 강령적인 말을 한 바 있다. 그 내용은 심사숙고와 실패는 화합하지 않는다는 사실이다. "미래 건설과 영원한 완성이 우리의 일이 아니라면, 그럴수록 우리가 지금 해야 할 일이 무엇인지 더 분명해진다. 기존의 것에 대한 사정없는 비평이다. 사정없다는 말은 결과나 기존 권력과의 갈등을 두려워하지 않는다는 의미이기도 하다."[16] 마르크스는 이 문장을 자신의 방대한 이론적 작업을 시작하기 전에, 그리고 아르놀트 루게를 염두에 두고 썼다. 마르크스는 당시 루게에게서 뭔가 이루고자 했으나 머지않아 그의 적이 되었다. 아무튼 이 문장에는 아름답고 진정한 격정도 들어 있다. 즉, 마르크스는 비평에서 자신의 저서와 타인의 저서에 차별을 두지 않았다는 사실이 이로써 증명되었다.

마르크스의 저서에 대해서는 미완성의 프로젝트라는 말조차 할 수 없다. 그러기 위해서는 일단 완성된 것으로 생각할 수 있어야 한다. 그런데 마르크스의 경우는 그렇지 않다. 어쨌든 기존 『자본론』 세 권을 두고 말하자면 완성된 저서라고 볼 수 없다. 이 책들은 이미 앞으로 가하게 될 수정의 싹을 내포하고 있는데, 1권에서 3권으로 가면서 그 싹은 점점 더 많아진다. 마르크스는 제1권을 마무리하라는 제안을 받았고, 그래야 할 상황이기도 했다. 그러나 제3권 이후에 출판된 1권은 전략적 숭배의 결과다.

저자에 대한 찬사는 엥겔스가 쓰기 시작했고, 그 후 국제사회주의자협회가 계속 썼다. 오늘날 대단히 중요한 의미를 지니지만 19세기 말까지도 확인할 가능성이 전혀 없었던 글에 대해서는 이러한 일이 더욱 많았다. 이를테면 1932년에 출판된 『경제학-철학 초고』가 그랬고, 1932년에 처음으로 총서가 출판된

『독일 관념론』이 그랬고, 1939년부터 1941까지 나온『정치적 경제 비평 개요』가 그랬다. 이 저서들이 출판되자, 그 속에 이전에 나온 대표적인 저서의 내용과는 다른 것이 쓰여 있다는 사실을 알게 되었다. 그 결과 '초기 글'과 훗날의 '성숙한' 저서를 분리해야 한다는 생각을 하게 되었다. 이러한 구별은 저서 수용의 전통이 되었지만, 전기(傳記)에 따라 상대적으로 나뉜다는 점에서 비평의 본질에 어긋난다.

속박 없는 세상

마르크스의 글은 100년 또는 그 이상 구원의 이념을 제공했다. 이 이념에 수백만 명의 사람들이 동조했으나, 마르크스 본인은 자신의 연구를 구원의 관점에서 고찰한 적이 거의 없는 듯하다. 이를테면『공산당 선언』의 맺음말은 다음과 같다. "지배 계급은 공산주의 혁명이 두려워 떨지 몰라도, 프롤레타리아는 혁명에서 잃을 것이 속박밖에 없다. 그들은 세계를 얻는다."[17] 마르크스의 후예들과 계승자들은 이 구원론을 좀 더 보편적으로, 그리고 좀 더 진지하게 받아들였다.

인류 역사상 거대한 집단이 믿을 만큼 강력한 구원론은 많지 않다. 마르크스의 이론은 최후의 강력한 구원론이 되었다. 동시에 이 구원의 이념은 그 수단을 이론에서 발견한 최초의 이념이다. 마르크스의 초기 저서에는 "철학은 프롤레타리아 계급을 제거하지 않고는 실현될 수 없다. 프롤레타리아 계급은 철학의 실현 없이 제거되지 않는다."고 나와 있다.[18] 1970년대까지 아니, 1980년대까지도 서구 사회에서는 혁명은 이론적으로 규명되고 유도되어야 한다는 생각이 팽배했었다. 그 후 서구 사회의 사회 민주주의적 개혁이 완료되고, 이론에 대한 더 까다로워진 요구도 거의 충족된 만큼 이러한 생각은 사라졌다.

구원의 이념은 남아 있다. 크리스토프 튀르케는 다음과 같이 말했다. "자본주의 사회가 준다고 약속하는 것을 원하는 사람은 다른 사회를 추구해야 한다. 따라서 마르크스의 구원 이념은 칸트가 신학적으로 신을 증명함으로써 예언한 일과 다를 바가 없다. 그러나 이 이념의 증거 제시에 아무리 신랄한 비판을 가하더라도 이념의 타당성과 매력을 지우지는 못한다."[19] 이러한 희망에는 실제로 뭔가 신학적인 것이 있다. 이를 논리로 반박하기는 쉽지 않다.

하늘의 비전이 땅에서 실현되기 힘든 이치가 분명하더라도, 그 비전은 매력을 잃지 않는다. 매력은 삶이 아닌 소원에 깃드니까. 그리하여 마르크스가 말하는 '진정한 자유의 제국', 인간의 자기실현이 곧 자기목적인 미래의 세계, 그리고 원래 물질적 생산 영역 저편에서 비로소 시작되는 세계가 사회주의자들이나 공산주의자들의 꿈만은 아니라는 결론에 도달한다. 오히려 이 생각은 온 나라 전체에서 대단한 인기를 누린다. 시민사회는 그 자체의 제거를 꿈꾼다. 거기에 마르크스의 지원은 필요 없다. 그리고 마르크스가 기회 있을 때마다 이 이념을 자신의 이론으로 만든 일을 마르크스의 장점으로 쳐 줄 필요도 없다. 이 이념은 19세기 시민사회의 교양세계에 확고하게 자리 잡고 있던 사상이기 때문이다. 그러나 이 이념은 마르크스를 기꺼이 소원의 보증인으로 만드는데, 이는 당연한 일이다.

시민계급은 18세기와 19세기 혁명에서 승리했다. 생산에 필요한 기존의 여건을 그들이 보유하고 있던 덕분이다. 그렇다면 프롤레타리아 계급은 어떻게 승리할 것인가? "프롤레타리아 계급은 의식 있는 계급이 될 때에만 힘을 발휘할 수 있다."[20] 이 얼마나 어려운 과제인가? 『자본론』제1권에 "그들은 그 사실을 모르지만 그렇게 행동한다."고 나와 있다.[21] 마르크스는 이 문장을, 상품의 가치는 노동을 나타내는 상형문자인데, 인간은 이 생각을 전혀 하지 않더라도 상품의 가치를 안다는 사실을 설명할 때 이용했다. 예수의 십자가 7언(예수가 십자가에 못 박혀 죽기 전 마지막으로 남긴 일곱 가지 말씀 - 옮긴이)을 암시하는 듯한 이 말은 사실 그 정확한 상관관계도 별로 중요하지 않다.

마르크스에게서는 사람들이 자신의 처지나 행위를 전혀 의식하지 않을뿐더러 그런 의식을 계발할 마음도 없다는 생각이 반복적으로 확인되는데, 그 이유는 마르크스 스스로, 독자들이 자신이 처한 상황을 잘못 알고 있고, 이로써 피해를 보고 있다는 사실을 알려 주어야 한다고 생각했기 때문이다.

사람들이 자신의 삶을 스스로 결정하는 줄 알고 있지만, 사실은 그 삶에 대한 결정권을 타인에게 넘겨주었다는 사실을 설명하는 일은 그들이 모순을 기반으로 살림을 차리고 산다고 주장하는 일과 같다. 이런 시도는 어떤 이론적 기반도 없어 보이는 사회와 마주하고 있을 때에는 더욱 가망이 없어 보인다. 이론이 설 자리에 인간의 개인적인 관심사가 들어 서 있고, 여기에 이론적 이해 따위는 눈에 보이지도 않는 현실이 등장한다. 그뿐이 아니다. 이해한다는 말은 곧 사회적인 일의 절차와 상황이 왜 쉽게 변하지 않는지 파악한다는 말이다. 이론과 현실은 서로 등을 맞댄 듯 서로를 외면한다는 사실을 여기서 다시 한 번 확인할 수 있다.

이론과 결별하기

조너던 프랜즌이 2001년에 발표한 장편소설 『인생 수정』에는 칩 램버트라는 인물이 등장한다. 칩은 문예학자로서 성공하지 못했다. 그래서 시나리오 작가가 되어 새 인생을 설계하고자 하나, 삶이 빈곤해지는 현상은 막기 어려워 보인다. 칩은 자신의 서가를 채우고 있던 철학책들을 헌책방에 내다 판다. 테오도르 아도르노, 위르겐 하버마스 또는 프레드릭 제임슨의 저서들을 사느라 거의 4천 달러를 지불했었는데, 달랑 65달러를 받고 헌책방에 넘긴다. 칩은 그 돈을 기호식품점에서 파는 어마어마 하게 비싼 노르웨이 연어 한 조각과 맞바꾼다. 그 가게의 이름은 '소비의 악몽'인데, 발자크의 『우리 시대 역사의 뒷면』에 못지않 은 이중성을 깔고 있으며, 소격이나 상품 미학과 관련된 이론을 시사한다.[22]

조너던 프랜즌이 이 부분을 쓸 때 모종의 보상심리를 느끼 지 않았다고는 생각되지 않는다.

1970년대에 생애 처음 주요 직책을 맡은 학자들 세대는 이 론에 열정을 바쳤다. 여기서 낙오자는 칩 램버트와 같은 불안정 한 이론가가 되었다. 그런데 칩 또는 그 세대 학자들의 이론을 향한 열정이 그 이전 세대에 앙갚음하려는 의지에 의해, 의심스 러운 과거를 청산하겠다는 단호한 결의에 의해, 그리고 엄청난 지식 자랑을 통해 표출되었듯이, 그들의 이러한 확신도 앙갚음 을 당한다. 어떤 이론에 대한 지지 성명도 이에 해당된다. 그런 데 이 이론적 앙갚음에 한 가지 동기가 추가된다. 이 동기 덕분 에 앙갚음이 누그러지지 않고 힘을 유지한다. 이론을 향한 열정 은 나쁜 것을 일단 이해하고 나면 좋은 것을 막을 수 없다는 생 각을 바탕으로 유지되기 때문이다.

진보는 엄청난 힘이라는 믿음, 달 착륙은 예방주사, 이른바 섹스 혁명, 그리고 교육제도의 민주화와도 같은 힘을 발휘한다 는 믿음이 국민들 사이에 널리 퍼져 있을 때, 이론을 향한 열정 은 식지 않는다. 진보는 지지 성명을 발표한 사람은 누구나 정당성을 얻는 위대한 운동이었다. 그런데 그게 이미 오래 전에 달라 졌다. 마그누스 클라우에는 다음과 같이 말했다. "미래가 불확 실해 보였을 때, 진보는 인간이 원하는 만큼 빨리 진행되지 않았 다. 미래가 위협을 받아 얼어버린 뒤부터 사람들은 진보의 속도 를 늦추려 한다. 그러나 흘러가버린 시간에서 벗어날 수 있다는 희망은 거의 모든 사람이 버렸다."[23] 대화 상대방의 얼굴에 이 반어의 뜻을 이해한 기색이 보이기 전에는 '진보' 이야기는 꺼낼 수도 없다. 그 밖의 사회 문제 가운데 많은 것들은 현재의 실용 적인 요청으로 나타난다. 대부분은 '도전'의 형태로 나타나는데, 많은 사람들이 꿈에서조차 '나 여기 있소!'라고 외치는 일 외에 는 아무런 생각도 못하기 때문이다. 이와 같은 '도전'은 겉으로 는 본인의 의지에 따라 감행되지만, '도전자'가 원하는 일이 무 엇인지 다들 추측하는 상황일 때에도 하게 된다.

저항과 예술

1960년대와 70년대 프랑스에는 『자본론』에 요약된 지식을 최신 버전으로 수정하고자 한 지식인이 있었다. 예술가이자 철 학자이며 직업 혁명가인 기 드보르가 1967년에 출판한 『스펙터 클의 사회』는 중간 크기의 문고판인데, 글자가 큼직한데다 200 쪽도 채 되지 않는다. 이 책은 자본주의 사회 전체가 '스펙터클한 구경거리'의 내부 및 주변을 구성하는 요소가 되는 과정을 보여주는데, 『자본론』의 첫 문장을 살짝 고친 글로 시작한다. "현대의 생산 조건이 지배하는 사회의 삶 전체는 어마어마한 양의 스펙터클한 구경거리로 나타난다. 직접 체험되는 모든 것이 기존의 궤도를 이탈해 어떤 환상을 향해 달려간다."[24] 이 책은 상품의 '주물신적 성격'에 관한 이론을 모든 사회적 존재를 포괄하는 이론으로 발전시키려는 시도다. 기 드보르에 의하면 이것이 상품경제가 선택한 진행 방향이기 때문이다.

최근에 정치 이론가 기 드보르가 돌아왔다. 조금은 틀을 갖춘 모습이다. 언제나 잠시 비치는 소개보다, 글을 읽는 사람이라면 누구나 다 아는 불변의 주소처럼 부르는 이름보다. 하지만 그 주소는 불변이 아니다. 기 드보르는 유령이 되었다. 폭동을 일으킬 만반의 준비가 되었음을 알리는 대부가 되어 귀신처럼 등장한다.

이를테면 '월 스트리트를 점령하라'는 운동의 창시자 칼레 라슨에게 기 드보르는 현대의 세계 상황에 대한 저항의 시조(始祖)다. 그 세계는 일상의 삶을 파괴적으로 전복하기에 적합한 기술을 발견했다.[25] '월 스트리트를 점령하라' 운동의 수뇌들이 기 드보르의 이론을 전혀 몰랐다면, 라슨이 이렇게까지 감탄하지는 않았을 것이다. 즉, 세상이 가짜들의 상관관계로 변해 극복할 수도 없을 지경이 되었다는 생각, 거대한 거짓말 또는 '어떤 인간도 제어할 수 없는 숙명'으로 변했다는 생각이다.

기 드보르 자신은 '사회의 환각적 사실'에 예술이라는 수단으로 맞서고자 시도했다. 그의 예술은 일반적인 '스펙터클'에서 적어도 '그만두기'를 쟁취하려는 시도로 구성되어 있다. 여섯 편의 영화에서 기 드보르는 24분 동안 침묵을 지키거나 그냥 자기 친구를 가리킨다. 이런 영화는 그에게 장관을 이루는 화면에 대한 일종의 정당방위였다. 그리고 '데리브(dérive)', 즉 도시성의 새로운 전략으로서 시내를 거칠게 표류하는 행위는 추상적인 것을 다시 구체적인 것으로 변환하고, 경험과 그림의 직접적인 대조에서 과거에 스펙터클한 구경거리 때문에 놓쳤던 성찰이 시작된다. 예술의 과제는 이론에 실제를 부여하는 일만은 아니다. 예술은 혁명을 통해 삶이 되어야 하는 것, 그리고 혁명 후에 삶이 되어야 하는 것을 먼저 보여주어야 한다.

기 드보르의 젊은 추종자들이 이 예술에서 감동을 받은 부분은 시그널을 향한 열망을 나타내는 제스처다. 그들이 돌아온 유목생활을 연기하기 위해 세계의 거대한 증시 앞에 천막을 쳤을 때, 이 행위에는 기 드보르의 사상이 깔려 있었을 것이다. 유목민은 세상을 원래의 모습대로 내버려둔다. 유목민에게 시간은 역사적인 개념이 아니다. 즉, 유목민에게는 시간이 흘러가지 않고 순환한다. 그리고 시위자들의 가면은 모든 사람에게 경고의 형태로 들이닥치는 과격한 소격의 표시일 수 있다.

그러나 기 드보르는 자신을 혁명가라고 생각한다. 그런데 '월 스트리트를 점령하라' 운동의 한탄하는 제스처라니? 도덕적

호소라니? 누구한테? 은행한테? 정치가들한테? 나머지 인류한
테? 제발 세상을 파괴하지 말아 달라는 호소는 기 드보르에게는
근본적으로 낯선 행위였을 것이다. 더구나 이러한 불평은 더 높
은 권력을 상대로 청구 소송을 제기하는 시도로밖에는 표현되
지 않는다. 그런데 그 권력이 하필 문제가 된 상황을 만드는 데
가장 많이 기여한 기관이다.

그러나 '월 스트리트를 점령하라'와 같은 운동이 정치적 반
대를 이해하는 방법은 저항의 일반적인 형태가 되었다. 마법을
푸는 마법 또한 마법이듯이, 이 저항 방법은 그 광적이고 절망적
인 성질을 보건대, 세상이 못된 악령의 저주를 받았다는 믿음의
일부이다. 페멘(Femen. 우크라이나의 과격 여성해방운동 단체 - 옮긴이)의
여인들이 벗은 상체에 표어를 쓸 때, 이 행위에는 상처 받기 쉬
운 알몸뚱이를 추상적인 힘 앞에 그대로 노출하는 '빈(Wien) 행
동주의' 운동의 착상이 반복되어 나타난다. 푸시 라이엇(러시아
의 페미니즘 펑크록 그룹 - 옮긴이)이, 자체 발표에 따르면 진정한 러시
아를 칭송하기 위해, 교회에서 공격적인 신성모독 행위를 할 때,
정치가 아닌 것은 모두 '똥과 반성으로 가득 찬' 허수아비라고
선언할 때,[26] 새 활주로 건설 또는 새 은행 구제에 반대하는 모든
시위가 정점에 이르러, 사람들이 길바닥에 누워 죽은 척할 때,
저항은 그림과 장면으로 연출된다. 그러면 공중(公衆)은 이에 대
한 비판이 나오리라 확신한다. 이때, 어떤 수단으로 비판해야 하
는지, 무엇이 비판받아야 되는지는 단 한 순간도 묻지 않는다.

현대 사회에서 저항은 좋은 일을 감각적으로 구현한 일로 이해된다. 사람들은 저항이 뭔가 확실한 것이기를 바란다. 그래서 저항도 광고한다. 상품경제가 하는 방법과 별로 다르지 않다. 슬로건과 그림을 향한 열망도 똑같고, 모든 뉴스 채널에서 취재되기를 바라는 욕구도 똑같다. 새로운 매체 없이 이러한 효과를 얻기는 어렵다. 새로운 매체는 나아가 여전히 산발적으로 존재하는 시위자에게 온 세계가 하나가 된 듯 눈속임을 하는 효과를 내기도 한다.

이러한 방법은 비(非)이론적일 뿐만 아니라, 이론을 거부한다. 그리고 무엇보다도 감정이입을 노리며, 공동의 좋은 일 또는 일반적으로 정당화된 일에 이용된다. 이러한 이유로 이와 반대되는 일이나 예상되는 모든 다른 일도 이 방법으로, 같은 정당성으로 대표할 수 있다는 사실은 이들 진정하고 올바른 삶의 주인공들을 비껴간다. 그리고 스펙타클의 사회는 그 특징을 나타내는 소통의 형태를 반대파에게 강요하지 않고 자발적으로 수용하도록 내버려둔다는 사실이 스펙타클의 승리를 비로소 완전하게 만든다.

어떤 상황인지 알아야

세상은 끊임없이 좋게 발전해왔다는 말은 사실이 아니다.

미국 학자들이 발표한 통계에 따르면 인류 역사는 지구상 모든 곳에서 폭력이 감소하고 복지가 증가한 역사다. 이 발표는 다음 전쟁이 일어나기 전까지만 유효하다. 그뿐만 아니라, 무엇을 폭력으로 보느냐에 따라 통계의 결과는 대단히 크게 달라진다. 그리고 이 역사에서 고통을 당하는 사람들 입장에서는 자신이 당하는 폭력이 증가하는 추세에 해당하든, 감소하는 추세에 해당하든 아무런 상관이 없다. 시장의 메커니즘과 자본의 움직임은 폭로되어서는 안 되는 비밀과도 같다는 말은 그대로 받아들일 수 없다.[27] 이 말은 도덕적인 의미에서뿐만 아니라, 자본주의 사회가 폭력적인 공동체인 한, 그리고 그 폭력이 불평으로는 제거되지 않는 한 맞는 말이다. 그렇다면 깨닫는 일은 좀 더 도움이 되는가? 알 수 없다.

단, 한 가지는 예외다. 깨달아서 도움이 되는 결정적인 사항은 지금 자신이 처한 상황이다. 이 점이 가장 중요하다. 가장 중요한 점을 깨닫고 나면, 그 다음에 할 일이 무엇인지 잘 생각해 볼 수 있다.

감사

이 책은 저널리스트로 활동하는 틈틈이 여러 해에 걸쳐 쓴 책이다. 저널리스트 활동은 지난 3년 동안 매해 1개월씩 중단되었는데, 그 기간에 콘스탄츠 대학교 문화학연구소에 초대받았기 때문이다. 연구소 체제 및 알브레히트 코쇼르케와 베른트 슈티글러의 지원이 없었다면 이 책을 완성하지 못했을 것이다. 그 외에도 고심할 때 보완 또는 반박으로 도움을 주고, 이 책이 어느 정도 일목요연한 형태를 유지하도록 주의를 기울여 준 친구들도 있었다. 내가 누구 얘기를 하는지 본인들은 잘 알 것이다. 나는 그들에게 많은 신세를 졌다. 대단히 고맙다.

2017년 6월 베니스에서

토머스 스타인펠트

참고 문헌 및 주해

칼 마르크스와 프리드리히 엥겔스의 저서는 '청색전집'으로도 알려진 익숙한 판본에 따라 인용했다(MEW: 마르크스 엥겔스 저서). 역사적, 비판적 판본(MEGA: 마르크스 엥겔스 전집)이 구 판본에 비해 괄목할 만한 문헌학적 발전을 이룩하기는 했으나, 이 책의 관심사는 학문적 저서가 아니라 비판적인 판본에서도 별로 수정되지 않은, 잘 알려진 몇 편의 글들이다. 구 판본은 구하기 쉽고 가격도 저렴하다는 장점이 있다. 따라서 MEGA를 인용한 경우는 매우 드문데, 구 판본에는 없는 새로운 내용 또는 구 판본과 다른 내용이 MEGA에 있는 경우에만 인용했다. 원본에 나온 강조 표시는 따르지 않았다.

머리말

1 "······ the first great modernist work of art". Marshall Berman: All that is Solid Melts into Air. New York 1982. S. 102 und S. 121.

2 Terry Eagleton: Warum Marx recht hat. Aus dem Englischen von Hainer Kober. Berlin 2012. S.126

3 Karl Marx: Das Kapital. Dritter Band(1894). MEW 25. Berlin 1977. S. 839

4 Lisa Nienhaus: Er ist wieder da! Karl Marx sah die Probleme des Kapitalismus vorher, die heute die Rechtspopulisten befeuern. Was wir von ihm lernen können. In: Die Zeit. 9. Februar 2017.

5 Jacques Derrida: Marx' Gespenster. Der Staat der Schuld, die Trauerarbeit und die neue Internationale (1993). Aus dem Französischen von Susanne Lüdemann. Berlin 2014.

6 Henrik Ibsen: Gespenster (1881). In: ders.: Dramen in einem Band. Übersetzt und herausgegeben von Heiner Gimmler. Frankfurt am Main, 2006. S. 389 bis 469. Hier S. 426.

1장. 명성

1 Wolfgang Pohrt: Kapitalismus Forever. Über Krise, Revolution, Evolution, Christentum und Islam. Berlin 2012. S. 62

2 Ingo Elbe: Marx im Westen. Die neue Marx−Lektüre in der Bundesrepublik seit 1965. Berlin 2010. S. 14.

3 이에 대한 가장 좋은 예는 상게서이다.

4 이에 해당하는 예는 다음과 같다. Moshe Postones의 책 『Zeit, Arbeit und gesellschaftliche Herrschaft. Eine neue Interpretation der kritischen

Theorie von Marx』(Freiburg 2002), Harald Bauer의 소유 개념에 대한 마르크스 이론을 재정비하려는 시도 『Eigentum und Person. Begriff, Notwendigkeit und Folgen bürgerlicher Subjektivierung』(Münster 2016), Robert Kurz의 가치와 가격의 관계를 새롭게 고찰하려는 시도 『Geld ohne Wert. Grundrisse zu einer Transformation der Kritik der politischen Ökonomie』(Berlin 2012). 이와는 달리 영국계 학자들은 사변적 이념의 역사에 대해 주로 집필했다. 이를테면 William Clare Roberts의 『Marx's Inferno. The Political Theory of Capital』(Princeton 2017)이 있다.

5   Joseph Vogl: Das Gespenst des Kapitals. Berlin 2010. S. 21

6   Karl Marx/Friedrich Engels: Manifest der Kommunistischen Partei (1848). MEW 4. Berlin 1990. S. 126

7   Paul A. Samuelson/William D. Nordham: Volkswirtschaftslehre. Aus dem Amerikanischen von Regina Berger und Brigitte Hilgner. München 2016. S. 67

8   이 점은 특히 Jonathan Sperber의 『Karl Marx. Sein Leben und sein Jahrhundert. München』(2013)과 Gareth Stedman Jones의 『Karl Marx. Greatness and Illusion』(London 2016)에 분명히 나타나 있다. 이 두 저서는 방대한 작업으로 칼 마르크스와 그의 업적을 무한정 과대평가하는 전통을 잇는다. 그러나 방대한 작업 자체만으로도 그 반대를 증명한다. Hugh Trevor-Roper의 에세이 「Marxism and the Study of History」(1956)는 이러한 입장을 대변하는 전형적인 글이다. 이에 관해서는 Eric Hobsbawm: Wie man die Welt verändert. Über Marx und Marxismus. München 2012. S. 162 참조.

9   Heinz Dieter Kittsteiner: Wir werden gelebt. Formprobleme der Moderne. Hamburg 2006. S.42.

10 Karl Marx/Friedrich Engels: Die deutsche Ideologie (1845/46). MEW 3. Berlin 1978. S. 33.

11 이에 관해서는 Rolf Schwendtner: Utopie. Überlegungen zu einem

zeitlosen Begriff. Berlin 1994. S. 11ff.참조.

12 Karl Marx: Kritik der Hegelschen Geschichtsphilosophie. Einleitung (1843). MEW 1. Berlin 1994. S. 11ff.

13 Christoph Türcke: Erregte Gesellschaft. Philosophie der Sensation. München 2010. S. 301.

14 Jens Jessen: Unterwegs zur Plutokraie. Hemmungsloser Reichtum, betrogene Bürger. In: Die Zeit. 1. September 2011

15 Sahra Wagenknecht: Eine geniale Prognose. In: Matthias Greffrath (Hrsg.): Re: Kapital. Politische Ökonomie im 21. Jahrhundert. München 2017. S. 95 bis 107. Hier S. 106.

16 Karl Marx: Das Kapital. Erster Band (1867). MEW 23. Berlin 1975. S. 530.

17 Niklas Luhmann: Die Wirtschaft der Gesellschaft. Frankfurt am Main 1994. S. 164.

18 Niklas Luhmann: Die Wirtschaft der Gesellschaft. Frankfurt am Main 1994. S. 175.

19 Niklas Luhmann: Die Wirtschaft der Gesellschaft. Frankfurt am Main 1994. S. 160.

20 Niklas Luhmann: Die Wirtschaft der Gesellschaft. Frankfurt am Main 1994. S. 176.

21 Karl Marx: Rede über die Frage des Freihandel. MEW 4. Berlin 1990. S. 447

22 Karl Marx: Das Kapital. Dritter Band. MES 25. Berlin 1997. S. 351.

23 Karl Marx: Kritik des Gothaer Programms. MEW 19. Berlin 1978. S. 31.

2장. 선언

1 Honoréde Balzac: Kehrseite der Geschichte unserer Zeit (1848). Aus dem Französischen von Hugo Kaatz. Gesammelte Werke(im selben Band wie 「Albert Savarus」. Reinbek bei Hamburg 1953. S. 329.

2 Gotthold Ephraim Lessing: Ernst und Falk. Gespräche für Freimäurer (1778). In: ders.: Werke und Briefe in zwölf Bänden. Band 10. Frankfurt am Main 2001. S. 34.

3 Gareth Stedman Jones: Das Kommunistische Manifest von Karl Marx und Friedrich Engels. Einführung, Text, Kommentar. Aus dem Englischen von Catherine Davies. München. 2012. S. 50f. 참조

4 Karl Marx: Das Kapital. Dritter Band (1894). MEW 25. Berlin 1977. S. 49.

5. 이에 관해서는 Horst Althaus: Stendhal — Balzac — Flaubert — Zola. Beiträge zur französischen Gesellschaftsgeschichte. Tübingen 2015. S. 134ff. 참조.

6 Jacques Derrida: Marx' Gespenster. Der Staat der Schuld, die Trauerarbeit und die neue Internationale (1993). Aus dem Französischen von Susanne Lüdemann. Berlin 2014. S. 16.

7 Gareth Stedman Jones: Das Kommunistische Manifest von Karl Marx und Friedrich Engels. Einführung, Text und Kommentar. Aus dem Englischen von Catherine Davies. München 2012. S. 38.

8 Karl Marx: Der Kommunismus und die Augsburger 「Allgemeine Zeitung」 (1842). MEW 1. Berlin 1978. S. 108.

9 Honoréde Balzac: Kehrseite der Geschichte unserer Zeit (1848). Aus dem Französischen von Hugo Kaatz. Gesammelte Werke (im selben Band wie 「Albert Savarus」). Reinbek bei Hamburg 1953. S. 167.

10 Stephan Oettermann: Das Panorama. Die Geschichte eines

Massenmediums. Frankfurt am Main 1980. S. 38.

11 Dolf Sternberger: Panorama. Ansichten des 19. Jahrhunderts. Hamburg 1938. S. 130.

12 Karl Marx/Friedrich Engels: Manifest der Kommunistischen Partei (1848). MEW 4. Berlin 1990. S. 459 bis 493. Hier S. 463.

13 이에 관해서는 Johanna Klatt/Robert Lorenz (Hrsg.): Manifeste. Geschichte und Gegenwart des politischen Appells. Bielefeld 2011.도 참조.

14 Wolfgang Pohrt: Honoréde Balzac. Der Geheimagent der Unzufriedenheit. Berlin 1990.

15 Karl Marx: Deutsche Ideologie (1845/46). MEW 3. Berlin 1978. S. 35f.

16 Jacques Derrida: Marx' Gespenster. Der Staat der Schuld, die Trauerarbeit und die neue Internationale (1993). Aus dem Französischen von Susanne Lüdemann. Berlin 2014. S. 60.

17 역사학자 볼프강 쉬더는 독일은 지금 혁명 전야다, 라는 말이 1815년부터 1848년 3월 혁명까지의 기간에 독일에서 이주해 온 사람들이 입버릇처럼 하는 말이었다는 사실에 주목했다. Wolfgang Schieder: Karl Marx als Politiker. München 1991. S. 38.

18 Karl Marx: Zur Kritik der Hegelschen Rechtsphilosophie (1822). MEW, Band I. Berlin 1978. S. 385.

19 Karl Marx/Friedrich Engels: Manifest der Kommunistischen Partei (1848). MEW 4. Berlin 1990. S. 459 bis 493. Hier S. 468.

20 Karl Marx/Friedrich Engels: Manifest der Kommunistischen Partei (1848). MEW 4. Berlin 1990. S. 459 bis 493. Hier S. 465.

21 Karl Marx/Friedrich Engels: Manifest der Kommunistischen Partei (1848). MEW 4. Berlin 1990. S. 459 bis 493. Hier S. 473.

22 Karl Marx/Friedrich Engels: Manifest der Kommunistischen Partei (1848). MEW 4. Berlin 1990. S. 459 bis 493. Hier S. 479.

23 Karl Marx/Friedrich Engels: Manifest der Kommunistischen Partei (1848). MEW 4. Berlin 1990. S. 459 bis 493. Hier S. 479.

24 Eric Hobsbawm: Wie man die Welt verändert. Über Marx und den Marxismus. Aus dem Englischen von Thomas Atzert und Andreas Wirthensohn. München 2011. S. 127.

3장. 음모

1 Karl Marx/Friedrich Engels: Manifest der Kommunistischen Partei (1848). MEW 4. Berlin 1990. S. 474

2 Johann Gottlieb Fichte: Die Grundzüge des gegenwärtigen Zeitalters (1806). In: ders.: Schriften zur angewandten Philosophie. Werke. Band 2. S. 67 bis 328. Hier S. 81.

3 Karl Löwith: Weltgeschichte und Heilsgeschehen. Die theologischen Voraussetzungen der Geschitsphilosophie (1949). Stuttgart 2004. S. 44 ff.

4 Friedrich Schiller: "즐겨라, 믿을 수 없는 자여. / 교리는 / 이 세상과도 같이 영원하다. 믿을 수 있는 자여, 포기하라. / 세계사는 세상에 대한 심판이다." (Resignation. In: Friedrich Schiller: Sämtliche Werke. Band I. Gedichte. Berlin 2005. S. 156 bis 159. Hier 159.

5 Friedrich Schlegel: Athenäums−Fragment 112. In: ders.: Kritische Ausgabe. Band 2. München 1967. S. 176.

6 Karl Marx/Friedrich Engels: Manifest der Kommunistischen Partei (1848). MEW 4. Berlin 1990. S. 466. 역사의 객관적 아이러니는 '극히 저렴한 가격'의 상품이 이제부터는 중국에서 생산된다는 데 있다.

7 Karl Marx: Das Kapital. Dritter Band (1894). MEW 25. Berlin 1977. S. 265.

8   Friedrich Engels: Das Begräbnis von Karl Marx (1883). MEW 14. Berlin 1962. S. 335 bis 339. Hier S. 335.

9   이를테면 Augustin Barruel: Mémoires pour servir àl'histoire du Jacobinisme. London 1797/1798. 참조. 이 모의(謀議) 백과사전은 베스트셀러가 되어 여러 언어로 번역되었다. 프랑스어로 된 최종판은 1837년에 출판되었다.

10   Thomas Carlyle: "Latter—Day Pamphlets" (1850), zitiert in der "Neuen Rheinischen Zeitung" vom April 1850. MEW 7. Berlin 1960. S. 264.

11   Karl Marx: Die Klassenkämpfe in Frankreich 1848 bis 1850 (1850). MEW 7. Berlin 1960. S. 21.

12   William N. Goetzmann: Money Changes Everything. How Finance Made Civilization Possible. Princeton 2016. S. 408.

13   Francis Fukuyama: Das Ende der Geschichte. Wo stehen wir? Aus dem Amerikanischen von Helmut Dierlamm, Ute Mihr und Karlheinz Dürr. München 1992.

14   Jeremy Rifkin: Die Null—Grenzkosten—Gesellschaft. Aus dem Amerikanischen von Bernhard Schmid. Frankfurt 2014.

15   Paul Mason: PostKapitalismus. Grundrisse einer kommenden Ökonomie. Aus dem Englischen von Stephan Gebauer. Berlin 2016.

16   Karl Marx: Grundrisse der Kritik der politischen Ökonomie (1857/58). MEW 42. Berlin 1983. S.601.

4장. 돈

1   Gustave Flaubert: Die Erziehung des Herzens (1869). Geschichte einens jungen Mannes. Deutsch von E. A. Reinhardt. Zürich 1979. S. 184.

2   이에 관해서는 Jan Jacob: Ausschließlichkeitsrechte an immateriellen

Gütern. Tübingen 2010. S. 2 ff. 참조.

3   William Shakespeare: Timon von Athen (1607). Ⅳ-3. Zeile 34 bis 44. Übersetzt von Dorothea Tieck. In: William Shakespeare: Sämtliche Werke. Band Ⅳ. Berlin 2000. S. 966.

4   Christoph Türcke는 자신의 저서 『Mehr! Philosophie des Geldes』 (München 2015. S. 8)에서 희곡 「아테네의 타이먼」이 칼 마르크스에게 주는 의미를 분석했다. 이 책에서 밝힌 견해는 Türcke의 설명을 근거로 삼는다.

5   Karl Marx: Ökonomische-philosophische Manuskripe (1844). MEW 40. Berlin 1977. S. 564.

6   Johann Wolfgang Goethe: Faust. Erster Teil. In: ders.: Werke. Hanburger Ausgabe. Band 3. München 1996. S. 60.

7   Karl Marx: Das Kapital. Erster Band (1867). MEW 23. Berlin 1975. S. 146.

8   Eske Bockelmann: Im Takt des Geldes. Zur Genese modernen Denkens. Springe 2004. S. 227.

9   Karl Marx: Grundrisse der Kritik der politischen Ökonomie (1857/58). MEW 42. Berlin 2015. S.80.

10 Karl Marx: Das Kapital. Erster Band (1867). MEW 23. Berlin 1975. S. 50.

11 Karl Marx: Das Kapital. Erster Band (1867). MEW 23. Berlin 1975. S. 52.

12 Karl Marx: Das Kapital. Erster Band (1867). MEW 23. Berlin 1975. S. 56.

13 Karl Marx: Das Kapital. Erster Band (1867). MEW 23. Berlin 1975. S. 55.

14 이에 관해서는 「돈」 97쪽 이하 참조.

15 이 주장은 Gareth Stedman Jones가 쓴 칼 마르크스의 전기에서 마르크스의 이론에 맞서는 가장 중요한 객관적 반론으로 소개된다(Greatness and

Illusion. London 2016. S. 396 ff.). 이에 관해서는 다음을 참조하라. Patrick Eiden-Offe: Der alte Karl Marx. In: Mehrkur. Deutsche Zeitschrift für europäisches Denken. 71. Jahrgang, Juni 2017. S. 66 bis 75.

16 Karl Marx: Das Kapital. Erster Band (1867). MEW 23. Berlin 1975. S. 59.

17 Karl Marx: Das Kapital. Erster Band (1867). MEW 23. Berlin 1975. S. 124.

18 Karl Marx: Grundrisse der Kritik der politischen Ökonomie (1857/58). MEW 42. Berlin. 1983. S. 79.

19 Karl Marx: Das Kapital. Erster Band. MEW 23 (1867). Berlin 1975. S. 190.

20 Karl Marx: Ökonomische-philosophische Manuskripe (1844). MEW. Ergänzungsband, 1. Teil. Berlin 1977. S. 565.

21 Karl Marx: Das Kapital. Erster Band. MEW 23 (1867). Berlin 1975. S. 49.

5장. 더 많이

1 Franz Kafka: Fortsetzung der 『Forschungen eines Hundes』 im zwölften Tagebuchheft (September/Oktober 1922). In: ders.: Nachgelassene Schriften und Fragmente II. Kritische Ausgabe. Frankturt am Main 2002. S. 460 bis 482. Hier S. 465.

2 Burkhard Müller: Trost im Fell des Nahbarn. Zu Kafkas Tierparabeln. In: ders. Lufthunde. Potraits der deutschen literarischen Moderne. Springe 2008. S. 137 bis 169. Hier S. 153. Dort auch das folgende Zitat.

3 Karl Marx: Grundrisse der Kritik der politischen Ökonomie (1857/58). MEW 42. Berlin 2015. S. 404.

4   Georg Wilhelm Friedrich Hegel: Jenaer Realphilosophie (Ⅱ).
     Vorlesungsmanuskripte zur Philosophie der Natur und des Geistes von
     1805 – 1806. Hamburg 1967. S. 257.

5   Karl Marx: Das Kapital. Erster Band. MEW 23. Berlin 1975. S. 12.

6   Karl Marx: Grundrisse der Kritik der politischen Ökonomie (1857/58).
     MEW 42. Berlin. 2015. S. 164.

7   Christoph Türcke: Erregte Gesellschaft. Philosophie der Sensation.
     München 2002. S. 276.

8   Mathias Greffrath: Der Mehrwert der Geschichte. In: ders.: Re: Das
     Kapital. Politische Ökonomie im 21. Jahrhundert. München 2017. S. 12
     bis 27. Hier S. 14.

9   Sebastião Salgado: Workers – Arbeiter. Zur Archäologie des
     Industriezeitalters. Frankfurt am Main 1993.

10 Stephan Lessenich: Neben uns die Sinflut. Die Externalisierungsgesell-
     schaft und ihr Preis. Berlin 2015. S. 17.

11 Karl Marx: Grundrisse der Kritik der politischen Ökonomie (1857/58).
     MEW 42. Berlin. 2015. S. 148.

12 Walter Bejamin: Kapitalismus als Religion (Fragment, 1921). In: ders.:
     Gesammelte Schriften. Band Ⅵ. Frankfurt am Main 1991. S. 100 bis
     103.

13 Karl Marx: Ökonomisch – philosophische Manuskripte (1844). MEW
     Ergänzungsband 1. Teil, Berlin 1974. S. 564 f.

14 Jan – Otmar Hesse. Wirtschaftsgeschichte. Frankfurt am Main 2013. S.
     142.

15 William N. Goetzmann: Money Changes Everything. How Finance
     Made Civilization Possible. Princeton 2016. S. 3.

6장. 자본

1   Anna Kornbluh: On Marx's Victorian Novel. In: Meditations. 25.1. Winter 2001. S. 15 bis 38.

2   Karl Marx: Das Kapital. Dritter Band (1894). MEW 25. Berlin 1977. S. 822.

3   Karl Marx: Das Kapital. Dritter Band (1894). MEW 25. Berlin 1977. S. 363 f.

4   Karl Marx: Das Kapital. Erster Band. MEW 23. Berlin 1975. S.183.

5   Joseph Vogl: Das Gespenst des Kapitals. Zürich 2010. S. 80.

6   Karl Marx: Das Kapital. Dritter Band (1894). MEW 25. Berlin 1977. S. 484.

7   Émile Zola: Das Geld. Aus dem Französischen von Wolfgang Gpnther. München 1977. s. 321.

8   Karl Marx: Das Kapital. Dritter Band (1894). MEW 25. Berlin 1977. S. 457.

9   Walter Benjamin: Das Passagen-Werk. In: ders.: Gesammelte Schriften. Band V.1. Frankfurt am Main 1991. S. 177.

10 Karl Marx: Das Kapital. Dritter Band (1894). MEW 25. Berlin 1977. S. 486

11 David Graeber: Schulden. Die ersten fünftausend Jahre. Aus dem Amerikanischen von Ursel Schäfer, Hans Freundl und Stephan Gebauer. Stuttgart 20121.

12 Joseph Vogl: Die voranlaufende Verpfändung der Zeit. In: Süddeutsche Zeitung. 17. Oktober 2009.

13 Karl Marx: Das Kapital. Dritter Band (1894). MEW 25. Berlin 1977. S. 457.

14 Deutsche Bundesbank: Geldpolitische Aufgaben und Instrumente. Nr.

7. Frankfurt am Main 1993. S. 4 f.

7장. 소유

1 Karl Marx/Friedrich Engels: Manifest der Kommunistischen Partei (1848). MEW 4. Berlin 1990. S. 477

2 Karl Marx/Friedrich Engels: Die deutsche Ideologie (1845/46). MEW 3. Berlin 1978. S. 338.

3 Karl Marx: Ökonomisch–philosophische Manuskripte (1844). MEW 40. Berlin 1990. S. 510.

4 이에 관해서는 Peter Termin: Raman Market Economy. Princeton 2012 참조.

5 Harald Hasbauer: Eigentum und Person. Begriff, Notwendigkeit und Folgen bürgerlicher Subjektivierung. Münster 2016. S. 12.

6 Erich Fromm: Haben und Sein. Stuttgart 1976 참조.

7 Zit. nach Manfred Riedel: Herrschaft und Gesellschaft. In: ders. : Metaphysik und Metapolitik. Studien zu Aristoteles und zur politischen Sprache der neuzeitlichen Philosophie. Frankfurt am Main 1975. S. 254 bis 280. Hier S. 274.

8 이에 관해서는 Michael Landy: Break Down Inventorz. London 1999 참조.

9 이에 관해서는 Christopher Pierson: Just Property. Volume Two. Inlightenment, Revolution, and History. Oxford 2017. S. 205 ff. 참조.

10 Jean–Jacques Rousseau: Vom Gesellschaftsvertrag oder Grundsätze des Staatsrechts (1872). Stuttgart 1977. S. 47 f.

11 Karl Marx: Grundrisse der Kritik der politischen Ökonomie (1857/58). MEW 42. Berlin. 2015. S. 399.

12 Harald Hasbauer: Eigentum und Person. Begriff, Notwendigkeit und Folgen bürgerlicher Subjektivierung. Münster 2010. S. 185.

13 Max Stirner: Der Einzige und sein Eigentum. (1844). Freiburg/München 2016. S. 172.

14 Max Stirner: Der Einzige und sein Eigentum. (1844). Freiburg/München 2016. S. 370.

15 Max Stirner: Der Einzige und sein Eigentum. (1844). Freiburg/München 2016. S. 13.

16 Burkhard Müller: Das kann nicht alles meine Sache sein. In: Süddeutsche Zeitung. 25. Juni 1012.

17 Andreas Arndt: Karl Marx. Versuch über den Zusammenhang seiner Theorie (1985). Berlin 2012 S. 50.

18 Karl Marx: Das Kapital. Erster Band (1867). MEW 23. Berlin 1975. S. 610.

19 Karl Marx: Das Kapital. Erster Band (1867). MEW 23. Berlin 1975. S. 789.

20 Karl Marx: Das Kapital. Erster Band (1867). MEW 23. Berlin 1975. S. 664.

21 Georg Wilhelm Freidrich Hegel: Enzyklopädie der philosophischen Wissenschaften III (1817). Theorie Werkausgabe. Frankfurt am Main 1970. § 486. S. 304 f.

22 Karl Marx: Ökonomisch-philosophische Manuskripte (1844). MEW 40. Berlin 2012. S. 540.

23 이에 관해, 그리고 사치와 허세의 구별에 관해서는 Lambert Wiesing: Luxus. Berlin 2015. S. 176 ff. 참조.

8장. 언어

1   Karl Marx: Das Kapital. Erster Band (1867). MEW 23. Berlin 1975. S. 247.

2   Karl Marx: Das Kapital. Erster Band (1867). MEW 23. Berlin 1975. S. 319 f.

3   Karl Marx: Der achtzehnte Brumaire des Louis Napoleon Bonaparte (1852). MEW 8. Berlin 2009. S. 201.

4   Franz Mehring: Karl Marx. Geschichte seines Lebens (1918). Essen 2001. S. 230.

5   Fanco Moretti: The Dialectic of Fear. In: New Left Review. 136 (Nov./ Dez. 1982). S. 67 bis 85. Hier S. 85.

6   다음은 마르크스의 저서 중 뱀파이어를 직접 또는 간접적으로 언급한 부분을 모은 글이다: Mark Neocleous: "The Political Economy of the Dead: Marx's Vampires". In: History of Political Thoughts. Vol. ⅩⅩⅣ. No. 4. Winter 2003. S. 668 bis 684.

7   Kristin Ross: Communal Luxury. The Political Imaginary of the Paris Commune. London/New York 2015. S. 18.

8   Voltaire: Dictionnaire philosophique ou La Raison par alphabet. Paris 1878. S. 549.

9   Karl Heinz Bohrer: Jetzt. Geschichte meines Abenteuers mit der Phantasie. Berlin 2017. S. 130.

10   Karl Marx: Ökonomisch－philosophische Manuskripte (1844). MEW 40. Berlin 2012. S. 420.

11   이에 관해서는 다음 참조: Georg Ahrweiler: Basis－Überbau－Verhältnisse. In: Hans Jörg Sandkühler (Hrsg.): Europäische Enzyklopädie zu Philosophie und Wissenschaften. Band 1. Hamburg 1990.

12 Karl Marx: Das Kapital. Dritter Band. MEW 25. Berlin 1977. S. 838.

13 Karl Marx: Das Kapital. Erster Band. MEW 23. Berlin 1975. S. 99 f.

14 Alexander Demandt: Metapher für Geschichte. Sprachbilder und Gleichnisse im historisch – politischen Denken. München 1978.

15 이에 관해서는 Wolfert von Rahden: Revolution und Evolution. In: Forum interdisziplinäre Begriffsgeschichte 1, 2012. 참조. 이 논문은 베를린 문학문화연구센터 홈페이지에서 다운로드 할 수 있음.

16 Robert Paul Wolff: Moneybags Must Be so Lucky. On the Literary Structure of Capital. Amherst 1988. S. 41.

17 Karl Marx/Friedrich Engels: Manifest der Kommunistischen Partei (1848). MEW 4. Berlin 1990. S. 465.

18 Karl Marx: Grundrisse der Kritik der politischen Ökonomie (1857/58). MEW 42. Berlin. 2015. S. 45.

19 Karl Marx/Friedrich Engels: Manifest der Kommunistischen Partei (1848). MEW 4. Berlin 1990. S. 465.

20 Karl Marx: Der achtzehnte Brumaire des Louis Bonaparte (1852). MEW 8. Berlin 1960. S. 115.

21 Georg Wilhelm Friedrich Hegel: Vorlesungen über die Philosophie der Geschichte (1822 bis 1831). Theorie Werkausgabe. Band . Frankfurt am Main 1980. S. 380.

22 Roland Barthes: L'effet de réel. In: Communications, no. 11, 1968. Seite 84 bis 89. 이에 관해서는 Roland Barthes: Die Vorbereitung des Romans. Berlin 2008. 참조.

23 Karl Marx: Deutsche Ideologie (1845/46). MEW 3. Berlin 1978. S. 33

24 Karl Marx: Das Kapital. Erster Band (1867). MEW 23. Berlin 1975. S. 91.

25 Karl Marx: Das Kapital. Erster Band (1867). MEW 23. Berlin 1975. S. 167.

26 Jeanette Ehrmann: Working Dead, Walking Debt. Der Zombie als Metapher der Kapitalismuskritik. In: Zeitschrift für Kulturwissenschaften 1/2014.

27 David McNally: Monsters of the Market. Zombies, Vampires, and Global Civilization. Toronto 2012.

9장. 노동

1 Friedrich Schiller: Über naive und sentimentalische Dichtung (1795). In: ders.: Theoretische Schriften. Farnkfurter Ausgabe. Band 8. Frankfurt am Main 1992. S. 706 bis 810. Hier S. 796.

2 Karl Marx: Das Kapital. Erster Band (1867). MEW 23. Berlin 1975. S. 604.

3 이에 관해서는 다음을 참조하라. Klaus Türk: Bilder der Arbeit. Eine ikonografische Anthrologie. Opladen 2000.

4 Karl Marx: Grundrisse der Kritik der politischen Ökonomie (1857/58). MEW 42. Berlin 2015. S. 39.

5 Franco Moretti: Der Bourgeois. Eine Schlüsselfigur der Moderne. Aus dem Amerikanischen von Frank Jakubzik. Berlin 2014. S.51.

6 Johann Wolfgang Goethe: Wilhelm Meisters Lehrjahre. In: ders.: Werke. Hamburger Ausgabe. Band 8. München 1989. S. 282.

7 2. Thessalonicher 3, 10.

8 이를테면 사회민주당 소속 노동부 장관 프란츠 뮌테페링이 2006년 5월 9일에 열린 자당의 연방의회계파 모임에서 그렇게 인용했다.

9 Karl Marx: Das Kapital. Erster Band (1867). MEW 23. Berlin 1975. S. 509.

10 Karl Marx: Das Kapital. Erster Band (1867). MEW 23. Berlin 1975. S.

715.

11 Karl Marx: Grundrisse der Kritik der politischen Ökonomie (1857/58). MEW 42. Berlin 2015. S. 601.

12 Karl Marx: Grundrisse der Kritik der politischen Ökonomie (1857/58). MEW 42. Berlin 2015. S. 601.

13 Karl Marx: Kritik des Gothaer Programms (1875). MEW 19. Berlin 1978. S. 15.

14 Joseph Vogl: Kalkül und Leidenschaft. Poetik des ökonomischen Menschen. Zürich/Berlin 2008. S. 348.

15 Joseph Vogl: Fausts Arbeit. In: Ulrich Bröckling/Eva Horn (Hrsg.): Anthropologie der Arbeit. Tübingen 2002. S. 17 bis 34. Hier S. 30.

16 Karl Marx: Das Kapital. Dritter Band. (1894) MEW 25. Berlin 1977. S. 828.

17 Dedier Eribon: Rückkehr nach Reims. Aus dem Französischen von Tobials Haberkorn. Berlin 2016. S. 17.

18 Dedier Eribon: Rückkehr nach Reims. Aus dem Französischen von Tobials Haberkorn. Berlin 2016. S. 78.

19 Ulrich Bröckling: Das unternehmerische Selbst. Soziologie einer Vergesellschaftungsform. Berlin 2007. S. 48.

20 미국에서 신용카드가 갖는 의미 및 현대의 룸펜프롤레타리아와 신용카드의 관계에 관해서는 다음을 참조하라. J. D. Vance: Hillbilly Elegy. A Memoir of a Family and Culture in Crisis. New York 2016.

21 Karl Marx/Friedrich Engels: Manifest der Kommunistischen Partei (1848). MEW 4. Berlin 1990. S. 472.

22 Karl Marx: Das Kapital. Erster Band (1867). MEW 23. Berlin 1975. S. 454.

23 이에 관해서는 다음을 참조하라. Oliver Nachtwey: Abstiegsgesellschaft. Über das Aufbegehren in der regressiven Moderne. Berlin 2016.

24 Karl Marx: Grundrisse der Kritik der politischen Ökonomie (1857/58). MEW 42. Berlin 2015. S. 593.

25 「더 많이」중 특히 「희망과 세상의 멸망」을 참조하라.

26 Karl Marx: Theorien über den Mehrwert (1862/63). MEW 26.1. Berlin 1965. S. 385f. Dort auch die folgenden Zitate.

10장. 평등

1 Wolfgang Streeck: Wie wird der Kapitalismus enden? Teil I . In: Blätter für deutsche und internationale Politik. Heft 3/2015. S. 99 bis 111. Hier S. 100.

2 Andreas Tönnesmann: Monopoly. Das Spiel, die Stadt und das Glück. Berlin 2011.

3 Karl Marx: Exzerpte und Notizen Juli 1845 bis Dezember 1850. Manchester—Hefte 1845. Heft 6. MEGA IV/5. Berlin 2015. S. 5ff.

4 Karl Marx/Friedrich Engels: Manifest der Kommunistischen Partei. MEW 4. Berlin 1990. S. 100.

5 Kar. Marx: Das Elend der Philosophie (1847). MEW 4. Berlin 1990. S. 105.

6 „Freiheit und Gleichheit in der Zirkulation können nicht mehr versprechen als Ausbeutung in der Produktion.『Andreas Arndt: Karl Marx. Versuch über den Zusammenhang seiner Theorie (1985). Berlin 2012. S. 78.

7 Karl Marx/Friedrich Engels: Manifest der Kommunistischen Partei (1849). MEW 4. Berlin 1990. S. 476.

8 Karl Marx: Das Kapital. Erster Band (1867). MEW 23. Berlin 1975. S. 73 f.

9 Karl Marx: Grundrisse der Kritik der politischen Ökonomie (1857/58).
   MEW 42. Berlin 2015. S. 153.

10 Karl Marx: Grundrisse der Kritik der politischen Ökonomie (1857/58).
   MEW 42. Berlin 2015. S. 160.

11 Karl Marx: Grundrisse der Kritik der politischen Ökonomie (1857/58).
   MEW 42. Berlin 2015. S. 155 f.

12 Karl Marx: Kritik des Gothaer Programms (1875). MEW 19. Berlin 1978.
   S. 20 f.

13 이에 관해서는 다음을 참조하라. Artur Greive: Die Entstehung der franzö-
   sischen Revolutionsparole Liberté. Égalité, Fraternité. In: Deutsche Vi-
   erteljahresschrift für Literaturwissenschaft und Geistesgeschichte. Band
   43 (1969). S. 726 vis 751.

14 Karl Marx: Ökonomisch-philosophische Manuskripte (1844). MEW
   40. Berlin 2012. S. 460

15 Arno J. Mayer, Adelsmacht und Bürgertum. Die Krise der europäischen
   Gesellschaft, 1848 - 1914. München 1988. S. 104 ff.

16 Helmut Schelsky: Auf der Suche nach der Wirklichkeit. Düsseldorf/
   Köln 1965. 참조.

17 Thomas Piketty: Das Kapital im 21. Jahrhundert (2013). Aus dem
   Französischen von Ilse Utz und Stefan Lorentzer. München 2014.

18 Friedrich Schiller: An die Freude (1785). In: ders.: Gedichte. Sämtliche
   Werke. Band 1. Berlin 2005. S. 168 ff.

19 이에 관해서는 다음을 참조하라. Dieter Hildebrandt: Die Neunte. Schiller,
   Beethoven und die Geschichte eines musikalischen Welterfolgs.
   München 2005. S. 311 ff.

11장. 위기

1 Georg Simmel: Philosophie des Geldes (1900). In: ders.: Gesamtausgabe. Band 6. Frankfurt am Main 1989. S. 591 f.

2 Paul Krugman: 「Berating the Raters「. In: New York Times. 26. April 2010.

3 Paul Krugman: 「Berating the Raters「. In: New York Times. 26. April 2010.

4 Joseph Vogl: Funktionale Differenzierung. In: POP. Kultur und Kritik. Heft 3, Herbst 2013. S. 10 bis 16.

5 Georg Simmel: Philosopie des Geldes (1900). In: ders.: Gesamtausgabe. Band 6. Frankfurt am Main 1989. S. 669.

6 Franco Moretti는 자신이 쓴 문학사 「Der Bourgeois. Eine Schlüsselfigur der Moderne」(Berlin 2014)에서 이러한 차이점을 간과했거나 무시했다.

7 Karl Marx: Das Kapital. Dritter Band. (1894) MEW 25. Berlin 2015. S. 501.

8 Karl Marx: Das Kapital. Dritter Band. (1894) MEW 25. Berlin 2015. S. 476.

9 Ulrich Schulte: Herrschaftszeiten. Geschichte von Herrn Keiner. Essen 2012. S. 20.

10 Max Weber: Börsenwesen (1895). Schriften und Reden 1893−1898. Hrsg. von Knut Borchardt. In: Gesamtausgabe. Abt 1, Bd. 5/1. Herausgegeben von Horst Baier et al. Tübingen 1999. S. 140.

11 Donald McKenzie: An Engine, Not a Camera. How Financial Models Shape Markets. Cambridge/MA 2006. S. 145 ff.

12 Karl Marx: Das Kapital. Erster Band (1867). MEW 23. Berlin 1975. S. 285.

13 Karl Marx: Das Kapital. Dritter Band. (1894) MEW 25. Berlin 1977. S.

221 f.

14 Bernard Stiegler: Arbeit und Zeit der Beschäftigung. In: Daniel Tyradellis/Nicola Lepp: Sinn, Areit und Sorge. Zürich und Berlin 2009. S. 43 bis 65. Hier S. 47.

15 Paul Mason: Postkapitalismus. Grundrisse einer kommenden Ökonomie. Aus dem Englischen von Stephan Gebauer. Berlin 2016. S. 280.

16 Michael Betancourt: The Critique of digital Capitalism. An Analysis of the Political Economy of Digital Culture and Technology. New York 2015. S. 33

17 Christoph Türcke: Erregte Gesellschaft. Philosophie der Sensation. München 2010. S. 8f.

18 Ulrich Beck: Risikogesellschaft. Auf dem Weg in eine andere Moderne. Frankfurt am Main 1986.

19 Karl Marx/Friedrich Engels: Manifest der Kommunistischen Partei (1848). MEW 4. Berlin 1990. S. 465.

20 Karl Marx/Friedrich Engels: Die Deutsche Ideologie (1845/46). MEW 3. Berlin 1978. S. 37.

12장. 혁명

1 Karl Marx: Der achtzehnte Brumaire des Louis Bonaparte (1852). MEW 8. Berlin 2009. S. 119

2 Karl Marx/Friedrich Engels: Die Deutsche Ideologie (1845/46). MEW 3. Berlin 1978. S. 70.

3 Hannah Arendt: über die Revolution (1988). München, 2013. S. 19.

4 Ernst Schulin: Die französische Revolution (1988). München, 2013. S.

19.

5 Heinz Dieter Kittsteiner: Ist das Zeitalter der Revolutionen beendet? In: Rüdiger Bubner und Walter Mesch (Hrsg.): Die Weltgeschichte – das Weltgericht? Stuttgarter Hegelkongreß 1999. Stuttgart 2001. S. 436.

6 J. H. Campe: Briefe aus Paris zur Zeit der Revolution geschrieben. Hildesheim 1977. S. 93. 그 밖에 Christoph Türcke: Erregte Gesellschaft. Philosophie der Sensation. München 2002. S. 110 ff.도 참조하라. 여기에 서술된 내용은 Christoph Türcke의 서술을 따른 것이다.

7 Karl Marx: Das Kapital. Erster Band (1867). MEW 23. Berlin 1975. S. 791.

8 Gustave Flaubert: Die Erziehung des Herzens (1869). Aus dem Französichen von E. A. Reinhardt. Zürich 1979. S. 389.

9 Gustave Flaubert: Die Erziehung des Herzens (1869). Aus dem Französichen von E. A. Reinhardt. Zürich 1979. S. 389.

10 Gustave Flaubert: Die Erziehung des Herzens (1869). Aus dem Französichen von E. A. Reinhardt. Zürich 1979. S. 398.

11 Gustave Flaubert: Die Erziehung des Herzens (1869). Aus dem Französichen von E. A. Reinhardt. Zürich 1979. S. 397.

12 Christoph Türcke: Erregte Gesellschaft. Philosophie der Sensation. München 2002. S. 113.

13 이에 관해서는 다음을 참조하라. Andrew Bowie: Marx, Flaubert and 1848: History and Literature/Literature and History. In. Ideas and Poduction, Band 2. Cambridge 1984. S. 45 bis 62.

14 Gustave Flaubert: Die Erziehung des Herzens (1869). Aus dem Französichen von E. A. Reinhardt. Zürich 1979. S. 409.

15 「언어」p. 191 참조.

16 Edmund Wison: The Politics of Flaubert (1948). In: ders.: Triple Thinkers. In ders.: Literary Essays and Reviews of the 1930s & 40s New

York 2007. S. 75 bis 89. Hier S. 81.

17 Karl Marx: Der achtzehnte Brumaire des Louis Bonaparte (1852). MEW 8. Berlin 1990. S. 123.

18 Karl Marx: Der achtzehnte Brumaire des Louis Bonaparte (1852). MEW 8. Berlin 2009. S. 192.

19 Edmund Wilson은 자신의 논문 「The Politics of Flaubert」에서 혁명의 변질을 지적했다.

20 Gustave Flaubert: Die Erziehung des Herzens (1869). Aus dem Französichen von E. A. Reinhardt. Zürich 1979. S. 393.

21 Burkhard Müller: Und dann hilft sie hicht. Kein Begriff macht uns so verlegen wie ·dieser: Revolution. In: Süddeutsche Zeitung, 7. November 2008. 이 단락은 이 기사의 주장을 바탕으로 썼다.

22 Karl Marx: Das Kapital. Erster Band (1867). MEW 23. Berlin 1975. S. 673.

23 Karl Marx: Kritik des Gothaer Programms (1875). MEW 19. Berlin 1978. S. 20 f.

24 Burkhard Müller: Und dann hilft sie hicht. Kein Begriff macht uns so verlegen wie dieser: Revolution. In: Süddeutsche Zeitung, 7. November 2008.

25 Karl Marx: Klassenkämpfe in Frankreich. MEW 7. Berlin 1970. S. 98.

26 Unsichtbares Komitee: Der kommende Aufstand. Hamburg 2010.

27 Walter Benjamin, aus den Notizen und Vorarbeiten zu den Thesen 'Über den Begriff der Geschichte' GS I /3. S. 1232. 벤야민은 Karl Marx: Die Klassenkämpfe in Frankreich 1848 bis 1850을 참고했다.

28 Karl Marx: Rede über den Haager Kongreß. 15. September 1872. MEW 18. Berlin 1973. S. 160.

29 Karl Marx: Bürgerkrieg in Frankreich (1871). MEW 17. Berlin 1962. S.541 f.

30 Karl Marx: Das Kapital. Erster Band (1867). MEW 23. Berlin 1975. S. 15.

31 이에 관해서는 Gareth Stedman Jones: Karl Marx. Greatness and Illusion. London 2016. S. 466 f. 참조.

32 Karl Marx: Rede auf dem Polenmeeting (1867). MEW 16. Berlin 1975. S. 204

33 Karl Marx: Das Kapital. Dritter Band. (1894) MEW 25. S. 454.

34 '이중의 마르크스'에 대해서는 Robert Kurz: Marx lesen. Die wichtigsten Texte von Karl Marx für das 21. Jahrhundert. Frankfurt 2000. S. 23 ff. 참조.

13장. 학문

1 Gareth Stedman Jones: Karl Marx. Greatness and Illusion. London 2016. S. 302.

2 이에 관해서는 다음을 참조하라. Wolfgang Schieder: Karl Marx als Politiker. München 1991. S. 74 ff.

3 이에 관해서는 다음을 참조하다. Andreas Arndt: Karl Marx. Versuch über den Zusammenhang seiner Theorie (1985). Berlin 2012. S. 73.

4 Karl Marx: Der achtzehnte Brumaire des Louis Bonaparte (1852). MEW 8. Berlin 2009. S. 182.

5 Virginia Woolf: Jacobs Zimmer (1922). Deutsch von Heidi Zerning. Farnkfurt am Main 1998. S. 110.

6 Brief an Joseph Weydemeyer vom 27. Juni 1851. In: MEGA Ⅲ/4. Berlin 1984. S. 137.

7 Über die Arbeitsmethode von Karl Marx. In: Karl Marx. Eine Sammlung von Erinnerungen und Aufsätzen. Berlin 1947. S. 109 ff.

8   Karl Marx: Der achtzehnte Brumaire des Louis Bonaparte (1852). MEW
    8. Berlin 2009. S. 196.

9   Philipp Theisohn: Literarisches Eigentum. Zur Ethik geistiger Arbeit im
    digitalen Zeitalter. Stuttgart 2012. S. 110.

10 Marjorie Caygill: The British Museum Feading Room. London 2000. S.
    29.

11 Eske Bockelmann: Im Takt des Geldes. Zur Genese modernen
    Denkens. Springe 2004. S. 277.

12 Karl Marx: Das Kapital. Dritter Band. (1894) MEW 25. Berlin 1977. S.
    825.

13 Karl Marx/Friedrich Engels: Die Deutsche Ideologie (1845/46). MEW 3.
    Berlin 1978. S. 18.

14 Karl Marx/Friedrich Engels: Manifest der Kommunistischen Partei
    (1848). MEW 4. Berlin 1990. S. 466.

15 Karl Marx: Zur Kritik der politischen Ökonomie. Vorwort (1859). MEW
    13. Berlin 1974. S. 10.

16 Karl Marx an Ferdinand Lassalle, 8. Mai 1861. In: MEGA, Ⅲ/11. Berlin
    2005. S. 463.

17 Karl Marx: Revue 1850 (Neue Rheinische Zeitung). MEW 7. Berlin
    1973. S. 431.

18 Karl Marx: Das Kapital. Erster Band (1867). MEW 23. Berlin 1975. S.
    677 f.

19 MEGA Ⅳ/9. Berlin 1991. S. 276에서 확인 가능.

20 MEGA Ⅰ/11. Berlin 1985. S. 97에서 확인 가능.

21 Karl Marx: Zur Kritik der Hegelschen Rechtsphilosophie (1843/44).
    MEW 1. Berlin 1976. S. 267.

22 Jonathan Sperber: Karl Marx. Sein Leben und sein Jahrhundert. Aus
    dem Englischen von Thomas Atzert, Friedrich Griese und Karl Heinz

Siber. München 2013. S. 77.

23 Goethe aus näherm persönlichen Umgang dargestellt. Ein nachgelassenes Werk von Johannes Falk, Leipzig 1832. S. 91 f.

24 Karl Marx/Friedrich Engels: Briefwechsel Oktober 1864 bis Dezember 1867. MEW 31. Berlin 1965. S. 542.

25 Jürgen Kaube는 자신이 쓴 Max Weber 전기에서, Weber는 '교육혁명'의 시대에 성장했다고 말하고, 그 시대에는 학자들이 어마어마한 특권을 누렸다는 사실을 지적했다. 이 시기는 바로 독일 출신 칼 마르크스가 런던에서 프리랜서 학자로 활동하던 시기다. (Jürgen Kaube: Max Weber. Ein Leben zwischen den Epochen. Berlin 2014. S. 22).

26 Magnus Klaue: Verschenkte Gelegenheiten. Freiburg. 2014. S. 7.

27 Karl Marx: Das Kapital. Erster Band (1867). MEW 23. Berlin 1975. S. 15.

28 Ralph Colp Jr.: The Contacts Between Karl Marx und Charles Darwin. In: Journal of the History of Ideas, vol. 35, No. 2 (Apr. - June, 1974). S. 329 - 338.

29 Friedrich Engels: Entwurf zur Grabrede für Karl Marx (1883). MEW 19. Berlin 1978. S. 333.

30 Guy Debord: die Gesellschaft des Spektakels (1967). Aus dem Französischen von Jean-Jacques Raspaud. Berlin 1996. S. 69.

14장. 신문

1 Brief von Karl Marx an Arnold Ruge. 25. Januar 1843. MEW 27. Berlin 1963. S. 414.

2 Brief von Karl Marx an Adolf Cluß. 15. September 1853. MEGA Ⅲ/7. Berlin 1989. S. 11 f.

3   Brief von Karl Marx an Arnold Ruge. 30. November 1842. MEW 27.
    Berlin 1963. S. 412.

4   Brief von Karl Marx an Arnold Ruge. 30. November 1842. MEW 27.
    Berlin 1963. S. 412.

5   Heinrich Heine: Ludwig Börne. Eine Denkschrift (1840). In: ders.:
    Gesamtausgabe. Band 11. Hamburg 1978. Seite 48 bis 53. Hier s. 48.

6   Lothar Müller: Weiße Magie. Die Epoche des Papiers. München. 2012. S.
    274 ff.

7   Lothar Müller/Thomas Steinfeld: Die Zukunft der Zeitung. In: Merkur.
    Deutsche Zeitschrift für europäisches Denken. Heft 12. 67. Jahrgang.
    Dezember 2013. S. 1091 bis S. 1103. Hier S. 1091. Dort auch das
    Folgende.

8   Karl Marx: Die Verhandlungen des 6. Rheinischen Landtags (1842).
    MEGA 1/1. Berlin 1961. S. 153.

9   Régis Debray: Socialism: A Life Cycle. In: New Left Review. Jahrgang
    46 (Juli/August 2007). S. 1 bis 13.

10 Georg Wilhelm Friedrich Hegel. Aphorismen der Jenenser Zeit. In:
    ders.: Theorie Werkausgabe, Frankfurt am Main 1970. Band 2. S. 547.

11 Karl Marx: Prospekt zur Neuen Rheinischen Zeitung/Politisch –
    Ökonomische Revue 1850. In: MEGA Ⅰ/10. Berlin 1977. S. 17.

12 Francis Wheen: Foreword. In: Karl Marx. Dispatches for the New York
    Tribune. Selected Journalism of Karl Marx. London 2007. S. ⅩⅨ.

13 Gareth Stedman Jones: Karl Marx. Greatness and Illusion. London
    2016. S. 361.

14 Erster Presseprozeß gegen die Neue Rheinische Zeitung(1849). Marx'
    Verteidigungsrede. MEW 6. Berlin 1961. S. 231.

15 Heinrich Heine: Französische Zustände. Vorrede (1833). Werke. Band
    Ⅳ. Berlin/Weimar 1981. S. 12 f.

16 Karl Marx an Heinrich Heine. Ende Januar 1845. MEGA Ⅲ/1. Berlin 1975. S. 264.

17 Karl Marx an Friedrich Engels. 17. Januar 1855. MEGA Ⅲ/7. Berlin 1989.

18 Friedrich Engels: Artikel für The New Moral World. 13. Dezember 1844. MEW 2. Berlin 1972. S. 512.

20 Heinrich Heine: Werke und Briefe. Band 7. Berlin 1962. S. 489 f.

21 Heinrich Heine: Lutetia. Sämtliche Schriften. Herausgegeben von Klaus Briegleb. Bd. 5. S. 231 ff.

22 Heinrich Heine: Traum und Leben (1822). In: ders.: Sämtliche Werke. Band 2. Leipzig 1887 bis 1890. s. 65.

23 Manfred Schneider: die kranke schöne Seele der Revolution Heine, Börne, das Junge Deutschland, Marx und Engels. Frankfurt am Main 1980. S. 86.

24 Karl Marx: Das Kapital. Erster Band. MEW 23 (1867). Berlin 1975. S. 637. 이에 관해서는 다음 참조. Klaus Briegleb: Opfer Heine? Versuche über die Schriftzüge der Revolution. Frankfurt am Main 1986. S. 76.

15장. 주물신

1 Johann Wolfgang Goethe: Gespräch mit Friedrich Wilhelm Riemer vom 16. Januar 1810. In: Goethes Gespräche. Band 2. Leipzig 1909 bis 1911. S. 64. 해당 문장은 지폐 도입과 관련하여 한 말이다.

2 Georg Wilhelm Friedrich Hegel: Vorlesungen über die Geschichte der Philosophie. Theorie Werkausgabe. Band 20. Frankfurt 1986. S. 331.

3 Gustave Flaubert: Madame Bovary. In: ders.: Œuvres. Tome 1. Paris 1951. S. 269 bis 583. Hier S. 477.

4 Wolfgang Scheppe: Supermarket of the Dead. Brandopfer in China und der Kult des globalisierten Konsums. Band 2 Köln 2015 S. 10.

5 Karl Marx: Das Kapital. Erster Band. (1867) MEW 23. Köln 1975. S. 85.

6 Karl Marx: Das Kapital. Erster Band. (1867) MEW 23. Köln 1975. S. 86.

7 Karl Marx/Friedrich Engels: Manifest der Kommunistischen Partei (1848). MEW 4. Berlin 1990. S. 464 f.

8 Karl Marx: Das Kapital. Erster Band. (1867) MEW 23. Köln 1975. S. 86.

9 Karl Marx: Das Kapital. Erster Band. (1867) MEW 23. Köln 1975. S. 86.

10 Karl Marx: Revue 1850 (Neue Rheinische Zeitung). MEW 7. Berlin 1973. S. 431.

11 이 구별은 Christoph Türcke가 자신의 저서 『Erregte Gesellschaft. Philosophie der Sensation.』(München 2002. S. 204 ff.)에서 한 것이다. 본고에서도 이 구별을 따른다.

12 이에 관해서는 다음 참조. MEGA Ⅳ/1. Berlin 1976. S. 320 bis 329.

13 Georg Wilhelm Friedrich Hegel: Vorlesungen über die Philosophie der Geschichte (1822 bis 1837). In: ders.: Theorie Werkausgabe. Band12. Frankfurt am Main 1970. S. 120 ff.

14 Richard Wagner: Die Kunst und die Revolution (1849). In: ders.: Dichtungen und Schriften. Band 5. Frankfurt am Main 1983. S. 273 bis 311. Hier s. 301.

15 Christoph Türcke: Erregte Gesellschaft. Philosophie der Sensation. München 2002. S. 221.

16 Karl Marx: Das Kapital. Erster Band. (1867) MEW 23. Köln 1975. S. 87.

17 Giorgio Agamben: Stanzen. Wort und Phantasma in der abendländischen Kultur. Aus dem Italienischen von Eva Zwischenbrugger. Zürich 2005/2012. S. 58.

18 Zit. nach: A Day in Eighteenth Century London. In: The Norton Anthology of Englisch Literature. Verfügbar über die Homepage der

Anthologie im digitalen Netz.

19 Wolfgang Scheppe: Die Logik des Regens. Dresden 2014. S. 4.

20 Charles Baudelaire: Die Fenster. In: ders.: Gedichte in Prosa. Sämtliche Werke. Band 7 und 8. Aus dem Französischen von Friedhelm Kemp. München 1992. S. 257.

21 Walter Benjamin: Einbahnstraße. In: ders.: Werke und Nachlaß. Kritische Gesamtausgabe. Band 8. Frankfurt am Main 2008. S. 59 f.

22 Giorgio Agmben: Stanzen. Aus dem Italienischen von Eva Zwischenbrugger. Zürich 2005/2012. S. 65.

23 Georg Simmel: Berliner Gewerbe – Ausstellung. In: ders.: Soziologische Ästhetik. Herausgegeben von Klaus Lichtblau. Wiesbaden 2009. S. 61 bis 66. Hier S. 64.

24 Heinz Dieter Kittsteiner: Weltgeist Weltmarkt Weltgericht. München 2008. S. 171.

25 Honoréde Balzac: Tödliche Wünsche (1831). Aus dem Französichen von E. A. Reinhardt. Reinbek bei Hamburg 1953. S. 184.

26 이에 관해 그리고 그 아래 이어지는 내용에 관해서는 다음을 참조하라. Wolfgang Scheppe: Supermarket of the Dead. Brandopfer in China und der Kult des globalisierten Konsums. Band 2. Essays. Köln 2015. S. 62 ff.

27 Andreas Dorschel: Gestaltung – Zur Asthetik des Brauchbaren. Heidelberg 2003. S. 132.

28 Karl Marx: Das Kapital. Erster Band. (1867) MEW 23. Köln 1975. S. 86.

29 W. J. Thomas Mitchell: Iconology: Image, Text, Ideology. Chicago/London 1987. S. 193.

30 Oliver Nachtwey: Abstiegsgesellschaft. Über das Aufbegehren in der regressiven Moderne. Berlin 2016. S. 108.

31 Martin Warnke: Hofkünstler. Zur Borgeschichte des modernen

Künstlers. Köln 1996. S. 120.

32 '예술가 비평'에 관해서는 다음을 참조하라. Luc Boltanski/Ève Chiapello: Der neue Geist des Kapitalismus (1990). Aus dem Französischen von Michael Tillmann. Konstanz 2013. S. 82 ff.

33 Nikolas Rose: Governing Enterprising Individuals. In: ders.: Investing Ourselves. Psychology, Power, and Personhood. Cambridge 1996. S. 150 bis 168.

34 Andreas Reckwitz: Die Erfindung der Kreativität. Zum Prozess gesellschaftlicher Ästhetisierung. Berlin 2012. S. 89.

35 Andreas Reckwitz: Die Erfindung der Kreativität. Zum Prozess gesellschaftlicher Ästhetisierung. Berlin 2012. S. 175.

36 Karl Marx: Grundrisse der Kritik der politischen Ökonomie. MEW 42. Berlin 2015. S. 545.

37 Luc Boltanski/Ève Chiapello: Der neue Geist des Kapitalismus (1990). Aus dem Französischen von Michael Tillmann. Konstanz 2013. S. 157.

38 Alain Ehrenberg: Das erschöpfte Selbst. Depression und Gesellschaft in der Gegenwart (1998). Aus dem Französischen von Manuela Lenzen. Farnkfurt am Main 2004. erweierte Neuausgabe 2015.

39 Karl Marx/Friedrich Engels: Die Deutsche Ideologie. MEW 3. Berlin 1978. S. 33.

40 이에 관해서는 다음을 참조하라. Martin Bauer:l Das Ende der Entfremdung. In: Zeitschrift für Ideengeschichte, Heft Ⅰ/1, Frühjahr 2007. S. 7 bis 29.

41 Sigmund Freud가 1930년에 쓴 「Vom Unbehagen in der Kultur」는 의욕 부재를 불행의 근원으로 다루었다.

42 Rahel Jaeggi: Entfremdung. Zur Rekonstruktion eines sozialphilosophischen Begriffs. Frankfurt am Main 2004. S. 14.

43 Rahel Jaeggi: Entfremdung. Zur Rekonstruktion eines

sozialphilosophischen Begriffs. Frankfurt am Main 2004. S. 239.

44 이 시의 제목은 'Ich fürchte mich so vor der Menschen Wort'(1899)이
다. In: Rainer Maria Rilke: Sämtliche Werke. Band I. Gedichte. Erster
Teil. Frankfurt am Main 1995. S. 194 f.

16장. 실패

1 Karl Marx: Der Bürgerkrieg in Frankfurt. MEW 17. Berlin 1962. S. 346 f.

2 Petra Ten − Doesschate Chu (Hrsg.): Correspondance de Courbet.
Paris 1996. S. 366.

3 Karl Marx: Zweite Adresse des Generalrats über den deutsch−
französischen Krieg. 6. bis 9. September 1870. MEW 17. S. 636 f.

4 Karl Marx an Louis Kugelmann, Brief vom 18. Juni 1871. MEW 33.
Berlin 1976. S. 205.

5 Karl Marx: Der Bürgerkrieg in Frankfurt. MEW 17. Berlin 1962. S. 342.

6 Günter Grützner: Die Pariser Kommune. Macht und Karriere einer
politischen Legende. Köln und Opladen 1963. S. 46 ff.

7 Gareth Stedman Jones: Karl Marx. Greatness and Illusion. London
2016. S. 503.

8 Wolfgang Schieder: Karl marx als Politiker. München und Zürich 1991.
S. 9. 본 문장은 Marx가 Louis Kugelmann에게 보낸 1871년 6월 18일자
편지에서 인용하였다. MEW 33. Berlin 1976. S. 238.

9 Günter Grützner: Die Pariser Kommune. Macht und Karriere einer
politischen Legende. Köln und Opladen 1963. S. 53.

10 "Der bestgehasste und meistbedrohte Mann in London". Karl Marx an
Louis Kugelmann, Brief vom 18. Juni 1871. MEW 33. Berlin 1976. S.
238.

11 Karl Marx an Louis Kugelmann, Brief vom . Juli 1871. MEW 33. Berlin 1976. S. 252.

12 Karl Marx: Der Bürgerkrieg in Frankfurt. MEW 17. Berlin 1962. S. 335.

13 Karl Marx: Der Bürgerkrieg in Frankfurt. MEW 17. Berlin 1962. S. 349.

14 Günter Grützner: Die Pariser Kommune. Macht und Karriere einer politischen Legende. Köln und Opladen 1963. S. 53.

15 1990년 파리 뮤제 도르세이 미술관에서 열린 「쿠르베와 코뮌」 전(展)에서 「혁명적 창조자의 신화」 강연이 열린다. Frédérique Desbuissons: Le citoyen Courbet. In: Courbet et la Commune. Paris 1990. S. 9.

16 Karl Marx: Briefe aus den "Deutsch-Französischen Jahrbüchern". Karl Marx an Arnold Ruge. September 1843. MEGA Ⅲ/1. Berlin 1975. S. 55.

17 Karl Marx: Manifest der Kommunistischen Partei. MEW 4. Berlin 1990. S. 493.

18 Karl Marx: Kritik der Hegelschen Rechtsphilosophie. Einleitung. MEW 1. Berlin 1978. S. 391.

19 Christoph Türcke: Erregte Gesellschaft. Philosophie der Sensation. München 2002. S. 306.

20 Guy Debord: Die Gesellschaft des Spektakels. Berlin 1996. S. 73.

21 Das Kapital. Erster Band. MEW 23. Berlin 1975. S. 88.

22 Jonathan Franzen: Die Korrekturen. Aus dem Amerikanischen von Bettina Abarbanell. S. 132 ff.

23 Magnus Klaue: Zeit lassen beim Absterben. In: Jungle World. Nr. 38. September 1023.

24 Guy Debord: Die Gesellschaft des Spektakels. Aus dem Französischen von Jean Raspaud. Berlin 1996. S. 13.

25 Kalle Lasn: Culture Jam. The Uncooling of America. New Zork 1999. S. ⅩⅥ.

26 Markus Wehner: Bomben aus der Spaßguerilja. In: Frankfurter

Allgemeine Sonntagszeitung. 2. September 2012. S. 3. 이 기사는 '푸시라이엇'이 소속된 러시아 예술가 그룹 '보이나(전쟁)'를 주로 다룬다.

27 Joseph Vogl: Das Gespenst des Kapitals. Zürich 2010. S. 29.

마르크스에 관한 모든 것

펴낸날	초판 1쇄 2018년 4월 24일

지은이	토머스 스타인펠트
옮긴이	김해생
펴낸이	심만수
펴낸곳	(주)살림출판사
출판등록	1989년 11월 1일 제9-210호

주소	경기도 파주시 광인사길 30
전화	031-955-1350 팩스 031-624-1356
홈페이지	http://www.sallimbooks.com
이메일	book@sallimbooks.com

ISBN	978-89-522-3915-0 03160

※ 값은 뒤표지에 있습니다.
※ 잘못 만들어진 책은 구입하신 서점에서 바꾸어 드립니다.

이 도서의 국립중앙도서관 출판시도서목록(CIP)은 서지정보유통지원시스템 홈페이지
(http://seoji.nl.go.kr)와 국가자료공동목록시스템(http://www.nl.go.kr/kolisnet)에서
이용하실 수 있습니다.(CIP제어번호: CIP2018010794)

책임편집·교정교열 **이상준**